"双碳"战略背景下
碳金融市场的发展

张 晴 著

中国原子能出版社

图书在版编目（CIP）数据

"双碳"战略背景下碳金融市场的发展 / 张晴著.
北京：中国原子能出版社，2024. 12. -- ISBN 978-7
-5221-4025-4

Ⅰ. F832.2；X511

中国国家版本馆 CIP 数据核字第 2024XR4226 号

"双碳"战略背景下碳金融市场的发展

出版发行	中国原子能出版社（北京市海淀区阜成路 43 号　100048）
责任编辑	张　磊
责任印制	赵　明
印　　刷	北京厚诚则铭印刷科技有限公司
经　　销	全国新华书店
开　　本	787 mm×1092 mm　1/16
印　　张	15.75
字　　数	248 千字
版　　次	2024 年 12 月第 1 版　2024 年 12 月第 1 次印刷
书　　号	ISBN 978-7-5221-4025-4　　　　定　价　**89.00 元**

前　言

在全球气候变暖的大背景下，减少温室气体排放、实现可持续发展已成为国际社会的共同使命。中国作为世界上最大的发展中国家，积极响应全球气候治理行动，提出了"双碳"战略目标，即力争在 2030 年前达到二氧化碳排放峰值，2060 年前实现碳中和。这一目标的提出，不仅彰显了中国应对气候变化的决心，也为国内外碳金融市场的发展带来了新的机遇与挑战。

本书正是基于这样的时代背景和战略需求而撰写。我们希望通过系统的研究和分析，为读者揭示"双碳"战略下碳金融市场的现状、发展趋势以及面临的挑战，同时提供具有针对性的解决方案和政策建议。

全书共分为七章。第一章"双碳"理念的提出与阐释，介绍了碳达峰与碳中和概念的提出背景及其意义，探讨了"双碳"理念的实现路径选择和制度安排，并详细分析了中国"双碳"战略与政策措施，为读者提供了一个宏观视角下的"双碳"战略框架。第二章碳金融概述，定义了碳金融的概念及其特征，并详细论述了碳金融的功能与作用。通过这一章的学习，读者可以对碳金融有一个全面的认识，了解其在实现"双碳"目标中的重要作用。第三章碳金融的理论与运行基础，深入探讨了碳金融的理论基础，包括经济学原理、环境经济学理论等，并详细分析了碳金融的运行基础，如市场机制、法律法规框架等。通过这些基础理论的讲解，为后续章节的内容打下坚实的理论基础。第四章碳市场与碳金融，回顾了国际碳市场的进展，并详细介绍

了我国碳市场的发展历程。此外，本章还探讨了碳核算标准体系的逐步建立以及 CCER（中国核证减排量）重启后自愿减排市场迎来的重大发展机遇。第五章碳金融市场工具，系统介绍了碳金融市场工具的种类及其功能，包括碳配额、碳信用、碳期货等，并探讨了碳金融市场工具的创新方向。通过这些内容的学习，读者可以了解到碳金融市场工具的多样性及其在实际应用中的灵活性。第六章碳金融市场的定价机制，首先概述了碳金融市场定价机制的基本概念，接着分析了国际碳金融市场定价机制的发展情况，并重点探讨了中国碳金融市场概况及碳定价机制的创新发展。通过这些内容的学习，读者可以了解到碳定价机制在全球范围内的发展趋势及其在中国的具体实践。第七章碳金融风险管理，着重讨论了碳金融风险管理的重要性，包括碳金融风险的辨识与衡量、风险管理概述以及市场监管等内容。通过这些内容的学习，读者可以了解到如何在碳金融市场中有效地识别、评估和管理风险。

本书全面系统地阐述了"双碳"战略背景下碳金融市场的发展，涵盖了碳金融的概念、理论、运行基础、市场工具、定价机制、风险管理等各个方面，为读者提供了一个完整的碳金融知识体系。此外，本书在阐述碳金融理论的同时，结合了大量的实际案例和数据，使读者能够更好地理解碳金融的实际应用和发展趋势。

在本书的写作过程中，得到了许多人的支持和帮助。在此，我要向所有为本书的出版付出努力的人们表示衷心的感谢。希望本书能够成为推动中国碳金融市场健康发展的重要参考，同时，也期待与广大读者共同探讨和交流碳金融市场的未来发展之道，共同为应对全球气候变化、实现可持续发展贡献智慧和力量。

目　录

第一章　"双碳"理念的提出与阐释

第一节　碳达峰与碳中和概念的提出

碳达峰指的是在某一特定时间点，二氧化碳排放量达到最高值后开始呈现下降趋势的现象。至于碳中和，则是在一个定义明确的时间框架内，利用包括但不限于森林种植、海洋自然吸收过程以及提高能源效率等手段，抵消某个实体或整个社会活动产生的所有二氧化碳排放，以实现相对意义上的无净排放目标。这一理念强调了通过调整生产模式与生活习惯来寻求碳排放与碳移除之间平衡的重要性。

"双碳"政策作为中央的重要战略决策，明确设定了至 2030 年实现二氧化碳排放峰值，并于 2060 年前达成碳中和的宏伟愿景。此承诺不仅彰显了中国对全球气候变迁问题的高度关注与积极行动，同时也展示了作为发展中大国，在面对全球性挑战时所承担的责任感与正面态度。尽管对于中国这样一个处于快速发展阶段的国家而言，实现上述目标极具挑战，但中央政府展现了坚定的决心，这充分体现了我国在应对气候变化上遵循"共同但有区别的责任"原则的同时，也考虑到了本国的具体国情。

一、碳达峰与碳中和的提出

（一）碳达峰与碳中和的背景

关于全球气候变暖的现象，最新发布的数据和研究报告为我们带来了若干重要的更新。依据世界气象组织（world meteorological organization，WMO）所发表的《2023 年全球气候状况》报告指出，2023 年度成为了自记录开始以来温度最高的一年，其平均近地表气温相较于工业化前时期（1850—1900 年）上升了 1.45 ℃。与 2015 年至 2019 年间观察到的 1.1 ℃增幅相比，这一变化显得尤为显著。

此外，该报告还提到，2014 年至 2023 年这十年间是历史上温度最高的时期。这一连串的高温记录进一步证实了全球气候持续变暖的趋势。世界气象组织（WMO）秘书长绍罗（Celeste Saulo）指出，尽管当前的情况可能只是暂时现象，但我们从未如此接近《巴黎协定》所设定的 1.5 ℃升温上限，这凸显了采取紧急气候行动的重要性。

依据中国科学院发布的数据，全球平均海平面正以每年 3.1 毫米的速度攀升，这一速率超过了先前的估计值。这不仅强化了气候变化对海平面上升影响的重要性认识，同时也暗示着沿海区域及低海拔岛国或将面临更为严峻的挑战。

自 20 世纪 70 年代起，海洋作为地球上最大的热能和碳储存库，承担了吸收全球超过 90%的多余热量及大约三分之一人为排放二氧化碳的角色。然而，随着人类活动尤其是温室气体排放量的持续增长，海洋温度上升的趋势日益显著。近数十年间，海水温度呈现持续升高的态势，引起了国际社会的高度关注。2024 年 6 月，联合国教科文组织发布的一份报告指出，在过去二十年里，海洋变暖的速度已经翻倍，这无疑向全世界发出了一个令人担忧的警告信号。

《新科学家》网站最近也报道了这一紧急状况，强调越来越多的证据

显示，极端高温正在给海洋及其生态系统带来前所未有的破坏，将它们推向危机边缘。特别是，全球海表温度屡创新高，成为了一个引人关注的现象。据美国国家海洋和大气管理局（National Oceanic and Atmospheric Administration，NOAA）的研究员格雷戈里·约翰逊介绍，在 1993 年至 2022 年的三十年间，全球平均海表温度每十年约上升 0.42 ℃。然而，自 2023 年 3 月以来，仅在五个月内，海表温度就急剧增加了大约 0.28 ℃，这种增长速度令人担忧。

2024 年 6 月，来自世界各地的主要气候观测机构发布的数据显示，全球平均海面温度持续刷新同期记录。根据美国国家海洋和大气管理局于 6 月 13 日发布的报告，5 月份大部分海域的表面温度均超过了历史同期平均水平，尤其是在热带大西洋区域，其水温达到了前所未有的高度。

气候变迁被认为是引起海洋温度上升的关键因素之一。2023 年，热带太平洋区域自上次之后相隔七年再度出现了厄尔尼诺现象，从而导致该海域的表面温度有所升高。世界气象组织秘书长彼得里·塔拉斯强调，这种天气模式加大了海表温度再创历史新高的风险，并且在全球范围内促发了一系列异常高温事件。

海洋温度的上升对海洋生态系统的结构和功能造成了显著影响。自 2023 年初至 2024 年 5 月间，全球范围内至少 62 个国家和地区报告了广泛分布的珊瑚礁白化案例。此类现象可归因于海水温度异常升高所致；当海温超过夏季平均值约 1 ℃，并且这种状态维持 4 到 6 周时，就会引发珊瑚白化。

除珊瑚礁白化现象外，其他海洋生态系统的变动也引发了广泛关注。佛罗里达州立大学的一组研究者，包括海洋生态学家迪恩·格拉布斯，在探究当地锯鳐死亡事件时观察到，大量有毒藻类正在海底迅速扩散。研究团队推测，2023 年发生在佛罗里达沿海的极端高温可能是导致这一异常现象的主要原因。该环境变化促进了有害藻类的增长，进而影响到了超过 50 种鱼类，使它们表现出神经毒素中毒的症状。在这次生态危机中，锯鳐可能成为了受创最为严重的大型海洋生物之一。

藻华现象在世界范围内日益严重。研究指出，2003年至2020年间，藻华的覆盖范围增长了13.2%，发生频率更是提升了大约60%。2023年6月，在北大西洋北海区域，藻华导致海水呈现出一种不洁的橙色，这一变化甚至从太空中也能够被轻易观察到。该海域在过去一年半的时间里遭遇了异常高温，2024年6月的温度比历史平均值高出5℃。美国国家海洋和大气管理局（NOAA）的研究人员形容说，这片海域正处于"发热"状态。

来自英国普利茅斯海洋实验室的安格斯·阿特金森研究员揭露了一项关于海洋生态系统的重要发现：全球变暖正对海洋自然分层造成前所未有的干扰。一般而言，海洋上层水体以其温暖、富含氧气和较低盐度为特点，与之相对，深层水域则以温度较低、盐分较高及营养丰富著称。然而，随着地球温度上升，这种微妙的平衡状态受到了影响，导致不同层次之间水体混合程度降低。这一过程不仅妨碍了营养物质从海底向表层的输送，也限制了氧气向下渗透的能力，从而减少了浮游植物可以获得的养分量。

2023年4月的数据显示，全球范围内浮游植物和细菌的生产力显著下降了22%，其中北大西洋区域内的浮游植物产量减少尤为明显。更为严重的是，不仅浮游植物的数量大幅减少，它们的体积也呈现出缩小的趋势，这导致其作为甲壳类浮游生物食物来源的有效性大大降低。这一系列变化进一步引发了以这些浮游生物为食的鱼类种类，例如鲭鱼、鳕鱼以及鲱鱼等，其种群数量出现了明显的下滑。

同时，冰盖加速消融也在逐渐重塑地球的海洋格局。根据英国南极调查局科学家在2024年7月发布的一项研究报告显示，由于全球气候变暖引起的海水温度升高正在加快南极冰盖的融化速度，从而导致了全球海平面显著抬升的现象。这一变化无疑加大了沿海区域所面临的威胁与考验。

通过分析过去的数据可以观察到，在2015年以前，南极海域的冰盖范围在每年冬季都有所增加。然而，自2016年起，南极海冰遭遇了显著且迅速的融化过程，之后几年里，其覆盖面积更是数次达到了历史新低。特别地，2023年的记录显示，海冰覆盖面积缩减至仅1696万平方公里，标志着自观

测以来最低水平的一次。同时值得注意的是，南极深层水体也在持续减少，这种冷水团以其高密度特性对于支撑全球海洋循环体系和生态平衡起着关键作用。由于融水量增加及海冰减少共同作用下导致南极地区海水盐度下降，进而使得该区域内的水体下沉变得更加困难，从而对整个世界大洋环流模式产生了深远影响。

海洋温度升高导致的一个直接结果是海平面的抬升。截至 2023 年，全球平均海平面已达到了自 1993 年开始利用卫星监测以来的历史最高水平。倘若目前的趋势得以延续，预计到 2050 年，海平面将额外增长 20 厘米左右，这无疑会加剧沿海地带遭遇洪水灾害的风险与频率。

此外，全球变暖还促进了极端气候现象的频发。据美国国家大气研究中心的研究员克里斯托弗所述，海洋表面温度的上升为更强烈风暴的生成创造了有利环境。2024 年 7 月期间，飓风"贝丽尔"以极大的破坏力横扫了加勒比海、墨西哥湾以及美国部分地区，导致了严重的人员伤亡。此飓风也被记录为自 1851 年以来同期最为猛烈的飓风之一。

随着全球温室效应的持续增强，地球表面温度逐渐上升，对人类社会构成了严峻挑战。《中国气候变化蓝皮书（2024）》指出，我国正处于全球气候变暖趋势中的敏感地带，且这种变化的影响尤为明显。从 1961 年至 2023 年间的数据来看，全国平均地表气温呈现出明显的增长态势，每十年大约增加 0.30 ℃，这一增速超过了同期世界平均水平；与此同时，年均降水量也显示出递增的趋势，每十年约增加了 5.2 毫米。

由于全球气候逐渐变暖，地球历经数亿年形成的热平衡状态遭到了破坏，这直接引发了极端气象事件的频繁发生。干旱与洪水等灾害在全球范围内广泛蔓延，对粮食安全构成了严峻挑战。根据联合国发布的报告指出，2023 年内因各种因素而被迫离开家园的人口数量持续增长，至 2023 年 5 月已达到约 1.1 亿人次，刷新了历史记录。

依据世界卫生组织最新发布的数据，全球气温持续上升已经促使登革热病毒的传播区域显著扩大，导致该病发病率大幅增加，这一情况对几乎一半

的世界人口构成了前所未有的健康威胁。同时,美国媒体最近发布的一项研究深入探讨了气候变化如何广泛且严重地影响人类健康。研究表明,随着温度升高,花粉产量随之增长,这不仅增加了春季过敏症的发生率,还加剧了过敏症状,给患者的生活带来了极大不便与痛苦。此外,研究发现全球变暖趋势还伴随着生物体型减小的现象,以苏格兰羊为例,其体型缩小可能预示着更广泛的生态失衡及生物多样性减少的风险。另外,气温上升也促进了人体水分流失,从而增加了肾结石的发病几率,这对个人健康构成重大威胁。最后,温暖的气候条件加速了蚊子和某些浮游生物等疾病载体的繁殖周期,使得疟疾、脑炎等疾病的流行更为频繁,为全球公共卫生体系带来了严峻考验。综上所述,气候变化对人类健康的负面影响是多维度且深远的,亟需采取有效措施应对这一全球性挑战。

1992 年 5 月,联合国大会采纳了一项具有里程碑意义的决议,正式认可了《联合国气候变化框架公约》(以下简称《公约》)。作为全球首个针对气候变化问题的全面国际协议,《公约》的主要宗旨在于调控大气中温室气体含量,以防止人类活动对地球气候系统产生不利影响。该目标旨在通过降低温室气体排放量,并鼓励各国在可持续发展的框架内加强合作来达成。

《公约》的采纳为全球提供了一个统一的法律框架,旨在应对气候变化所带来的挑战。它明确指出了各国在气候行动中的共同责任,并特别关注到了发展中国家在经济发展和技术水平上的特定需求。通过这一文件,国际社会得以构建起一个合作平台,促进技术交流、资金援助及能力提升等多方面合作,以联合对抗气候变化的影响。

此外,《公约》还建立了一套定期检查全球气候状况及各国温室气体排放量的体系,以此促进透明度和责任感。通过此类审查,国际社会能够更加深刻地认识到气候变化所带来的紧迫挑战,并据此制定相应的策略以缓解气候变化带来的影响并增强适应能力。

自 1997 年《京都议定书》签署以来,这一国际协议在全球气候变化应对策略中扮演了关键角色。根据该议定书的规定,工业化国家承诺从 2005

年开始削减其二氧化碳排放量，并设定目标，在 2008 年至 2012 年期间将这些排放减少 5.2%。与此同时，非工业化国家也被寄望自 2012 年起参与到减排活动中来。通过建立国际排放交易系统、共同执行计划以及清洁发展机制，《京都议定书》为参与国提供了多样化的选择以实现各自的减排目标。

《京都议定书》的第二个承诺阶段由《京都议定书多哈修正案》设定，此修正案自 2020 年 12 月 31 日起正式生效。它设定了 2013 年至 2020 年间参与国家需达成的减排目标。依据该协议，在此期间，签约国同意将其温室气体排放量降至至少比 1990 年的基准水平低 18%。

自 1997 年至 2024 年间，《京都议定书》的推行极大地提升了国际社会对于气候变化议题的关注度，同时也为之后包括《巴黎协定》在内的多项气候政策的成功签署铺平了道路。《巴黎协定》则更进一步加强了全球范围内减少温室气体排放的努力，规定各国需每隔五年更新一次国家自主贡献（NDCs），以此逐步加大减排力度，并明确设定了将全球平均温度上升幅度控制在比工业革命前高出远低于 2 ℃的目标，同时致力于将这一增幅限制在1.5 ℃以内。

作为全球最大的发展中国家之一，中国始终致力于履行其在《联合国气候变化框架公约》中所承担的责任，并在促进绿色低碳经济及应对气候变化方面取得了显著成效。通过发布《中国落实国家自主贡献目标进展报告（2022）》，中国展示了它在气候行动领域的不懈努力与成就。

在 1992 年至 2015 年间，《联合国气候变化框架公约》的执行取得了显著成就，如图 1-1 所示。

依据《巴黎协定》的规定，全球各国纷纷制定了各自的国家自主贡献（NDCs），这些文件反映了各个国家根据自身实际情况所设定的温室气体减排目标及具体实施计划。随着时间的推移，不少国家对其初始承诺进行了强化，提出了更加积极进取的目标，旨在 21 世纪中叶或更早实现净零排放的理想状态。

1992 年：联合国大会通过《联合国气候变化框架公约》

2005 年：《京都议定书》正式生效

2009 年：《哥本哈根协议》发表，就减排问题达成共识

2013 年：开始实施《京都议定书》第二承诺

1997 年：《京都议定书》约定从 2005 年开始减少碳排放

2008 年：《京都议定书》约定主要工业发达国家减排温室气体

2011 年：启动绿色气候基金，旨在帮助发展中国家适应气候变化

2015 年：签署《巴黎协定》

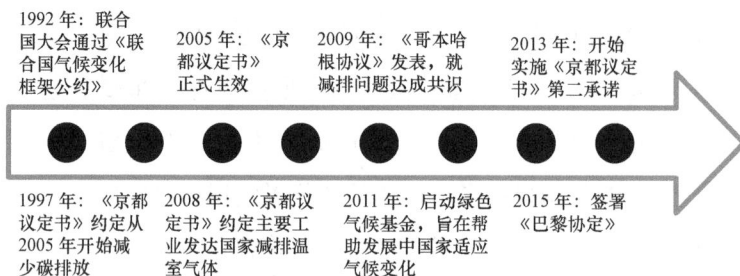

图 1-1 《联合国气候变化框架公约》的实施取得的重要成果

作为全球主要的碳排放国之一及世界第二大经济体，中国在应对气候变化领域扮演了至关重要的角色。该国政府已明确提出目标，即力争于 2030 年前实现碳排放峰值，并在 2060 年前达成碳中和愿景。这一承诺不仅体现在国家层面的战略规划上，"十四五"规划与面向 2035 年的长期发展目标纲要也指明了向绿色低碳经济转型的方向。通过优化产业结构、加速清洁能源技术的研发利用以及推广环保技术和可持续发展实践，中国正稳步迈向其设定的目标。此外，在国际气候治理舞台上，中国也展现出了日益增强的责任感与领导力。借助南南合作框架及其他多边或双边机制，中国积极分享自己在可再生能源开发、能效提升及森林碳汇管理等方面的知识和技术，助力其他发展中国家增强适应和缓解气候变化影响的能力。

尽管国际社会在减少温室气体排放方面作出了诸多努力，但依据世界气象组织（WMO）发布的《未来五年全球气温预测评估》，地球温度持续升高的态势并未得到显著缓解。面对这样的形势，各国需要更加紧密地协作，加大减排措施的执行力度，并且增加对于适应气候变化策略的投资，从而降低气候变化给我们的社会及自然环境带来的负面影响。

中国承诺在 2030 年前达到碳排放峰值，并于 2060 年前实现碳中和，这标志着国家对全球气候变化挑战作出的重要战略回应。该目标深深植根于中国的实际情况之中，彰显了中国致力于推进可持续发展及构建生态文明的坚强意志。

伴随中国经济步入新阶段，固定资产投资占 GDP 的比例出现了明显变

动。过去数十年间，快速工业化进程促进了大规模的基础设施、建筑业及重工业领域的资本投入。但随着经济结构的调整，服务业的增长速率显著提升，逐渐成为了推动经济增长的关键力量。

最新的统计资料指出，2023 年度内，中国（不包括农户）的固定资产投资额达到了 503 036 亿元人民币，相较于前一年增长了 3.0%。这一增长速度反映了中国政府在调控固定资产投资规模的同时，也在积极促进经济结构向更高质量的方向转变。特别是制造业领域的资本注入增加以及对于绿色低碳技术的关注度提升，都显示出了中国正致力于探索一条更加可持续的发展路径。

此外，中国的城镇化比率已经超过 60%，这表明城市化的发展趋势正从追求速度转变为重视质量。未来城市的建设将更加侧重于绿色生态、智能化以及人文关怀，以期减少对自然环境的影响。

在追求"双碳"目标的进程中，中国正在采取一系列政策措施，例如加速可再生能源的发展、增强能源利用效率以及促进绿色低碳技术革新等，旨在推动经济社会向全面绿色转型迈进。2024 年的前六个月里，国家继续加大了对高技术和绿色低碳领域的固定资产投资力度，第二产业的投资同比增长达到了 12.6%，这表明工业部门正积极地朝着更加环保的方向转变。

中国政府还发布了《碳排放权交易管理暂行条例》，进一步完善了碳市场的法律框架，从而为达成"双碳"目标奠定了坚实的政策基础。这一系列措施不仅体现了中国在应对全球气候变化挑战中的积极姿态与担当精神，也向世界展示了其致力于推动构建更加绿色和谐的人类命运共同体的决心与智慧。

（二）碳达峰与碳中和理念的形成

2020 年 9 月 22 日，在第 75 届联合国大会的一般性辩论环节，中国国家主席习近平以坚定的态度向全球宣告："中国计划增强自身的贡献力度，并将实施更为有效的政策与措施，目标是在 2030 年前实现二氧化碳排放量

达到最高点,并且力争于 2060 年前达成碳中和的目标。"这一声明不仅体现了对国际社会的责任担当,也标志着中国在应对全球气候变化方面正积极迈向绿色转型与可持续发展的道路。

实现"双碳"目标,即达到碳排放峰值并最终实现净零排放,对于中国来说,标志着一场深刻且广泛的经济社会转型。在这场转型过程中,中国将面临前所未有的挑战与难题。目前,中国的经济体系仍存在一些结构性问题,工业化和城市化进程仍在加速推进中,经济发展与民生改善的任务依然艰巨。因此,在短期内,能源需求预计将持续增长。相较于已经历较长时间过渡期的发达国家,中国从达到碳排放高峰到实现碳中和的时间窗口更加紧迫。这意味着,中国需要在更短的时间内完成更大规模的减排工作,从而增加了达成"双碳"目标的难度及紧迫感。

面对"双碳"目标所具有的重要性与紧迫性,2021 年 5 月,中央层面以前瞻性视角组建了碳达峰碳中和工作领导小组。该小组承担着指导并协调全国范围内相关工作的重任,成为推动这一进程的核心力量。其办事机构设于国家发展和改革委员会之下,此举进一步彰显了国家层面对此议题的高度关注及长远规划。

为确保按时达成碳排放峰值及碳中和目标,2021 年 9 月 22 日,中共中央与国务院共同发布了《关于完整准确全面贯彻新发展理念做好碳达峰碳中和工作的意见》(以下简称《意见》)。这份指导性文件为中国实现"双碳"目标提供了详尽的指南。该《意见》不仅设定了具体的阶段性指标,例如到 2025 年非化石能源消费占比达到约 20%,至 2030 年风力发电与太阳能发电总装机容量超过 12 亿千瓦,以及 2060 年前非化石能源消费比例超过 80%;还详细规划了涵盖十个领域共三十一项关键任务。这些具体的目标与任务安排,为推进"双碳"目标勾勒出了明确的操作路径。

这些目标的确立,不仅为实现"双碳"愿景提供了明确的方向,同时也强化了中国在全球气候治理领域中作为负责任大国的地位。

依据《意见》设定的目标,预计到 2025 年,中国将基本形成一个以低

碳循环为特征的经济体系，主要行业在能源使用效率上会有显著提升。与2020年相比，每单位国内生产总值的能耗预计将减少13.5%，二氧化碳排放量也将下降18%。此外，非化石能源在总能源消费中的比例有望增加至20%。与此同时，全国森林覆盖率计划达到24.1%，森林蓄积总量目标为180亿立方米。上述指标的达成，将为中国实现碳达峰和碳中和目标提供强有力的支持。

2023年10月19日，《温室气体自愿减排交易管理办法（试行）》在我国正式生效，该办法对全国范围内的温室气体自愿减排交易及其相关活动进行了全面系统的规范，这标志着我国在推动碳减排及构建市场机制方面取得了显著进展。紧接着，2024年5月1日，《碳排放权交易管理暂行条例》也开始实施，它为碳排放权交易及相关活动提供了更加明确和具体的指导原则，成为了现行碳排放交易体系中不可或缺的法律依据与行动指南。

为增强碳温室气体自愿减排交易市场的效能，并使其在推动碳中和目标实现过程中发挥更大作用，有必要实施一系列有效策略。当前，"造林碳汇方法学""并网光热发电方法学""并网海上风力发电方法学"，以及"红树林营造方法学"这四项温室气体自愿减排项目的方法学及其相关产品已正式发布，它们为达成碳峰值与碳中和的目标提供了关键技术支撑和实际操作指南。

然而，中国核证自愿减排量（CCER）作为一项重要的产业政策工具，其影响力远超出了简单的框架。为了更有效地利用CCER促进高质量发展以及实现碳达峰与碳中和目标，有必要进一步创新并完善相关政策机制。举例来说，在构建温室气体自愿减排市场过程中，可以引入一种灵活调整机制，对碳中和及碳抵消产品目录实行动态管理。通过这种方式，我们可以依据产业发展方向及其趋势，逐步将一些受到重点扶持的领域如数字化行业、高科技产业以及高标准农业等纳入到温室气体自愿减排项目名单中去。此外，根据各行业发展阶段及其减少排放的能力，还可以对其进行分类管理，并将其整合进自愿减排交易体系之中。

预计到 2030 年，中国的经济社会将经历全面的发展阶段，期间绿色转型的效果将会十分明显。届时，主要能源消耗行业的能效水平将达到国际领先标准，每单位国内生产总值的能耗也会显著减少。与 2005 年相比，每单位 GDP 的二氧化碳排放量预计将减少 65%，非化石能源在总能源消费中的比例有望达到 25%。此外，风力发电和太阳能发电的总装机容量预计将超过 12 亿千瓦；全国森林覆盖率计划增加至 25%，同时森林蓄积量目标定为 190 亿立方米。特别值得注意的是，该时期内中国二氧化碳排放总量预计将达到最高点，并随后进入稳定下降的趋势。

预计到 2060 年，中国将构建起一套全面的低碳循环经济体系与清洁高效的能源系统。届时，中国的能源使用效率将达到国际先进水平，非化石燃料在总能耗中的占比将突破 80%。随着碳中和目标的成功达成，生态文明建设也将迎来显著成就。一个以人与自然和谐共处为特征的美好图景将在中华大地上得到充分展现。

实现这一系列宏伟目标，不仅根植于中国现阶段的发展状况及其国情特点，还预示着中国将在全球范围内达成碳排放强度的最大幅度下降。从达到碳排放峰值到实现碳中和，中国计划以最快的速度完成这一转变过程，充分展现了其改革的决心与力度。然而，要真正落实这些愿景，中国还需面对巨大的挑战并付出极大的努力。这是一场对国家未来、民众福祉乃至地球生态环境都至关重要的绿色变革。凭借坚定不移的意志和持续不懈的努力，中国正致力于开创人类历史上前所未有的绿色发展新纪元。

以下是对我们提出的十个方面任务的详细介绍。

第一，任务在于促进经济与社会的全面进步，确保绿色转型得以平稳实现。为此，必须强化规划指导作用，调整区域发展策略，以达成经济发展同环境保护之间的和谐共生。通过构建科学合理的规划体系，可以指引各地基于自身的自然资源优势及环境承载力来选定适宜的发展路径和产业配置方案，从而防止无序扩张和资源过度利用现象的发生。此外，还应倡导形成绿色生产和消费模式，激励企业和个人采取更加环保节能的行为方式，共同推

动构建一个绿色、低碳且可持续发展的社会框架。

第二，应加强产业结构的优化调整，促进绿色产业布局更加合理。这要求我们在农业、工业以及服务业领域加速向绿色低碳模式转变，同时对传统行业实施技术改造与升级，并积极扶持新兴产业发展。通过这样的结构调整，可以有效减少高能耗和高排放行业的比例，增加绿色环保及低排放行业的份额，最终构建起一种既能够节约资源又能有效保护环境的新产业结构和发展模式。

第三，应当加速构建一个清洁、低碳、安全且高效的现代能源体系。为此，我们需强化对能源使用模式及其构成比例的管理，借助技术革新与制度创新来提升能源效率，减少浪费并降低污染物排放。此外，还应严格限制矿物燃料的使用量，积极开发诸如太阳能和风能这样的非化石能源资源，以减轻对传统化石燃料的依赖程度。与此同时，推进能源领域的体制改革也是关键所在，打破行业垄断现象，鼓励市场竞争，促进能源市场的进一步开放与发展。

第四，加速推进低碳交通体系的建设。我们应当改进现有的交通网络布局，提升公共交通工具的服务水平和乘坐体验，以此来减少私人车辆的使用频率。同时，还应积极推广新能源交通工具的应用，比如电动汽车与氢燃料汽车，以减轻对传统汽油动力汽车的依赖程度。另外，构建支持低碳出行的基础配套设施也十分重要，包括但不限于增设充电站及换电站等设施，从而为公众提供更加便捷的绿色出行选择。

第五，增强城市与乡村建设过程中的绿色管理效能。我们致力于推进现代化生态城市的构建及乡村的可持续发展，特别强调自然环境的保护与治理工作，以营造既适合居住又利于工作的良好生态环境为目标。此外，还需推动管理模式向低碳环保方向转型，利用智能技术和信息科技手段提升管理效率与服务水平，有效减少能源消耗与污染排放。

第六，应增强对绿色及低碳关键技术的研发与普及工作。我们需加强对基础性和前沿性技术领域的投资布局，并促进科研机构与企业之间的合作，

以推动技术创新及其成果的转化应用。此外，还应加快先进绿色技术的应用与发展步伐，例如清洁能源技术和节能减排技术等，以此为经济与社会的发展提供坚实的支持。

第七，持续增强我国的碳汇效能。这需要我们加大对森林、草原等自然生态区域的保护力度，并实施有效的修复措施，以提升这些生态系统的稳定性和其作为碳库的作用。此外，还应积极探索和建立创新性的碳汇交易模式，激励更多企业和个人参与到碳汇资源的保护与开发活动中来。

第八，各方面强调了开放合作的重要性，旨在促进绿色和低碳的发展路径。为此，我们应积极拓展绿色贸易领域，深化与国际伙伴之间的经济贸易往来及经验分享，共同努力推进全球经济向更加环保的方向转型。此外，在"一带一路"倡议框架内，我们将致力于实现环境保护与互利共赢的双重目标。

第九，涉及完善法律、法规及标准体系，并加强统计监测能力。为了促进绿色低碳的发展模式，必须构建更加健全的法治基础。此外，还需不断推进统计监测技术与方法的创新，以保证所收集的数据不仅准确无误且能及时反映实际情况。

第十，优化投资、金融、财税及价格等相关政策体系。我们计划结合政策指导与市场机制建设，推动碳排放权交易和用能权交易等市场化手段的发展。此外，还需调整投资布局，促使社会资本更多地投向绿色低碳项目；开发创新性的金融服务与产品，以更好地满足绿色低碳发展的资金需求；加强财税激励措施，增强对绿色低碳产业的支持力度；并通过设定合理的价格策略，引导市场主体行为趋向更加环保节能的方向。

由中共中央、国务院发布的《意见》在"双碳"政策框架中占据核心地位，不仅从宏观战略层面为达成"双碳"目标提供了全面指导与规划蓝图，而且在实际操作层面上也与各个部门及领域内关于"双碳"的具体实施方案紧密对接。这种顶层设计与实践细节的有机结合，构建了一个既全面又系统化的执行框架，确保了整个计划能够有序地推进实施。

在"1+N"的政策框架内,"N"指的是若干个具体且至关重要的部分,这些部分覆盖了能源、工业、交通运输以及城乡发展等领域中的碳达峰与碳中和行动计划。这一系列计划涉及了从调整能源结构到革新工业制造流程,再到改善交通出行模式及推动城乡建设向更加环保的方向转型等多个层面,构成了达成碳排放目标的具体实施策略与核心措施。

此外,"N"还涵盖了多项支持机制,比如科技支持、能源供给保障、增强碳汇功能、财政金融定价策略、标准度量体系以及监管评估制度等。这些支持机制为实现"双碳"目标提供了坚实的基础和保障,确保了相关政策能够得到有效实施,并促进目标的最终达成。

为构建一套全面的"双碳"政策框架,我们需设定清晰的目标并合理分配职责,以保证各项政策举措之间能够顺畅对接且相互支持。这意味着,在设计这些政策时,我们必须兼顾宏观层面的整体愿景与微观层面的实际执行细节,以此来维护整个政策体系的科学性及可操作性。

依据《意见》中的指导方针,为确保"双碳"目标的有效推进,我们可从三个主要方向着手采取行动。

首要任务是加速构建一个全面的"双碳"政策框架,以此为地方层面科学合理地规划"双碳"行动方案提供必要的指导与支持。该政策体系应当覆盖从目标确立至执行策略的全链条环节,以保障各地在推进"双碳"目标的过程中能够遵循明确的方向和步骤,从而实现有序且高效的发展。

其次,国家发展和改革委员会应当有效行使自身职责,持续监控全国各地及各行业关于"双碳"目标的实施情况,并定期开展协调与评价工作。与此同时,还需加强对各项具体任务执行情况的监督与考核,以保障相关政策能够得到彻底贯彻,确保既定目标按时达成。

最终,为了深入探索并广泛推广行之有效的"双碳"实施策略,建议启动"双碳"先行示范区的建设工作。通过支持具备条件的地方政府、关键行业以及领军企业开展创新性尝试与实践,有望形成一系列可复制且易于推广的成功案例。这些成功案例的经验和做法将为其他地区及企业提供宝贵的参

考依据，从而促进"双碳"目标在全国范围内的有效落实，并确保按时达成既定的"双碳"指标。

二、碳达峰与碳中和的目的

自 2020 年 12 月的中央经济工作会议将"碳达峰、碳中和"确立为未来的核心任务后，这一议题迅速成为了国家发展战略的关键环节。随后，在 2021 年 9 月举行的中央财经委员会第九次会议上，再次重申了达成"双碳"目标的重要性，将其视为一场影响深远的社会与经济转型过程，强调需要通过科学规划和合理布局来推进，并将其融入现代生态文明建设的整体框架之中。至 2024 年 7 月，《加快构建碳排放双控制度体系工作方案》由国务院办公厅发布，为实现上述目标提供了明确的政策导向和实施策略。该方案遵循习近平新时代中国特色社会主义思想的原则，全面落实党的二十大及后续会议精神，致力于通过完善相关政策法规和管理体系，建立一个全面且高效的碳排放双重控制系统，从而有力支持碳达峰与碳中和目标的达成。

现今，全球的自然环境正经历着前所未有的考验。长期以来，人类社会对于煤炭、石油及天然气等传统能源资源的高度依赖，直接导致了温室气体排放量的持续增加。随着二氧化碳与甲烷等主要温室气体在大气中浓度的不断上升，地球温室效应被进一步强化，从而对整个气候系统产生了深刻的影响。伴随着全球气候模式发生的显著转变，诸如热浪、干旱、洪水以及飓风之类的极端天气现象变得越来越频繁且强度更大，给自然界的生态平衡、人类的生活质量、经济运作乃至日常活动都带来了诸多负面影响。在此情形下，《巴黎协定》于 2015 年 12 月在巴黎气候变化大会上获得通过，显得尤为关键。该协议致力于规划 2020 年后国际社会应对气候变化的具体行动方案，旨在为促进人类社会的长期可持续发展奠定基础。

在中国，能源结构的变革是达成碳排放峰值及中和目标的核心环节。为了克服资源与环境限制，促进可持续发展，必须加速调整能源利用模式，增强清洁能源的应用，促使主要能源来源由传统化石燃料向非化石能源过渡。

这样的转型不仅有利于抓住科技进步与产业升级的新机遇,培育新型生产力,而且还能促进绿色生产和生活方式的形成,从而实现经济与社会的高质量增长。此外,这也是中国履行国际责任、积极参与全球治理、共同构建人类命运共同体的重要实践。目前,中国在可再生能源领域的成就令人瞩目,无论是在专利申请数量、资金投入还是设备安装容量以及发电量方面均领先全球,特别是风能和太阳能发电总装机容量占到了世界总量的大约30%,使中国成为了世界上最大的可再生能源市场之一。

然而,在致力于实现碳达峰与碳中和目标的过程中,中国遭遇了多维度的障碍。首要难题在于,尽管中国的制造业在全球产业链中占据显著位置,但主要集中在较低附加值环节,因此加速产业结构优化升级迫在眉睫。其次,由于煤炭在中国能源消耗总量中的比重依然较高,且以化石燃料为主的能源体系尚未经历根本变革,这直接导致了每单位国内生产总值对应的二氧化碳排放量居高不下,表明能源使用的效率存在较大提升空间。此外,控制碳排放面临诸多困难,构建促进清洁能源发展的长效政策机制仍需进一步加强。部分区域对于"双碳"策略的关键意义缺乏足够认识,对于如何有效推进这一战略目标、加快传统产业转型以及培育新兴经济增长点的理解也亟待加深。

在追求"双碳"目标的过程中,中国认识到这是一条漫长且充满挑战的道路。为了达成这一愿景,不仅需要坚定的决心与长远的战略规划,还需要全面的政策支持和全国范围内的协同努力。因此,全国各地正积极制定并实施具体措施,旨在促进碳排放峰值的到来以及最终实现碳中和。这些举措涉及多个关键领域,包括但不限于能源结构的优化、产业模式的转型、提高能源使用效率、加强低碳技术的研发与普及、完善促进低碳经济发展的相关政策以及增加自然界的碳吸收能力等。

中国正在积极调整其能源结构,逐渐增加低碳与可再生能源的比例,以减少对高碳及化石燃料的依赖。这一转变主要通过加大对风力发电和太阳能等清洁能源的投资来实现,旨在提升这些绿色能源在整体能源消耗中的份

额。此外，国家也在努力加强能源基础设施的建设，以增强能源供应的安全性和稳定性。

在中国产业结构的调整过程中，国家正积极采取措施淘汰那些效率低下、污染严重的生产能力，并着力解决产能过剩的问题，同时优化现有资源的配置。通过加大对先进制造业、高新技术领域以及环保产业的支持力度，促使整个产业体系朝着更加高端、智能和可持续的方向发展。此外，还特别强调了增强各行业之间的协同创新能力，以提升产业链条与供应链的整体稳定性和市场竞争力。

在改进能源使用模式方面，中国致力于提高能源利用效率。通过普及节能技术与产品，强化能源管理措施，有效减少了能源消耗和碳排放量。此外，还积极推行能源消费方式的革新，提倡绿色低碳的生活模式，增强了公众对于节能减排的认识及其实践能力。

在推进低碳技术的研发及其应用方面，中国显著增加了投资力度，并加快了这些技术的发展与实际运用的速度。通过深化国际的合作交流机制，积极引进并有效吸收国外领先的低碳科技知识，从而促进了本国相关技术领域的创新与发展。此外，还特别注重于展示和推广成功的低碳技术案例，旨在扩大这类技术在各行各业的应用范围及影响力。

在推动低碳经济发展的政策体系构建方面，中国致力于完善相关机制与政策框架。通过不断优化法律、法规及标准，并辅以有效的政策措施，为低碳经济的成长提供了坚实的制度基础和政策支撑。此外，还加大了监管力度并强化了执法效能，确保各项政策措施能够得到有效执行与落实。

在增强生态系统碳汇能力方面，中国采取了诸如扩大森林覆盖范围与提升木材蓄积量、强化自然环境保护及修复工作等措施。此外，还积极促进包括林地碳汇和农田碳汇在内的多种碳汇项目的发展，这些努力共同为实现碳排放峰值控制和碳中和目标提供了重要的额外减排支持。

在这样的环境下，工业与信息化部门积极响应号召，加速推进"节能减排"计划和"绿色制造"项目的实施。通过去除钢铁等行业中的低效产能、

提升这些领域的发展水平，以及加大对高新技术制造业的支持力度等方式，促进了工业界向更加环保节能的方向转型。同时，金融行业也调整了其业务方向，专注于绿色金融产品的开发，为各类旨在减少碳排放的项目提供必要的资金援助。此外，政府机构也在不断优化经济政策框架，加强对关键产业结构性改革的支持力度，从而推动整个社会经济体系向着更加绿色环保的目标迈进。

三、对"双碳"目标的深度剖析与客观认识

（一）"双碳"目标下的综合效益与战略意义

碳达峰与碳中和的目标，标志着我国在应对全球气候变化方面采取了积极行动，并作为推动经济和社会全面向绿色转型的关键策略。此目标不仅关系到环境保护问题，还紧密联系着经济增长、产业革新及能源结构的变革等多个领域，展现出其广泛的综合价值与深远的战略意义。

首要的是，"双碳"目标为我国经济向高质量发展阶段迈进提供了重要驱动力。以往的经济增长模式往往以环境质量的牺牲作为代价，导致了资源的大量浪费及严重的环境污染问题。随着"双碳"目标的确立，我们被要求在追求经济发展的同时，更加重视环境保护与可持续性发展，促使经济增长方式从单纯追求数量转向注重质量和效率。在此背景下，高污染、高能耗的行业将面临更严格的监管措施，而新兴产业则会获得更多的支持与发展机会，进而有助于优化产业结构，提升整体经济运行效率及其在全球范围内的竞争力。

其次，"双碳"目标还将加速能源体系的革新及低碳化进程。为了达成这一目标，我国需要进一步优化能源结构，降低煤炭在整体能源组合中的比例，并增加可再生能源的应用范围。这不仅会促进能源技术的发展与创新，还将加快低碳经济模式的形成，为我国构建更加绿色、可持续的能源经济体系提供有力支撑。同时，在可再生能源产业快速发展的背景下，我国有机会

从主要依赖能源进口转变为重要的清洁能源出口国之一，在全球范围内引领清洁转型的趋势。

再次，实现碳达峰与碳中和的目标同构建美丽中国的愿景相辅相成。在应对全球气候变化挑战的过程中，推行碳减排计划与加强生态环境保护之间存在着显著的协同作用。随着碳减排战略的有效实施，我国自然环境质量有望得到持续提升，从而为打造美丽中国奠定坚实基础。与此同时，达成"双碳"目标也将加速推动我国经济和社会向绿色低碳模式转变，确保未来世代能够享有更加宜居的生活环境。

最后，基于实际经验，我国的经济与社会发展已基本满足了降低碳排放的需求，并探索出一条符合国家实际情况的高质量发展路径。随着一系列低碳减排措施的有效实施，我国自然环境的质量有了明显提升，在环境保护领域达成了初步目标。这表明，推行节能减排策略不仅不会成为经济增长的障碍，反而能够促进产业结构的优化升级。

（二）实现"双碳"目标面临的挑战与问题

虽然实现"双碳"目标蕴含着广泛的社会价值和长远的战略意义，但这一过程中也遭遇了多重障碍与难题。

我国在推动社会与经济持续发展的过程中面临着巨大的碳减排压力。随着城市化步伐的加快及人口向城市的集增，城市体系正处于不断扩张的状态之中。此阶段需要大量的基础设施建设与升级，而这通常会伴随着显著的碳排放量增加。因此，在这样一个快速发展的背景下，要有效地控制二氧化碳排放无疑是一项极具挑战性的任务。特别是在后新冠疫情时代，为了恢复经济增长而推进的一些新兴项目，例如5G网络、数据中心以及特高压输电技术等，可能会导致新的碳锁定效应，从而给减少温室气体排放带来了额外的难题。

此外，能源行业及其减排关键领域的转型面临诸多挑战。现阶段，我国尚缺乏能够在短期内有效控制碳排放的具体策略，必须依靠经济结构、空间

布局、能源体系以及交通运输等方面的宏观调整来推动变革。然而，由于技术障碍、资金不足以及市场需求不旺等因素的影响，这些行业的重组面临着巨大的困难，在短时间内难以取得实质性进展。为了达成碳中和的目标，我国需要加快煤炭产业的转型升级步伐，积极开发清洁煤技术，并优化整个煤炭行业的产业结构，以此来促进环境保护与经济增长之间的良性互动。

总之，我国在碳排放管理领域仍面临一些制度上的挑战。现阶段，国家层面尚未能够有效地分解并落实碳排放指标，相关基础数据不够清晰，且这些指标的约束力较弱。执行过程中，由于缺乏健全的监督体系与核查机制，导致实际操作中存在较大的灵活性和不足之处。此外，碳排放目标与各地区及行业的核心发展目标之间缺乏有效对接与协调，这使得推进工作遇到了不少阻碍。对于制度构建与规划方面的工作，亦有待进一步强化和完善，比如提高规划编制的科学性、增强措施制定的针对性以及加强执法监管的严格度等。

第二节 "双碳"理念的实现路径选择和制度安排

一、"双碳"理念的实现路径选择

面对全球气候变化带来的严峻考验，"双碳"目标——达到峰值后的碳排放量减少与实现净零排放，已经成为我国乃至国际社会共同追求的可持续发展愿景。为了有效应对这一挑战，我们需从降低温室气体排放（控制碳源）、增强自然系统对二氧化碳的吸收能力（增加碳汇）、保护现有碳储存机制以及探索更广泛的碳利用途径这四个方面出发，构建一套全面且系统的实施策略。

（一）减少碳排放（碳源）

作为主要的温室气体排放源，碳源的减排是达成"双碳"目标的核心环

节。在此过程中，能源结构的转型显得尤为迫切和关键。我国必须逐步削减煤炭、石油等高碳能源在总能源消耗中的比例，这不仅是减少温室气体排放的有效手段，也是促进能源体系向更加清洁高效方向发展的必经之路。为此，应当积极开发核能、太阳能、风能以及生物质能等可再生能源，用以取代传统的化石燃料。这些新型能源不仅有助于降低碳排放量，还能够增强国家能源安全，促进环境友好型社会的构建。

除了优化能源结构，促进技术创新也是降低碳排放的关键策略之一。应当增强研究与开发的投资，推进能源利用技术的革新与发展，从而提升能源使用效率，减少能耗及相应的二氧化碳排放量。这一过程涉及开发更为先进的发电方法、节能措施以及储能解决方案等方面，在确保经济持续增长的同时，实现向低碳模式的转变。

另外，强化关键领域的能效措施对于减少碳排放至关重要。在工业部门，应当通过改进生产流程，促进高耗能、高污染行业的能源节约与减排，利用技术革新和升级来削减其碳排放量。针对建筑行业，则需普及绿色建筑设计及节能技术的应用，提升建筑物的能源效率标准，从而降低建筑能耗及其产生的温室气体排放。至于交通运输领域，应大力发展低排放出行方式，比如电动汽车、公共交通系统以及共享自行车等，以期有效控制交通领域的碳足迹。

（二）增加碳吸收（碳汇）

作为有效减少大气中二氧化碳含量的方法之一，碳汇在减轻温室效应及应对全球气候变化方面扮演着关键角色。为了增强这一过程，我们应积极推动植树造林和森林恢复活动，利用这些手段将二氧化碳固定于植被和土壤之中。这样做不仅能扩大森林覆盖范围并增加其蓄积量，从而提升森林对碳的吸收能力，同时也能够改善生态条件，增强生态系统的服务价值。

此外，强化对自然生态系统的保护同样是提升碳固定能力的关键策略之一。必须确保森林、草地以及湿地等生态系统能够保持其结构的完整与功能

的稳定，以避免因环境恶化或破坏而引发的二氧化碳排放增加。为此，应加大自然保护区域的建设和管理力度，推进受损生态系统的恢复工作，并加强对物种多样性的维护。上述行动有助于巩固自然界作为碳库的作用，从而为缓解全球气候变化贡献重要力量。

需要特别指出的是，在增强碳吸收能力方面，森林碳汇与以积累碳为主要目标的林业活动扮演了关键角色。前者通过树木等植物进行光合作用，将大气中的二氧化碳固定下来，并储藏于生物量和土壤之中；后者则更加注重通过植树造林等方式来对抗气候变化，同时追求环境和社会经济上的多重收益。为此，加强对于现有森林资源的保护及其可持续管理显得尤为重要，这不仅能够提升自然生态系统的固碳效能，还能促进旨在增加碳储存量的新型林业实践的发展，最终达成环境保护与经济增长之间的和谐共生。

（三）保护碳储存

碳储存保护涉及维护现存的森林、土壤或湿地等生态系统内的碳元素，以减少其向大气中的排放。为达成此目标，必须增强对这些生态系统的保护力度，防止因系统受损或退化而导致的碳排放。具体措施包括但不限于：强化森林防火及病虫害防控机制，降低灾害引起的碳流失；实施有效的土壤管理和保护策略，避免土壤侵蚀与退化造成的碳释放；以及加强对湿地资源的保护和管理，确保湿地能够持续发挥其作为碳库的重要作用。

在促进碳固存方面，采取诸如生物炭土壤改良、森林灾害管理以及优化农林生产方式等策略至关重要。生物炭的应用能够增强土壤的碳储存潜力，同时提升其有机质水平和结构质量；有效的森林灾害预防措施有助于减轻由火灾及病虫害等因素引起的碳排放，从而守护森林作为重要碳库的功能；此外，通过推广包括有机农业在内的可持续耕作方法，不仅可强化农林业系统吸收二氧化碳的能力，还能推动整个行业向更加环境友好且持久的方向发展。

（四）扩大碳利用

增强碳利用技术主要涵盖二氧化碳的捕获、再利用及封存等负碳措施，以及推动二氧化碳作为资源的有效应用。所谓负碳技术，即通过收集已排放至大气中的二氧化碳，并对其进行再利用或安全储存，以此来平衡那些难以直接削减的碳排放源。这一策略不仅有助于降低大气中二氧化碳的整体水平，还能促进碳元素的循环再利用，从而为经济增长开辟新的路径。

在增强碳资源利用效率方面，需加大对负排放技术的研究与实际应用力度。采用诸如燃烧前捕获、氧气富集燃烧及燃烧后回收等方法，有效地从排放源头分离出二氧化碳；随后，借助先进的二氧化碳地质转化工艺，将其转变为燃料或化学品等高价值产物；最终，通过包括地层封存、海洋封存在内的多种储存方案，确保所收集的二氧化碳能够被安全稳定地存放于地下或其他指定储存点内。

此外，增强二氧化碳的资源化处理同样至关重要。通过将其转化为高纯度的一氧化碳、用于烟草膨胀、制造肥料、超临界 CO_2 萃取技术的应用、食品保鲜与储存、粉煤灰输送、制备可生物降解塑料、改良盐碱地水质、海藻养殖以及提高石油采收率等途径，二氧化碳可以被转变成有价值的商品或服务。特别是可生物降解塑料的生产和利用二氧化碳提高石油开采效率这两项技术，在商业化应用方面展现出巨大潜力，不仅能够为我国经济开辟新的增长领域，而且有助于促进全球范围内低碳经济模式的发展。

二、"双碳"理念的实现制度安排

（一）"双碳"理念实现制度

实现"双碳"目标需借助多种制度措施，主要包括行政、信息与经济手段。这三种方法各有其独特的优势和局限性，适用于不同的场景，并且往往需要相互配合、灵活运用以达到最佳效果。

1. 行政手段

行政措施，也称作命令控制方法，涵盖了多种规范、必须遵守的指令以及不可转让的限额等元素。这类策略的主要特征在于其目标明确且具有强制执行力，但往往伴随着较高的实施成本。

在中国应对气候变化的过程中，行政措施始终发挥了至关重要的促进作用，有效地控制了无序且低效的发展模式。2007 年，国务院发布了《中国应对气候变化国家方案》，该文件设定了降低能源消耗强度的具体目标。随后，在 2009 年的哥本哈根气候峰会上，中国政府宣布计划在 2020 年前减少40%至45%的碳排放强度，并开始探索实行基于碳排放强度的责任制度。《国家适应气候变化战略》（2013 年）与《国家应对气候变化规划（2014—2020年）》（2014 年）两份文件进一步细化了关于能源利用效率提升及二氧化碳排放量减少的目标。直到 2021 年"十四五"规划的出台，持续减少碳排放强度仍被列为一项重要指标。

2014 年出台的《单位国内生产总值二氧化碳排放降低目标责任考核评估办法》具有里程碑式的意义，它开创性地将碳排放强度下降的目标纳入到了各地区经济和社会发展的综合评价体系以及领导干部的工作绩效考核中，为推动经济结构向低碳模式转变奠定了坚实的基础。实践证明，通过设定具体的碳强度目标，并将其细化分配到各个层级并进行相应的考核，是一种非常有效的管理措施，有助于减缓我国碳排放的增长速度，从而逐步实现经济增长与碳排放量增长之间的解耦。

除了实施碳强度的管控措施之外，我国还在逐步探索并采纳碳排放总量控制的目标，以强化减排目标的约束力，实现强度与总量"双控"的战略布局。预计在未来应对气候变化的过程中，这种"碳双控"的行政策略将继续扮演极其重要的角色，为促进国家可持续发展及有效应对气候变化提供稳固的支持。

2. 信息手段

作为一种推动社会积极变革的工具，信息手段主要通过教育、知识普及、提升透明度及加强公众参与来塑造个人的思想与行为模式。这种方法的特点在于其显著的预防作用和相对较低的强制性，能够带来持久且稳定的社会影响。特别是在应对全球气候变化这一议题时，信息手段的应用显得尤为重要，发挥了至关重要的作用。

例如，政府间气候变化专门委员会（IPCC）定期发布的研究报告不仅提供了关于气候变化影响、风险及应对策略的关键信息，还提升了政府部门、私营企业和公众对于采取紧急措施以降低温室气体排放重要性的认识。自2007 年中国发布《中国应对气候变化国家方案》以来，加强与气候变化相关的教育和公众意识提升成为了国家的重要使命之一。如今，在学校、企业乃至社区层面，一系列旨在促进绿色低碳生活方式的宣传活动正被积极推广开来。

另外，在进行评估与审计时，保证碳排放数据的透明度也被纳入了考量范围之内。这样的做法有助于构建一个全面的信息体系，其目的在于增强公众对气候变化议题的认识，并鼓励社会各界主动参与到减少温室气体排放的实际行动中。由此，通过利用信息工具，不仅促进了更为可持续发展模式的确立，还为达成环境保护目标打下了坚实的群众基础。

3. 经济手段

依据庇古理论与科斯定理，经济策略致力于建立或优化市场体系，并设定碳价格机制，有时也被称为科斯方法。这类措施主要依托市场运作，遵循"污染者负责治理"的原则，通过调节个人边际成本和社会边际成本间的差距，促使外部成本内部化，以此有效解决市场失灵问题。

依据科斯的观点，确立产权归属，并允许这些权利在市场上自由交易，构建一个健全的市场体系，可以通过这种方式实现社会成本的有效降低。例如，碳排放权的交易机制和补偿制度都是这一理论的应用实例。而庇古理论

则提倡通过政府干预来达到类似的目标，通常被称为庇古方法。这种方法要求政府采取征收费用或提供经济激励等措施，其特征之一是较高的管理成本。庇古方法涵盖了一系列政策工具，如补贴、征税以及押金返还计划等。对于设定碳价的策略而言，它主要由碳税制、碳排放权交易系统以及碳信用机制构成，具体如图 1-2 所示。

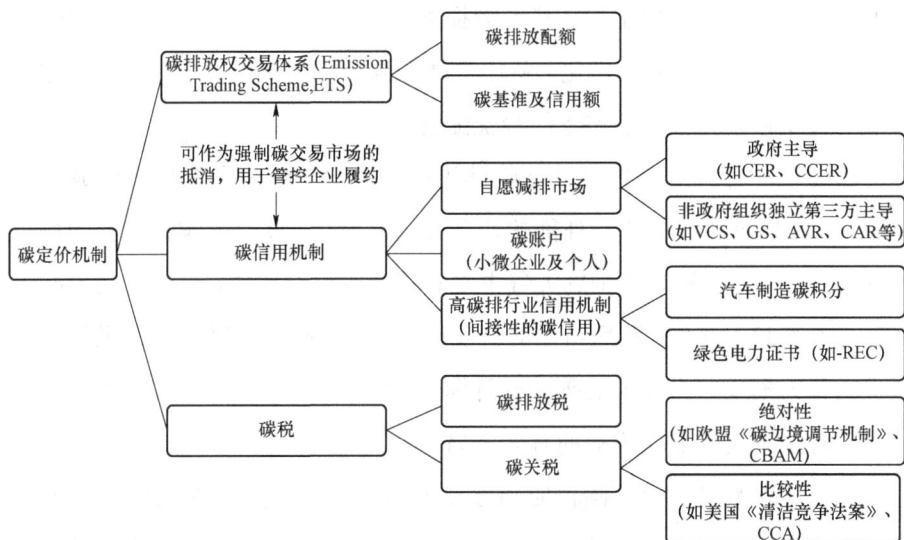

图 1-2　碳定价机制

（二）碳税和碳交易制度

碳税与碳交易系统是现今国际社会广泛采纳的两大主要温室气体减排措施。这两种机制均旨在控制大气中温室气体的排放量，作为推动经济向环境友好型转变的有效手段，其关键在于给二氧化碳等温室气体设定一定的经济成本，以此激励企业和个人采取更加高效且低碳的行为模式。

1. 碳税制度

碳税机制作为一种环境税制，其主要目标是对排放至大气中的二氧化碳征收税费。在经济学领域内，这种税收形式可视为庇古税的一种具体体现，

它是由福利经济学家庇古提出，用以解决环境污染导致的负面外部性问题的方法之一。庇古指出，在纯粹依靠市场调节的情况下，往往难以达到社会整体利益的最大化，这是因为个体或企业在做出决策时所考虑的成本（即私人成本）与整个社会实际承担的成本（即社会成本）之间存在差异，形成了所谓的外部效应。针对这种情况，无论是正面还是负面的外部影响，政府都有必要采取相应的财政措施如征税或者提供补贴，以此来调整个人或企业的行为成本，促使外部效应内部化，从而推动资源分配向更加高效、公平的方向发展，实现帕累托改进状态下的最优配置。

碳税是一种针对产生二氧化碳排放行为的市场参与者施加额外成本的机制，旨在通过税收方式将外部的社会成本内部化，以此影响参与者的决策过程。这一措施能够有效抑制大气中二氧化碳的过量排放，进而有助于减缓全球气候变暖的速度。利用市场的自我调节功能，碳税鼓励相关方采取更加环保的行为模式，为实现低碳发展目标提供了一种高效且经济合理的途径，成为应对全球气候变化挑战的有效策略之一。

为了实现减排目标，碳税应当逐年递增，并且需要确保该税收的中立性，从而减少关于政府征税方式的争议。一个稳定且逐步上升的碳税制度能够替代那些效率较低的碳排放规定，通过市场机制来促进经济的发展。此外，为防止碳泄漏现象的发生以及维护国家在全球范围内的竞争力，有必要建立一套基于边界的碳补偿机制，以此鼓励其他国家也采取相似的碳定价策略。

作为率先引入碳税机制的国家之一，芬兰自 1990 年起便开始对各类化石燃料依据其含碳量征收每吨二氧化碳 1.62 美元的税费。此后，在 1997 年与 2011 年，该国两次调整了税收政策，旨在扩大征税范围并采取更为科学合理的计税方法。如今，芬兰的碳税覆盖了从汽油、柴油到轻质燃油、重质燃料油、喷气燃料、航空汽油乃至煤炭和天然气等多种能源产品。实施碳税被广泛认为是推动芬兰向低碳经济转型的关键措施之一。

除芬兰外，加拿大、澳大利亚及英国等超过 20 个国家也已引入碳税制

度。但是，在某些情况下，为了维护本国产业的国际竞争力，政府对高能耗行业给予了广泛的税收减免或豁免政策，这一做法削弱了单纯依靠碳税实现预期减排目标的效果。

2. 碳交易制度

碳交易是一种机制，它将二氧化碳排放权视为可以买卖的商品。为了满足规定的排放限制，各企业通过购买或出售二氧化碳排放权来进行调整，这种交易活动形成的市场被称为碳交易市场或简称碳市场。1997 年 12 月签署的《京都议定书》引入了一种新的途径来减少温室气体排放——利用市场手段。在设定总的排放上限后，包括二氧化碳在内的温室气体排放权变得稀缺且具有了商品价值。例如，在欧洲有欧盟温室气体排放交易系统（EU-ETS），英国也有其自身的排放交易体系（ETG），而美国则建立了芝加哥气候交易所（CCX）。2011 年 10 月，中国国家发展和改革委员会批准北京、上海、天津、重庆、湖北、广东及深圳七个地区作为碳交易试点区域。到了 2021 年 7 月，全国范围内的统一碳交易市场正式开始运作。

碳排放权交易的基础理论源于科斯定理。这一概念最早由美国学者 Dalase 提出，指的是污染者能够从政府或其他污染源处购得排污权，并且这种权利可以在不同污染者之间进行买卖或转让。本质上，碳排放权也是一种形式的排污权，国际组织或政府机构可以设定总的碳排放限额，并向市场参与者分配初始的碳排放许可。拥有这些许可的实体如果其实际排放低于所获配额，则可在碳市场上出售多余的额度；反之，若实际排放超过分配量，则需在市场上购买额外的排放权。通过这种方式，市场机制得以发挥调节作用，以较低的成本促进了温室气体减排目标的实现。将排放权转化为可交易的商品，不仅有助于激发企业主动采取减少碳足迹的措施，也为达成全球范围内的气候改善目标提供了一条可行路径。

3. 碳税和碳交易比较

碳税与碳交易机制均以市场为基础，旨在利用经济激励措施促使企业及

个人降低温室气体排放量。不过，在具体实施过程中，这两种方法存在着明显的区别。

作为一种旨在通过经济激励机制来调控碳排放量的政策工具，碳税通过政府设定特定税率对二氧化碳等温室气体排放行为征税，以此提升排放活动的成本。随着碳排放成本的增加，无论是企业还是个人都可能出于成本节约的目的而减少自身的碳足迹。该机制的一个显著特点是，虽然碳的价格（即税率）由政府确定，但实际的排放水平则受到市场力量的影响，随供需关系的变化而波动。因此，在这种基于价格的策略框架下，各实体会根据自身减排所需付出的成本来调整其排放行为，使得碳税成为了一种灵活应对气候变化挑战的有效手段。

作为控制温室气体排放的一种政策工具，碳交易机制允许市场力量来调节碳排放总量。在此体系下，政府首先确定一个总的碳排放限额，并将这一限额以配额形式分配给各企业及个人。这些参与者随后可以在市场上买卖这些配额：如果一家公司的实际排放超过了其持有的配额，则需购入额外的额度来覆盖超额部分；相反地，对于那些排放低于所持配额的企业来说，则可以选择出售多余的配额给其他需求方。值得注意的是，在这种模式中，尽管总减排目标是由政府设定且保持不变，但单个碳配额的价格却会根据市场的供需情况上下浮动。因此，碳交易也被认为是一种侧重于数量调控的经济策略。

（1）在执行成本方面，碳交易与碳税之间存在着明显的区别。碳交易体系的设计与执行面临诸多挑战，首要任务是构建一个高效稳定的交易平台。政府机构需定期评估该平台的运作状况，并依据市场动态灵活调整策略。此外，为保障交易过程中的公正性、透明度及公平竞争，还需设立专门的监督机构并配备专业人员。由此可见，实施碳交易涉及的成本较为显著。如果市场机制设计存在缺陷或执行力度不够，那么碳交易在促进节能减排方面的作用将大大削弱。波动不定的碳价格可能会削弱参与企业减排的积极性，进而

影响到整体减排效果。

从执行成本的角度考虑，碳税的引入显得更加经济。它能够借助既有的税收管理系统进行操作，无需增设专门机构或构建额外的基础设施。政府只需对现行的税收框架做出适当调整，便能有效地完成碳税的征收工作。除此之外，碳税还为公共财政增加了收入来源，这部分资金可用于资源重新配置、气候变化缓解措施、可再生能源技术的研究与发展以及提高能源效率等方面的投资。由此可见，在实施成本方面，碳税展现出了显著的优势。

（2）从减排效果的角度来看，碳交易与碳税各有优势。作为一种数量控制手段，碳交易允许政府通过规定一个总的碳排放限额来设定整体的减排目标。在这样的系统中，一旦政府确定了总的碳排放量，整体的减排目标也就相应地固定下来了。各企业需依据自身的实际情况，在市场上买卖碳排放配额以达成各自的减排任务。碳交易的核心在于总量控制和交易机制（Cap and Trade），即在一个受控的温室气体总排放量框架内进行市场交易活动。此机制能够激励各方积极参与节能减排工作，并确保那些超过排放标准的企业承担相应的经济成本。因此，碳交易往往能够在减少温室气体排放方面提供一种直接且清晰的效果。

然而，作为一种"基于价格"的机制，碳税在降低温室气体排放方面的作用较为间接且存在不确定性。这种工具主要通过调整税率来影响市场价格，进而激励减排行为，但并不能直接控制总体排放水平。对于那些即使面临较低碳税也能维持高利润的企业而言，它们可能不会显著改变其运营模式以减少碳足迹。此外，由于碳税依赖于相对价格的变化来引导经济主体的行为，从而间接影响碳排放量，这一过程涉及多个中间环节的传递作用，因此实现特定减排目标时面临着较大的不可预测性。尽管如此，政府可以通过设定合理的碳税税率，并借助国家机构的力量执行相关政策，在较短时间内促使那些高能耗、重污染行业大幅减少其碳排放，同时避免了诸如配额分配不当等问题。

（3）就调控范围而言，碳交易与碳税展现了各自独特的特性。由于交易成本的限制，碳交易更适合应用于大型排放源。对于小型排放源来说，加入碳交易体系的成本可能过高，经济上不太合理。因此，碳交易所覆盖的范围相对较窄。而碳税则较少受到交易成本的影响，能够适用于各种规模的排放源。无论是大规模的企业还是小型企业、个人或是家庭，都可作为碳税的征税对象。由此可知，碳税拥有更广泛的调节范围。

然而，碳税覆盖范围广泛也引发了一系列挑战。鉴于各自国情的不同，各个国家或地区可能会实施不同程度的碳税政策。这种差异可能导致全球减排体系出现分裂，不利于形成统一的国际减排框架。尤其是在当前全球经济一体化日益加深的大背景下，跨国企业能够灵活调整其市场布局，将高碳排放产业迁移至税收负担较轻的国家，从而导致本国出现碳泄漏的问题。因此，在设计碳税政策时，必须充分考虑到全球减排行动的一致性和公平性原则。

（4）就监管机制而言，碳交易与碳税之间存在着明显的区别。碳交易涵盖了从设定总排放额度到分配、再到实际交易的多个步骤，这要求建立一套复杂的配套机制，并且需要跨部门之间的密切合作来实施有效的监督。因此，相对于其他形式而言，碳交易的管理成本显得更高。为保证交易过程中的公平性、公正性和透明度，政府必须构建一个全面的监管框架和相应的规章制度，并设立专门的监管机构及配备专业人员。此外，加强信息的公开性和提高市场的透明度也是必要的措施之一，这样可以确保公众及监管机构能够及时获得有关市场活动的信息。

相对于其他机制而言，碳税的管理架构显得更加简明扼要。它基于既有的财税框架运作，构成了一个自上而下的监督体系。政府仅需对现行的税务政策做出细微调整，便能够有效地推行并监管碳税制度。此外，碳税执行过程中的高透明度不仅便于社会各界对其有更深入的理解，也利于管理者实施有效的监控。这种开放透明的做法与《谁污染、谁付费》的原则相契合，有利于提升公众对于环境保护的认识及参与热情。

第三节 中国"双碳"目标与政策措施

一、中国"双碳"目标1+N政策体系

为确保新发展理念得到全面、精确且深入的落实，并有效地推动碳达峰与碳中和工作的进展，中国政府于2021年5月在国家层面上设立了专门负责这两项任务的工作小组及其办公室。此举意在强化中央政府对于减少温室气体排放目标的具体实施策略，以保证该国能在这一重要议题上取得实质性的突破。随后，在同年10月份召开的《生物多样性公约》第十五次缔约方大会领导人峰会上，习近平主席发表讲话时宣布，中国将陆续推出针对特定行业和领域的碳峰值及碳中和行动计划，以及一系列支持措施，从而建立起一个涵盖广泛政策框架的"1+N"体系来应对气候变化挑战。

（一）1+N政策体系的核心框架

所谓的1+N政策框架，其核心文件即"1"，是指由中共中央与国务院在2021年10月24日联合发布的《关于完整准确全面贯彻新发展理念做好碳达峰碳中和工作的意见》（以下简称《意见》）。该《意见》不仅设定了至2030年前实现碳排放峰值的具体目标，还详细规划了达成这一目标所需遵循的指标与行动步骤。通过提供宏观指导，《意见》明确了实现碳达峰及碳中和愿景的主要方向、减排策略及其辅助措施，旨在促进能源体系与产业结构向更加清洁高效的方向转型，并加速绿色低碳技术的研究与发展，同时鼓励部分地区、行业以及企业领先达到碳排放峰值。

关于碳排放总量控制，《意见》详细阐述了一系列旨在推动市场化机制建设的措施。这些措施涵盖加速建立和完善全国性的碳交易市场、逐渐增加市场的覆盖面、扩展交易类型与方式，以及优化配额分配管理制度等方面。尤其值得注意的是，《意见》将碳汇交易纳入了全国统一的碳交易体系

之中，在 1＋N 政策框架下针对实现碳达峰和碳中和目标起到了关键性的指导作用。

（二）碳达峰碳中和的具体目标与任务

1. 明确的时间表与路线图

针对"十四五"规划期间以及 2030 年和 2060 年前这两个关键时间点，《意见》明确了五个核心目标：建立绿色低碳循环经济体系、增强能源使用效率、加大非化石能源消费比例、减少二氧化碳排放量、强化生态系统碳汇功能。这些目标的制定，不仅彰显了中国对于实现碳达峰与碳中和目标的高度关注，同时也体现了其在全球气候变化应对行动中的坚定立场与积极贡献。

2. 详实的路线图与施工图

为了达成既定目标，《意见》规划了一系列关键任务，覆盖了十个主要领域。这些领域包括推动经济与社会朝向全面绿色转型、深度调整产业结构以适应低碳要求、加速建立清洁、低碳、安全且高效的能源系统、加快低碳运输体系的建设步伐、提升城市和乡村建设中的绿色低碳发展水平、强化绿色低碳技术的研发及其应用推广、持续增强碳汇能力、提高国际绿色低碳合作与发展水平、完善相关法律法规及标准制定并加强统计监测体系，以及优化政策支持机制等。通过上述措施的具体实施，为中国在实现碳达峰与碳中和目标上提供了明确的方向指引。

（三）"N"政策的具体内容与实施

在 1＋N 政策框架下，"N"代表了一系列具体措施，这些措施以国务院发布的《2030 年前碳达峰行动方案》为核心，涵盖了能源、工业、交通运输以及城乡建设等多个领域的碳排放峰值控制计划及相关政策。这套文件体系是中国实现碳达峰与碳中和目标的关键组成部分。

《2030 年前碳达峰行动方案》作为系列政策文件中的领头羊,明确指出了将碳达峰与碳中和目标融入经济社会整体发展规划的重要性,并详细规划了一系列有效措施来确保这一转型过程的顺利推进。该文件为不同地区、行业及领域设定了具体的目标任务,以期加速推动生产和生活方式向更加环保的方向转变。为此,《方案》特别强调了包括能源绿色低碳转型在内的十大关键行动计划,覆盖节能降碳增效、工业领域的碳排放控制、城乡建设中的减排努力、交通运输体系的绿色化改造、通过循环经济促进碳减少、科技创新在实现低碳发展中的作用、增强自然生态系统固碳能力、全民参与绿色生活实践,以及各区域按步骤实施碳达峰等多个方面。

除了《方案》之外,"N"还涵盖了多项支持措施和保障政策,例如科学技术的支持、碳汇能力的提升、统计核算方法的改进、监督考核机制的完善等,并且在财政、金融以及价格调控等领域制定了具体的政策措施。这些政策的设计与执行,旨在形成一个目标清晰、职责分明、措施有效且相互协调的碳达峰与碳中和政策框架,以确保中国能够在实现碳排放峰值控制及碳中和目标的过程中取得显著成效。

二、中国"双碳"战略行动措施

(一)建设全国统一碳交易市场

在中国构建全国统一碳交易市场的过程中,采取了一种既稳健又富有前瞻性的策略布局,遵循了从地方试点到全面推广的逐步推进模式。这一进程始于 2013 年,当时政府基于对形势的准确判断,在一些代表性较强的省市内启动了区域性的碳交易实验项目。这些初步尝试不仅积累了对于建立后续国家级碳交易平台至关重要的实际操作经验,也让相关管理部门得以更深入地洞察碳市场运行的本质及其面临的潜在难题,从而为最终形成覆盖全境的碳排放权交易体系打下了牢固的基础。

历经数年的细致试验与研究,中国于 2016 年初正式发布了关于建立全

国碳交易市场的关键通知。该文件的发布标志着碳交易市场建设进入了一个崭新的发展阶段，确立了市场构建的基本架构及发展方向，为后续工作的推进提供了清晰的指引和支持。紧接着，在 2017 年末，国家发展和改革委员会适时推出了针对电力行业的全国统一碳交易市场实施方案。鉴于电力行业是主要的碳排放源之一，它被选作实施全国碳交易体系的首要领域。此方案不仅反映了中国政府在碳排放交易系统设计上的战略考量，也标志着实际操作层面迈出的关键一步。

自 2019 年起，全国范围内的碳交易市场建设工作显著提速。年初时，生态环境部对外公布了《碳排放权交易管理暂行条例（征求意见稿）》，此举为碳交易市场的规范化运行提供了坚实的法律依据。该草案不仅阐明了碳排放权交易的基本准则及其制度框架，还对交易流程、监管机制等核心环节进行了细化规定，从而为市场的健康发展打下了坚实基础。随后，在 2021 年初，生态环境部再次适时推出了该条例的修订版本，进一步完善了与碳交易市场相关的各项规则，使得市场运作更加规范且高效。

同年 7 月中旬，全国统一碳交易市场正式开启了线上交易活动，电力行业成为首个被纳入该体系的领域，涉及了两千余家受到排放限制的企业。这一措施的推行不仅使得中国的碳交易市场规模跃居全球前列，同时也体现了中国在应对气候变化挑战时所展现的决心与行动力。通过启用全国性的碳交易平台，不仅为碳排放权建立了一个基于市场的定价机制，还有效降低了企业的减排成本，并提高了减排工作的效率。

为促进碳金融市场体系的进一步健全，《碳排放权交易管理办法（试行）》自 2021 年 2 月开始实施。该规定的发布，不仅意味着全国范围内的碳交易市场构建与发展步入了崭新的时期，同时也推动了一个职责分明、协作推进的市场建设机制的建立。在此环境下，环境保护部门和金融监管机构分工合作，紧密相连。环境保护部门肩负起"一级市场配额管理"的关键任务，涵盖总控量设定、配额分配、结算及对超额排放行为的处罚等环节；而金融监管机构则致力于"二级市场交易管理"，依据现有的金融服务基础设施业务

规范，引导交易所确立交易规则，并界定碳排放权等环境资产的法律地位。

此外，为了进一步增强碳交易市场在定价机制、资源分配、风险控制及资本导向等方面的作用，中国政府积极倡导金融机构参与到这一市场中来。金融机构的介入不仅为碳交易市场注入了更多的资金流和增强了市场的流动性，还有效促进了市场价格形成机制的完善与风险管理能力的提升。通过提供多样化的碳金融产品和服务，这些机构为企业实施减排计划提供了坚实的财政支持，从而加速了碳交易市场的健康发展。

（二）建设全国统一的生态环境市场

2022 年 4 月 10 日，中共中央与国务院共同颁布了《关于加快建设全国统一大市场的意见》（以下简称《意见》）。这份重要文件的发布，象征着中国在形成统一国内市场体系方面取得了实质性的进展。该文件特别强调了构建一个覆盖全国范围内的生态环境市场的重要性，并指出建立统一的碳交易市场和能源市场对于国家战略具有深远的影响。

在构建能源市场的过程中，文件强调，在保障能源供应安全的前提下，应当稳步推动全国性统一能源市场的形成。为此，我们需要依据整体规划与布局优化的原则，持续改进石油和天然气期货产品体系，规范相关交易中心的建设，并合理安排交易场所、交割仓库等关键基础设施的位置。同时，还需积极推进油气管道网络之间的连接互通，确保各类市场参与者能够公平接入，以此来消除市场障碍，促进资源的有效分配。另外，对于天然气市场的改革也应谨慎实施，加快建立一套统一的能量计量及定价机制，以支持该市场的健康发展。为完善电力市场体系，建议适时探讨成立国家级电力交易平台的可能性，并进一步发挥现有全国煤炭交易中心的功能，助力于打造一个更加统一高效的煤炭交易环境。

在构建和完善全国统一的生态环境市场体系方面，文件指出依托于公共资源交易平台来建立统一的碳排放权与用水权交易市场的关键作用。为此，必须确立一套标准化的行业规范及监管机制，以保障市场的公平性、透明度

和公正性。此外，还需加速推进排污权和能源使用权的市场化进程，积极探索并形成包括初始配额分配、付费使用、市场交易流程、争议解决办法以及相关配套服务在内的综合制度框架，旨在激活市场主体的积极性，促进生态环境质量的持续提升。

为了促进绿色生产和消费模式的发展，《意见》强调了构建和完善绿色产品认证及标识体系的重要性。此举目的在于激励企业采纳更为环境友好的生产方法，进而获取相关认证与标识，以此提升其产品的市场吸引力。对于消费者来说，这样的体系也有助于引导他们更加偏好那些具有环保标志的商品，从而加速绿色消费趋势的成长。通过这种方式，从生产端到消费端的整个链条都将更好地体现可持续发展的原则，达到经济增长与生态保护之间的平衡。

构建一个全国范围内的统一生态环境市场是一项既漫长又充满挑战的任务，这要求我们充分调动政府、企业和社会各界的积极性，形成一股强大的协同力量。在这个过程中，政府部门应当强化顶层规划和政策导向作用，为企业发展创造有利的市场条件和支持性政策环境；企业则需致力于技术创新与产业升级，不断提升自身的环境保护标准及市场竞争能力；同时，社会各界也应积极地参与到这一进程中来，通过参与和监督的方式，共同促进生态环境市场的健康发展。

（三）央行推出碳减排支持工具

2021 年 11 月 8 日，中央银行推出了一项创新性的碳减排支持工具。这一举措在促进绿色低碳经济发展的金融实践中具有重要意义，它不仅代表了结构性货币政策工具在实现"双碳"目标方面的一次开创性尝试，同时也反映了银行业朝向高质量可持续发展模式转型的内在需求。

从机制构建的角度分析，碳减排支持工具的工作原理主要体现为中国人民银行向全国范围内的金融机构提供贷款，这一过程在本质上与再贷款政策工具相似。实践中，金融机构首先向从事清洁能源、节能环保以及碳减排技

术等关键领域的公司发放碳减排贷款,其利率设定接近于同期限档次的市场报价利率。随后,这些机构能够依据所发放贷款本金的一部分比例,向中央银行申请获得具有较低利率的资金援助。值得注意的是,在提交资金支持申请的过程中,除了需要向中国人民银行提交符合要求的质押品之外,还需提供相关贷款项目的碳减排效果数据,并承诺将相关信息公开透明地向社会各界披露。

2021 年 11 月,政府启动了一项旨在促进煤炭清洁高效利用的大规模专项再贷款计划。这项资金特别用于支持煤炭的安全、高效及绿色环保的开采技术,以及煤炭和煤电的清洁高效处理与利用等领域。到了 2022 年 5 月,官方进一步宣布将增加该项专项再贷款的资金额度。

碳减排支持工具的引入与针对煤炭清洁高效利用专项再贷款额度的扩大,共同构成了促进我国绿色发展战略及能源结构转型的重要措施。碳减排支持工具旨在通过引导金融机构增加对低碳领域的投资,激发企业参与减排的积极性,进而助力实现"双碳"目标。另外,专门用于煤炭清洁高效利用的再贷款机制不仅促进了传统能源行业的现代化改造,还在推动清洁能源发展的同时确保了经济增长与环境保护之间的平衡,体现了在能源转型过程中兼顾效率与环保的原则。

这些政策举措相辅相成,将在我国未来的发展过程中持续发挥深远的作用。它们不仅有助于促进经济结构向更高级别转型,同时还能显著降低能源消耗与污染物排放量,对于打造美丽中国及实现可持续发展目标而言至关重要。这标志着我国在探索绿色增长模式方面迈出了积极一步,为改善生态环境质量、促进经济社会长期健康发展奠定了坚实基础。

第二章　碳金融概述

气候变化是当今世界面临的最紧迫挑战之一，应对这一挑战的需求日益迫切。中国在 2020 年宣布了其雄心勃勃的目标，即力争在 2030 年前使二氧化碳排放达到峰值，并努力争取在 2060 年前实现碳中和。面对这一严峻的减排任务，碳金融作为绿色金融的关键组成部分，对于实现这些目标发挥着至关重要的支持作用。

第一节　碳金融的概念及特征

一、碳金融的定义

随着全球气候变化的日益严峻，碳金融作为应对气候变化、促进低碳经济发展的重要手段，逐渐受到国际社会的广泛关注。然而，关于碳金融的定义，目前国际上并未形成统一的认识。不同机构和学者从不同角度对碳金融进行了界定，为我们深入理解碳金融的内涵提供了有益的参考。

从国际视角来看，碳金融的兴起与碳排放权的金融产品属性紧密相关。1999 年，世界银行成立了首个碳基金，标志着碳金融的初步形成。随后，欧洲气候交易所于 2005 年陆续推出了碳排放权的期货、期权等金融产品，进一步推动了碳金融的发展。在此基础上，欧洲复兴开发银行将碳金融界定

为用于碳市场体系中帮助温室气体减排项目融资的活动，主要涉及与清洁发展机制和联合履约机制相关的金融活动。这一界定突出了碳金融在促进温室气体减排项目融资方面的作用。

世界银行则从资源提供的角度定义了碳金融，认为它是向可以购买温室气体减排量的项目提供资源的活动。这种定义方式强调了碳金融在资源配置和资金支持方面的功能，即通过将资金投向具有减排潜力的项目，推动低碳经济的发展。

在环境金融学领域，国际期刊《环境金融杂志》提出，与气候变化问题相关的金融问题即为碳金融。该杂志认为，碳金融主要包括天气风险管理、可再生能源证书、碳排放市场和绿色投资等内容。这一界定从更广泛的角度理解了碳金融，将其与气候变化、可再生能源、绿色投资等多个领域紧密联系起来。

此外，一些学者也对碳金融进行了深入的探讨。他们认为，碳金融是探讨在一个碳限制的世界中，即排放二氧化碳必须付出代价的世界中，所产生的金融问题。因此，碳金融的定义应包括三个方面：一是代表绿色金融的一个分支；二是探讨与碳限制社会有关的社会财务风险与机会；三是预计会产生相应的基于市场的工具，用于转移环境风险和完成环境目标。这种定义方式突出了碳金融在绿色金融中的地位，以及其在应对碳限制社会中的财务风险和机会方面的作用。

从国内视角来看，我国学者对碳金融的定义也进行了积极的探讨。有的学者认为，碳金融就是与碳有关系的金融活动，也可以称作碳融资，大体上可以说是环境项目投融资的代名词。这种定义方式强调了碳金融与环境项目投融资的紧密联系，突出了其在促进环境项目融资方面的作用。另有学者提出，碳金融是与减少碳排放有关的所有金融活动，既包括碳排放权及其衍生品的买卖交易、投资或投机活动，也包括发展低碳能源项目的投融资活动以及相关的担保、咨询服务等相关活动。这种定义方式更加全面地涵盖了碳金融的各个方面，突出了其在减少碳排放、促进低碳能源项目发展方面的作用。

还有学者从服务温室气体减排的角度定义了碳金融,认为它是服务于温室气体减排的金融活动。这种定义方式强调了碳金融在促进温室气体减排方面的金融服务功能。

综合国内外对碳金融的定义,我们可以发现,虽然不同机构和学者对碳金融的具体表述存在差异,但其核心内涵是相似的。即碳金融是以积极应对气候变化、减少温室气体排放、促进低碳绿色发展、转移气候风险为目的而设计的、以市场为基础的金融创新。它是与碳减排、碳中和相关的各种金融交易活动和金融制度安排的总和。

具体来说,碳金融包括以下几个方面:一是利用创新金融模式应对气候变化,实现经济社会低碳绿色发展。这包括通过碳交易市场机制、碳排放指标的期货、期权等衍生产品市场等方式,促进碳排放权的交易和流转,从而推动低碳经济的发展;二是利用创新金融模式规避气候变化产生的风险,并对气候变化带来的金融风险进行有效管控。这包括通过碳保险、碳基金等金融产品,为应对气候变化提供风险保障和资金支持;三是利用创新金融模式提供信息,使气候治理更有效率,同时解决气候领域存在的道德风险和逆向选择问题,为气候友好行为提供充分的激励。这包括通过碳金融活动的信息披露和透明度提升,促进气候治理的效率和公正性;四是利用创新金融模式提高稀缺性碳配额资源的利用效率,实现资源的优化配置,创造盈利模式,提高社会福利。这包括通过碳金融市场的价格发现和资源配置功能,促进碳配额资源的有效利用和优化配置。

需要强调的是,与传统金融相比,碳金融更强调人类社会的生存环境利益。它将生态环境资源的有效利用程度作为计量其活动成效的标准之一,通过自身活动引导各经济主体注重自然生态平衡。同时,碳金融也讲求金融活动与碳减排、碳中和的协调发展,最终实现经济社会的绿色低碳发展。这与传统金融中单纯追求经济效益的目标存在显著区别。

此外,碳金融与传统金融中的政策性金融也有着共同点。即它的实施需要由政府政策来推动。传统金融业在现行政策和"经济人"思想引导下,或

者以经济效益为目标，或者以完成政策任务为职责。而碳排放权作为一种公共物品，除非有政策规定，否则金融机构不可能主动考虑相关主体的生产或服务是否具有生态效率。因此，碳金融的实施需要政府政策的引导和支持，以推动其向更加绿色、低碳的方向发展。

二、碳金融的特征

碳金融，作为一种应对气候变化、推动低碳经济的金融创新方式，其在现代社会中扮演着越来越重要的角色。它既保留了传统金融的精髓，又融入了环保和可持续发展的理念。下面，我们将详细探讨碳金融的五大核心特征：政策导向性、利益兼容性、学科交融性、动态变化性和范围广泛性。

（一）政策导向性

碳金融的政策导向性，是其与传统金融活动最显著的区别之一。这一特征主要体现在政策对碳金融市场的规范与推动、低碳政策的金融化延伸以及市场机制的引入与完善三个方面。

1. 政策对碳金融市场的规范与推动

政策对碳金融市场的规范与推动是碳金融市场健康发展的基石。政府通过制定有效的金融政策，对碳金融市场进行规范，防范金融风险，同时提供税收优惠、财政补贴等激励措施，为碳金融市场的发展注入动力。这些政策的实施，不仅促进了碳金融市场的繁荣，更推动了低碳经济的快速发展。

2. 低碳政策的金融化延伸

碳金融通过碳排放权交易、绿色债券等多种金融手段，成功降低了市场主体的碳减排成本以及低碳产业的融资成本。这种金融化的低碳政策手段，相较于传统方式更加灵活、高效，能够更有效地激发市场主体的减排积极性，推动全社会的低碳转型。

3. 市场机制的引入与完善

在碳金融市场中，市场机制发挥着决定性的作用。市场主体根据自身实际情况，灵活地选择减排或交易策略，以实现自身利益的最大化。这一举措有效弥补了传统低碳政策的不足，同时借助市场的力量激发了更高效的碳减排行为。

（二）利益兼容性

碳金融所追求的，并非单一的经济或环境目标，而是致力于实现环境与经济利益的和谐共生。这一特征使得碳金融成为一种更加全面和可持续的发展模式。

1. 多方利益的均衡

与传统的金融活动不同，碳金融不仅关注经济增长和金融回报，还充分考虑了低碳发展和社会福祉。这种综合性的利益考量，使得碳金融在推动经济发展的同时，也能够有效保护生态环境，实现经济与环境的双赢。

2. 金融本质与环境底色的融合

虽然碳金融在本质上依然遵循金融的基本原则，即通过融资与投资活动实现资本的优化配置和增值，但它更强调对低碳、环保项目的支持。这种金融与环保的完美结合，使得碳金融在推动经济发展的同时，也能够为环境保护贡献力量。

3. 创新性的利益分配方式

碳金融创新性的利益分配方式，使得参与者能够获得经济和环境双重收益。通过金融手段激励市场主体积极参与碳减排和碳交易，碳金融不仅促进了经济的绿色转型，还为参与者带来了可观的经济回报。这种创新性的利益分配方式，使得碳金融成为推动可持续发展的重要工具，也吸引了越来越多的市场主体参与其中。

（三）学科交融性

碳金融作为一个颇具前瞻性与创新性的跨学科领域，其深厚的学科交融性特征使其在应对全球气候变化与推动低碳发展方面显得尤为突出。金融学、环境学、经济学和社会学等多学科的理论与方法在这里交汇融合，共同构建出一个多层次、多维度的碳金融体系。

1. 经济学理论的广泛应用

碳金融巧妙地将经济学的核心原理和方法论应用于实践之中，力求在经济发展与低碳环保之间找到最佳平衡点。通过精细化的资源配置、市场效率的提升等措施，碳金融不仅助力经济增长，更着眼于长远，致力于实现经济与环境的和谐共生。

2. 金融学与环境学的结合

在这一领域中，金融学的理论框架与环境学的专业知识相互渗透，共同催生出一系列创新性的金融工具和手段。例如，碳排放权、碳配额等交易对象的精准核算与有效管理，便离不开环境学所提供的科学依据和技术支撑。这种跨学科的合作与创新，使得碳金融在应对气候变化挑战时更加得心应手，也为低碳经济的发展提供了有力的支持。

3. 社会问题的金融解决方案

面对可持续发展这一重大议题，碳金融不仅从经济角度出发提供解决方案，更将视野拓展至更广阔的社会层面。通过大力推动绿色投资、扶持低碳产业发展等多种方式，碳金融为构建更加绿色、低碳的未来社会作出了实质性贡献。这种跨学科的交融与创新，不仅丰富了碳金融的内涵与外延，更为其在未来的发展中提供了无限的可能与机遇。

（四）动态变化性

碳金融的动态变化性主要体现在它对于"双碳"目标调整以及绿色低碳

发展重点任务变化的适应性上。从以下两个方面可以深入理解这种特性。

1. "双碳"目标推进与领域调整

在"双碳"目标不断向前推进的过程中,绿色低碳发展的重点任务和领域处于持续的变动状态。有些细分领域会因为技术的飞速进步或者市场需求的急剧变化而逐渐走向消亡;与此同时,新的领域也会如雨后春笋般不断涌现。碳金融作为服务于"双碳"目标的关键工具,必须具备高度的灵活性来应对这些变化。它要能够及时地调整自身的支持方向与策略,只有这样才能确保与不断变化的绿色低碳发展领域相匹配,持续为其提供有效的金融服务。

2. 技术进步与绿色低碳标准变化

经济社会的持续发展以及科学技术的不断进步,促使绿色低碳领域时刻发生着变革。曾经被认定为清洁生产或者节能技术的产业,可能随着新技术的更迭换代,而不再符合新的低碳标准,从而被划分到非低碳领域。这就要求碳金融在支持绿色低碳发展的过程中,必须始终保持敏锐的洞察力与前瞻性的眼光。它需要及时地调整支持对象和方式,以确保能够与绿色低碳标准的变化保持同步。这两个方面的动态变化性综合起来决定了碳金融的发展不能固步自封,必须持续创新,保持灵活适应的状态。

(五)范围广泛性

碳金融的广泛性主要表现在其全球化的布局以及国际合作的深度和广度上。在全球气候危机越发严峻的大背景下,金融资本在全球范围内不断流动,碳金融的影响力和覆盖范围也在日益扩大。

1. 国际金融合作与资本流动

从国际金融合作的视角来看,碳金融正逐渐演变为全球金融领域的新热点。随着国际贸易的日益频繁以及资本往来的不断增加,各国金融机构之间

的合作也在不断深化。碳金融作为新兴的金融分支，在国际金融合作中已经占据了重要的位置。这种跨国金融活动的蓬勃发展，为碳金融提供了更为广阔的发展空间，同时也进一步强化了各国在气候治理方面的经济联系。

2. 全球应对与跨国特征

气候变暖是一个全球性的难题，需要世界各国齐心协力、共同应对。正因为如此，碳金融作为推动全球低碳转型的重要工具，天然地具备了鲜明的国际性。各国政府在气候治理和减少碳排放方面达成的共识与付出的努力，有力地推动了碳金融的全球化进程。

3. 国际博弈与风险挑战

然而，我们不能忽视的是，随着碳金融范围的不断扩大，国际的博弈也变得越来越激烈。气候变化问题不仅仅是一个简单的环境问题，它已经深入涉及政治、经济等多个复杂的层面。各国在碳金融领域的竞争与合作，一方面体现了对可持续发展的共同追求，但另一方面也暗藏着各种利益的较量以及风险的挑战。所以，在积极推动碳金融发展的同时，我们必须高度警惕并妥善处理各种潜在的不确定性和风险，以确保碳金融的健康、稳定和可持续发展。

第二节　碳金融的功能与作用

一、碳金融的功能

碳金融，作为金融领域的一个重要分支，不仅继承了金融的基本功能，更在应对气候变化和实现"双碳"目标方面发挥了独特作用。其基本功能包括在时间和空间上高效配置资源，提供风险分散、转移和管理的途径，为商品、服务和资产交易提供清算和结算服务，构建资本集中和股份分割的机制，传递价格信息，以及提供解决激励问题的方法。在这些基础功能之上，碳金

融针对温室气体减排和"双碳"目标的实现，进一步凸显了以下几大功能。

（一）完善市场定价功能

完善市场定价功能，需建立健全碳排放权交易体系以发挥碳金融的市场定价作用，借助合理的碳价格形成机制引导更多社会资源投入到减碳行动之中。从当前国内外已有的实践经验来看，碳排放权交易是实现碳减排极为直接有效的政策手段。通过设置碳排放限额，赋予碳排放权价值，再经由交易形成价格锚点，进而构建起全国性减碳领域投资与风险管理的市场。碳市场与碳交易的活跃离不开金融机构的积极参与，尤其是在市场运行初期，可借鉴引入"做市商"制度。同时，开发碳现货及衍生品、碳融资、碳资产管理和碳保险等金融产品，能够有效助力碳配额合理定价、约束碳排放行为、活跃碳交易市场，推动绿色低碳企业获取减排额外效益，促进碳市场健康、高质量发展。

（二）资源配置功能

实现"双碳"目标，即碳达峰和碳中和，需要巨大的资金投入。碳金融在这一过程中发挥了至关重要的作用，它通过优化资源配置，引导低成本资金流向绿色低碳领域、节能低碳项目，以及碳减排和碳中和技术的研发与应用。据中国金融学会绿色金融专业委员会的研究显示，从 2021 年到 2050 年，中国在绿色低碳领域的投资需求将达到惊人的 487 万亿元。这意味着在未来三十年内，中国每年需要平均投入约 16 万亿元，其中绝大部分资金，约 90%，需要通过金融市场来筹集，而政府财政仅能提供约 10% 的资金支持。

碳金融通过相关政策、手段和产品创新，有效地引导和激励社会资金从高污染、高耗能产业向低碳、节能、环保领域转移，为绿色低碳项目和技术的融资提供了有力支持，推动了生产过程的低碳化、消费模式的电气化，以及资源循环利用的高效化。

（三）风险管控功能

在党的二十大报告中明确指出了稳步实现碳达峰与碳中和目标的重要性。随着经济社会向低碳化转型，确保这一进程的安全与稳定成为了首要考虑的问题。近年来，由于气候变化所导致的极端天气事件频发，给人们的日常生活和经济活动带来了前所未有的冲击。面对这样的挑战，实现碳减排目标、承担环境保护责任以及加速低碳技术革新的需求变得更加迫切。

在此背景下，金融机构的角色显得尤为重要。它们通过开发和提供一系列定制化的气候风险管理和保险服务，有效地发挥了碳金融领域中的风险防控功能。这些服务不仅为企业和个人在减少环境污染、降低碳足迹以及推动绿色技术创新等方面提供了必要的保障，同时也增强了这些责任主体应对潜在风险的能力。

金融机构通过增强风险预警系统、改进风险控制策略、强化风险防范措施并提升风险处置效率，大大提高了绿色低碳项目的可行性和安全性。这不仅促进了经济社会向低碳方向平稳过渡，还为各行各业的可持续发展注入了活力。金融机构在这一过程中扮演了关键性的角色，它们的努力不仅有助于缓解气候变化所带来的负面影响，还为全社会构建更加绿色健康的未来提供了强有力的支持。

此外，金融机构还在推动低碳转型方面发挥了引领作用。通过与政府、企业和非政府组织的合作，金融机构可以更好地理解市场的需求，设计出更加符合实际需要的产品和服务。这种合作不仅能够激发创新，还能确保资源的有效配置，进一步巩固低碳经济的基础。

二、碳金融发展的作用与意义

在全球气候变化的背景下，碳金融作为应对挑战和推动绿色发展的重要工具，其在我国的发展不仅具有经济层面的意义，更涉及国家发展战略、国

际竞争力以及生态环境保护的多个层面。以下将详细阐述碳金融发展的五大作用与意义。

（一）推动社会经济绿色低碳循环发展

随着我国经济的快速增长和人民生活水平的显著提高，传统的高耗能、高排放、高污染产业发展模式已难以为继。碳金融通过与清洁能源、低碳交通、建筑节能等各个领域的深度融合，运用金融工具和手段引导社会资源向绿色低碳领域流动。这不仅降低了低碳生产和绿色生活的成本，还通过倡导绿色消费，推动了生产方式和生活方式的绿色低碳循环变革。在这一过程中，碳金融发挥着协同降碳、减污、扩绿、增长的重要作用，为实现经济社会的全面低碳发展提供了有力支撑。

（二）提升金融国际竞争力

尽管我国金融行业近年来发展迅速，但与发达国家相比，仍存在诸多不足。碳金融的出现，将低碳经济与金融创新紧密结合，不仅促进了经济与环境的可持续发展，更成为提升国家经济实力、环境质量和国际竞争力的重要抓手。通过满足社会资本的"投资需求"和绿色产业客户的"融资需求"，碳金融有效支持了绿色产业生态圈的建设和低碳"产业链"的打造。同时，它也引导着金融主体如商业银行等不断完善金融体系，从而显著提升了我国金融行业的国际竞争力。

（三）助力经济结构转型与体系优化

面对国内外复杂多变的形势，我国生态环境保护虽取得显著进展，但仍面临诸多挑战。经济发展与生态环境保护之间的平衡需要更加精细化地调控。碳金融，作为实现"双碳"目标的重要经济手段，能够深度挖掘各行各业的"碳资产"价值，激发市场主体自主减排的动力。通过为低碳产业提供便捷、高效的融资渠道，碳金融有力推动了绿色低碳产业的快速发展，

进而引导经济结构向更加清洁、低碳的方向转型。同时，碳金融体系的建立与完善，也进一步促进了我国金融制度的创新和社会主义市场经济体系的健全。

（四）促进人民币国际化进程

在全球气候变暖和环境问题日益严峻的背景下，各国对于碳减排与碳中和的共识正在不断加深。这种共识正逐步重塑国际关系并影响全球储备货币的格局。推动碳金融的发展不仅能够促进我国绿色低碳产业的成长，为人民币的国际化提供坚实的绿色经济基础；同时，通过促进以人民币计价的国际化碳交易，还可以逐步构建人民币在全球碳交易领域的贸易、投资与资本流动机制。此举有望催生具备国际属性的"绿色人民币"，从而增强中国在全球经济治理结构中的地位与影响力。

（五）化解绿色金融风险并丰富绿色金融体系

化解绿色金融风险并丰富绿色金融体系的关键途径在于构建一套高效的经济调控机制。这套机制的核心目标是消除温室气体排放和环境污染等负外部性，确保环境成本能够被合理地纳入经济活动的决策过程中。在这一框架下，碳金融发挥着至关重要的作用。

碳金融通过精确核算环境社会成本、对风险进行量化评估，以及将环境效益转化为可衡量的经济价值，成功地桥接了环境保护与经济发展之间的鸿沟。这一过程不仅实现了环境成本与经济效益的和谐统一，还为绿色金融体系的稳健发展提供了坚实的理论基础和实践指导。

碳交易市场的成功运作是一个典型例证。它不仅证明了温室气体排放的环境成本可以通过货币化的方式进行量化和交易，还为环境成本的流通、评估和变现提供了一条高效而便捷的途径。这一市场的兴起和发展，不仅解决了绿色金融发展中的风险问题，还为绿色金融体系向其他生态环境保护领域的延伸和拓展提供了强大的动力和示范效应。

碳金融在环境成本的量化定价方面取得的成就，为构建一个全面、完善的绿色金融体系奠定了基石。这个体系旨在更加准确地反映环境价值，推动金融市场更好地服务于环境保护和可持续发展的目标。通过借鉴碳金融的经验，我们可以逐步建立起一个包含多元化金融工具和产品的绿色金融体系，为生态环境保护提供更加有力的支持。

第三章　碳金融的理论与运行基础

　　碳金融代表了低碳经济与市场经济之间的有效融合，它不仅彰显了市场机制在资源分配上的卓越效率，也反映了金融领域内的创新探索，并且得到了气候经济学理论的支持。该理论不仅阐明了碳金融市场形成的背景，还对其内在特质进行了深入剖析。尽管作为金融市场的新兴分支，碳金融市场依旧遵循着传统金融体系中的基本规则，比如价格形成机制、交易准则及投资策略等方面；但因其特有的交易对象和服务宗旨，使得其区别于一般的金融市场。本章节将从气候经济学的角度出发，探讨支撑碳金融发展的理论基础，并基于金融学的基本原理，解析碳金融市场的运作模式。另外，还将特别关注碳金融市场独有的特点，例如交易品种的独特性以及在全球减排行动中所扮演的重要角色。最终，本章会从实践操作的角度出发，概述碳金融基础设施的发展现状，整理相关中介服务及其运营模式，以帮助读者全面掌握碳金融领域的理论知识与实践经验。

第一节　碳金融的理论基础

一、气候经济学理论基础

　　气候经济学专注于探讨与气候变化相关的经济议题，该领域在气候政策

的制定及减排措施的效果评估中扮演着至关重要的角色。碳金融市场作为应对气候变化的一种重要机制，其兴起与发展深深植根于气候经济学理论的支持之中。接下来的内容将围绕几个核心概念展开讨论，包括但不限于外部性、价格机制、资源稀缺性与效用关系、产权界定原则、公共物品属性以及搭便车现象等，旨在揭示支撑碳金融市场形成的理论基础及其背后的经济学原理。

（一）外部性理论

外部性，作为经济学中的一个概念，指的是某个经济参与者的行为给其他个体或团体带来的非直接经济效益或成本。简而言之，当某一方的行动对另一方造成了影响，而这种影响并未通过市场价格机制得到反映或补偿时，就构成了外部性现象。这一原理广泛存在于日常生活的各个角落，深刻地影响着我们的职业发展、教育经历以及整体的生活品质。

外部性可以分为两大类别：正面外部性和负面外部性。负面外部性指的是那些给社会带来不利后果的行为或活动。比如，在工业生产中释放的污染物会损害自然环境，从而影响到周围居民的身体健康和生活质量。此外，过度地开发森林资源和土地使用也会导致生态系统失衡；汽车排放的废气及噪声污染则降低了城市的居住舒适度。这些都是负面外部性的具体体现，它们对社会造成的不良影响往往超过了行为本身直接产生的成本。

相比之下，正外部性指的是那些能够为社会带来积极影响的行为或活动。例如，倡导节约和文明行为的社会运动有助于形成和谐的社会环境；个人接种疫苗不仅有利于自身健康，也降低了疾病向他人传播的可能性；公共设施如时钟和温度计的设立，则极大地方便了大众的生活；而学术讲座等活动则促进了知识的广泛传播与文化素养的整体提升。这些例子表明，这类行为所产生的正面效应超出了参与者直接获得的利益，具有显著的社会价值。

外部性问题的核心，在于社会成本与个人承担的成本之间存在差异。这种差异往往导致资源分配失衡，进而影响市场的正常运作。此外，依据其产

生的场合及其对相关方的影响性质,可以将外部性进一步划分为生产过程中的积极外部效应、生产活动带来的消极外部效应、消费行为引起的正面溢出效应以及消费过程中产生的负面溢出效应。

在生产活动中,当生产者的行为给他人带来益处却没有得到相应补偿时,就产生了正外部性。这种情况下,社会成本实际上低于生产者的私人成本,导致市场上该类商品的供给量低于最优水平,进而造成此类有益于社会的商品供给不足,损害了整体的社会福祉。相反地,在存在负外部性的生产过程中,生产者的行为虽然对第三方造成了不利影响,但这些额外的成本并未由生产者承担。因此,市场上的实际产出往往超过最理想的产量水平,过多的具有负面效应的产品流入市场,同样也降低了整个社会的福利水平。

在消费领域,正外部性指的是消费者的一些行为无意中给他人带来了额外的好处,但这些好处并没有转化为消费者的直接收益。这样一来,消费活动的社会总价值超过了个人所感知的价值,导致市场上实际发生的消费量低于理论上对社会最有利的水平。这种现象导致了具备正面外部效应的商品和服务被消费得不够充分,从而损害了整体的社会福利。相反地,当消费者的行为给第三方带来不利影响且未为此承担相应成本时,则构成了消费中的负外部性情况。

二氧化碳排放问题体现了负外部性的典型特征。在生产和消费活动中产生的温室气体,其带来的损害由整个社会共同承受。然而,那些直接导致此类排放行为的主体——无论是生产者还是消费者,并未给予社会相应的经济补偿。这种成本与收益之间的失衡状态,最终造成了全社会福利水平的下降。更令人担忧的是,由于资源枯竭及气候变化所引发的一系列负面影响,不仅影响着当今社会成员的生活质量,而且将对未来几代人构成持久性威胁。

因此,亟需采取措施来应对这一负面外部性问题。通过让排放二氧化碳的实体承担相应的成本,可以促进资源更加合理地分配,并加强环境保护的有效性。这不仅是达成可持续发展目标的前提条件,也是确保经济发展与生态保护相辅相成、为后代构建更美好未来的重要途径。唯有如此,在追求经

济增长的同时，我们才能不忘守护共同赖以生存的地球环境。

（二）价格、效用与稀缺性

在市场经济的复杂环境中，价格扮演着一种无言的角色，它有效地协调着供给与需求之间的平衡，并指引资源分配的方向。它是如何促使供应商与消费者相遇，并通过交易过程形成既直观又富含意义的市场价格体系呢？

在市场机制中，价格作为调节竞争的关键因素，以其独特的方式促进了资源的有效配置与利用。它犹如一位公平的裁判员，确保出价较高者能够获得所需物品，同时让愿意以较低价格出售商品的人成功交易。这种定价模式巧妙地反映了各方参与者的实际需求强度，使得稀缺资源能够优先流向那些最为需要且愿意承担更高成本的一方。以气候变化问题为例，如果存在一种基于价格的机制来鼓励人们为缓解这一全球性挑战做出贡献，则该价格体系将能更加直接地体现公众对于采取行动支持度的真实情况。相较于通过调查问卷或采访获取的意见反馈，市场价格更能准确反映民众的真实意愿。

此外，价格机制还扮演着极其高效的信息传递角色。当消费者选购商品时，并不需要深入了解产品背后涉及的设计、原材料采购、生产加工以及物流配送等环节的成本细节。他们仅需关注市场上的最终售价，即可快速做出购买决定。这种信息传达方式的简洁性，在促进环境保护方面显得尤为关键。例如，如果一支铅笔的价格能够反映出石墨开采、木材采伐及其运输过程中的环境成本，那么消费者便可通过该价格直接了解到使用这支铅笔所承担的真实环境代价。如此一来，这种透明化的定价体系将激励消费者寻找更加环保且性价比更高的替代品，进而推动整个市场向绿色可持续方向发展。

价格机制的功能不仅限于表面上的简单交换。其一，它促进了合作与贸易的繁荣。一旦个体意识到交易能够带来收益，便会主动参与到商业活动中来。这种商贸互动使得每个人都能依据自身优势进行专业分工和大规模生产，从而增强了社会整体的生产能力。其二，价格体系对于资源的有效分配起着关键作用。市场中的商品倾向于流向能最大化利用价值的人群手中，实

现了资源的最佳配置。这样做既满足了个人需求，又降低了获取所需的成本。此外，价格机制还扮演着调节供需平衡的角色。当某件商品的价格上升时，供应商会受到激励而增加该商品的供应量；与此同时，消费者则可能变得更加谨慎地使用此商品或寻求其他替代品。

在探讨价格机制的同时，我们也不应忽略效用这一核心概念。效用指的是个人通过消费或占有某物而感受到的满足度与幸福程度，这一体验具有主观性。金钱、休闲时间、健康状况以及清洁空气和良好的居住环境等均是提升个体效用水平的关键要素。值得注意的是，同一物品对于不同个体而言可能承载着不同的效用价值。

经济实体，无论是物质商品还是服务形式，都是人们追求的对象，且数量越多越好。这些资源的特性之一是稀缺性，即与人类无尽的需求相比，它们的供应量显得有限。正是这种供需之间的不平衡赋予了物品交换的价值，并构成了市场经济活动的基础。例如，对于那些不可再生的自然资源来说，其稀缺性要求我们必须更加重视并合理配置这些宝贵资源。同样，在投资领域内，资金的有限性也迫使投资者不得不在多个潜在项目之间做出谨慎的选择和权衡。

效用价值理论进一步阐明，物品的价值不仅仅基于其使用价值，还与其稀缺程度紧密相连。只有当一件物品同时具备实用性且数量有限时，它才能真正拥有价值。这一价值形成的机制也是市场交易活动得以开展的基础。以温室气体排放为例，假如全球范围内实行了总体排放量的限制措施，那么温室气体排放的空间就会变得极为有限。正是由于这种稀缺性，才催生了排放许可的供需关系，并最终促成了碳排放配额买卖市场的形成与发展。

（三）产权理论

在经济学研究领域，罗纳德·科斯（Ronald Coase）提出的产权理论为理解和处理外部性问题提供了一种深刻的视角。特别是《科斯第一定理》，指出当不存在交易成本时，通过私人间的协商能够有效解决外部性带来的困

扰，并实现资源的最佳配置。但在实际情况中，由于交易成本通常高于零，因此明确界定和合理分配产权显得尤为重要。

产权，作为一种被社会广泛承认并维护的权利集合，其核心组成部分包括使用权、处置权及收益权。随着气候变化问题的不断加剧，温室气体排放权逐渐成为了需要明确界定的一种产权形式。对产权进行清晰界定不仅涉及权利主体可以或不可以执行的行为范围，还包括了所有权归属的具体化以及上述各项权利在法律层面得到保障。只有当这些产权得到了恰当的定义与保护之后，相关交易活动才能够顺利开展。

然而，界定和保护产权并非没有成本。例如，在超市中，苹果的产权相对容易界定且所需成本较低，这是因为有监控系统、安保措施以及社会法律制度的支持。相比之下，对于排污权或温室气体排放权这类权益而言，其界定过程则更加复杂且耗费巨大。尤其是在这些排放权的市场价值上升时，企业可能采取多种方式逃避责任，如非法排放、数据造假等行为，从而进一步增加了界定与维护此类产权的成本及难度。

除了界定产权所需的成本之外，市场体系的创建与维护还涉及一系列其他费用。在某些情况下，比如乡村集市或是自然形成的物品交换场所，其形成过程相对自发且成本低廉。然而，在大多数情形下，要成功构建一个市场，则需具备包括但不限于通信及物流基础设施、买卖双方互动平台、信任机制的确立以及法律框架的支持等一系列先决条件。满足上述要求通常意味着相当大的资金投入。尤其是对于那些需要精心规划和设计的市场类型，例如股票市场或债券市场等金融交易场所而言，它们的创立与发展更是伴随着显著高昂的成本。

交易成本，即采用市场机制时所面临的制度性开支，它包括了从产权界定与保护到市场构建及运作过程中的一切费用。如果这些成本过高，则可能导致市场的缺失，进而使得价格调节功能失效，阻碍正常的经济活动。在环保领域中，这一问题尤为显著，由于环境资源的特性，其产权明确化和市场化过程往往需要克服更大的障碍。

外部性问题构成了市场机制扭曲的一个关键因素。为有效应对这一挑战，必须将由外部效应引发的成本纳入到市场价格体系之中，促使私人承担的成本更加贴近其社会总成本，进而达成外部成本的内部化目标。此过程要求进一步明确产权归属。

在处理外部性挑战时，某些情境下私人层面的解决方案能够发挥积极作用。这类措施涵盖道德标准与社会规范、慈善活动、产业联盟构建以及合同协议等途径。不过，在个体间协商难以达成一致的情况下，政府政策的介入变得至关重要。此类公共干预旨在通过监管机制、税收政策、财政补助及可交易污染许可等方式优化资源分配，力求达到帕累托效率状态，进而最大化整个社会的利益。

政府对行业和个人经济活动的直接干预构成了管制措施的核心内容。比如，可以通过设定工厂排放上限或强制企业采取特定减排技术来实现环境保护目标。除此之外，限制私家车辆使用也是调控个人行为的一种方式。此类措施的优势在于能够确保环境效益和管理的严格性。不过，它们也面临着挑战，如难以有效地管理规模较小且分布广泛的污染源、缺乏激励机制促进技术创新以及适应变化的能力较弱等问题。

庇古税作为一种经济策略，其核心目标在于通过征税手段弥补由污染活动导致的个人成本与社会成本之间的差异。此概念源自英国经济学家庇古的研究成果，因此被称为"庇古税"。该税收机制遵循谁污染谁付费的原则，对造成环境污染的行为施加费用。面对此类额外成本，企业往往倾向于实施更加严格的污染控制措施以减轻负担。除此之外，庇古税还能够激励企业在技术层面上寻求突破，因为通过技术创新减少污染排放可以有效降低未来的税负。不过，在实践中确定合理的税率水平却是一项复杂而艰巨的任务。

政府补贴是一种激励机制，旨在支持那些能够产生正面外部效应的企业。这类企业可获得来自政府的无偿资助，形式既可以是资金也可以是非资金性质的支持。在中国，这种援助主要通过财政贴息、研发补助以及政策性补贴等方式实现。当补贴恰当地反映了社会因企业活动而节省下来的外部成

本时，生产者将倾向于调整其产出量至最符合公众利益的水平。

可交易的排放许可制度代表了一种创新的环境管理手段，它通过市场化的方式运作。按照这一机制，管理部门首先确定一个总的污染排放上限，并据此分配可以转让的排放许可证。这些许可证允许在市场上自由流通，且每一证书都清晰指定了持证企业所被允许的最大污染物排放量。一旦企业的实际排放超过了其许可证规定的限额，则将受到经济处罚。该体系旨在以更加经济有效的方式控制环境污染，并利用市场力量促进排污权的有效分配。通常情况下，那些减排成本较低的企业会选择将其多余的排放额度出售给那些减排成本较高的企业，以此来共同实现最低的整体减排成本。

从理论角度来看，当面临特定的污染需求曲线时，监管机构能够通过征收庇古税或是发放可交易排放许可的方式，达到一致的污染控制效果。换句话说，在理想状态下，这两种方法预期会产生相同的结果。但在实际操作中，由于难以准确掌握污染需求曲线的具体形态和位置，因此在选择最有效的政策工具组合以达成环境保护目标时，必须综合考量多方面因素。

（四）公共物品理论与搭便车

在讨论市场经济的过程中，我们时常会遇到某些商品或服务，它们并不完全遵循传统的市场交易规律。这类商品因其特殊性质而使得传统的价格调节机制难以有效运作。依据排他性与消费过程中的竞争程度，可以将这些商品划分为四类：私有物品、俱乐部型物品、公共资源以及公共产品。每种类别都拥有独特的经济特征及其相应的市场表现形式。

在市场经济体系中，个人财物是最普遍的一种资源类型。这类物品具备独占使用权和消费上的排他特性。举例来说，"冰淇淋"一旦被某位消费者购买之后，该消费者便获得了对其独有的享用权，其他人无法共同享用。此外，当这份"冰淇淋"被消费完毕后，它便不能再为他人所用，这正是消费过程中的排他性体现。由于具有这些特征，使得个人财物能够通过市场定价机制有效地实现资源配置。

然而，公共物品具有完全不同的属性。它们不具备排他性，也不存在消费时的竞争性。比如，在一个小镇上安装的龙卷风警报系统，一旦启动，所有人都能够接收到警告信息，并且一个人接收到了这一信号并不会影响其他人同样获得信息的能力。这种特性导致了通过市场手段为这类商品提供服务变得极其困难，因为很难有效地向受益者收取费用。这便引发了所谓的"搭便车"问题，即个人可以在不支付任何成本的情况下享受公共物品带来的益处。

公共资源是一种拥有独特特性的物品，其特点在于消费时存在竞争性，但在使用上却无法有效地排除他人。海洋鱼类便是这一概念的典型例证。任何人都有权进行捕鱼活动，然而每一条被捕获的鱼都会直接减少其他人可获取资源的数量。由于难以对这类公共资源实施有效的管理和限制，这通常会导致资源被过度利用直至枯竭。

介于私人产品与公共产品之间的俱乐部物品，展现了一种独特的特性组合。这类物品能够有效地排除非会员使用，却在实际享用过程中不表现出竞争性。以一个需要支付费用才能进入的游泳池为例，只有缴纳了会费的人士才能够获得访问权限，但在泳池内活动时，各个使用者之间并不会因为人数增加而感到不便或限制。为了达到这种排他性的管理效果，通常采取的是基于会员制或者订阅服务的形式。

在公共物品和公共资源领域，特别是那些不具备排他性的资源中，容易出现外部性问题。这类资源往往缺乏明确的市场价格机制，从而使得其提供者难以获得与其投入相匹配的经济补偿。以龙卷风预警系统为例，虽然建设与维护此类系统的成本由特定个体或组织承担，但由此产生的安全保障却可以让更多人无偿受益。这种情况下形成的正向外部效应，可能会抑制私人投资于这类具有公共利益性质的服务或设施的积极性。

同样地，负外部性问题也不容忽视。当个人或企业过度利用公共资源，例如海洋中的鱼类资源时，往往会导致这些资源的枯竭以及生态系统的破坏。这类行为虽然给实施者带来了直接利益，但却给社会其他成员造成了间

接损失，而这种损害的成本却不由行为者承担。

气候环境作为一种典型的公共资源，展现了明显的非排他性和非竞争性的特征。作为人类共有的自然资源之一，大气允许所有人自由利用而不需承担费用。鉴于碳排放与气候状况之间存在着密切联系，它也被视为一种独特的公共财产。

碳排放的非排他性特征表现为，当某个个体或组织开始排放二氧化碳时，其他主体也可无限制地模仿这一行为。由于这种污染活动本质上不具备互斥性质，因此使得控制碳排放变得异常困难。此外，碳排放还具备非竞争性的特点，即一家公司释放温室气体的行为不会对其他企业的碳排放成本或总量造成直接影响。正是这些特性导致了大气层对于容纳污染物能力的利用呈现出一种较为随意且缺乏秩序的状态。

鉴于这些特性，碳排放者倾向于基于自身利益最大化的原则来释放污染气体并消耗大气资源。这种行为导致了全球环境质量的下降。然而，要减少碳排放则需承担实际的成本，这涉及技术革新与能源转型等多方面的投入。关键问题在于，虽然减少温室气体排放带来的积极环境效应能够惠及全世界，但实施减排措施的一方却难以从中获得直接的经济收益。

这种不平衡导致了减少碳排放的积极性明显不足。尽管所有人都渴望拥有更加清洁的大气环境，但当涉及承担减排成本时，许多人却表现出迟疑态度。这种情况通常被称为"搭便车"效应，即个体倾向于依赖他人的减排行动来享受环境质量改善带来的益处，而自己则避免付出相应的代价。

为应对这一挑战，有必要研究创新的经济机制与政策工具，旨在鼓励减排活动并抑制过量排放。比如，可以通过建立碳排放交易体系或实行碳税制度，给碳排放设定具体的经济代价。这样做不仅能够使减少温室气体排放成为一项具有经济效益的行为，还能够促进社会整体向更加绿色和可持续的方向转变。此外，强化国际合作对于解决全球气候变化问题至关重要。唯有通过全世界范围内的协同努力与一致行动，才能有效地克服由气候变化引发的各种难题，并守护好我们共有的地球环境。

（五）气候经济学理论与碳金融市场

不断增长的科研成果与实际案例表明，由于大量二氧化碳排放所导致的温室效应已经给气候带来了极其严重的负面影响。在由人类活动产生的二氧化碳中，化石燃料的燃烧占据了主导地位。自从进入工业时代以来，化石能源成为了推动经济增长的关键力量，无论是国家、企业还是个人，在日常活动中都会不可避免地产生一定水平的碳排放。

从一个角度来看，优质的气候条件作为一项全球共有的资源，在没有外部调控的情况下，各国、各企业乃至个人往往会出于自身利益考虑而过度使用这一公共资源，表现为大量排放二氧化碳。与此同时，鉴于减少碳排放需要投入成本，而由此产生的环境改善效益却是全世界共同受益的，这就导致了各类经济实体在减排方面缺乏足够的积极性，并且容易产生"搭便车"的心态——即希望他人承担减排的成本，自己则不劳而获地享受成果。如果仅依赖市场机制自行调节，最终将导致二氧化碳排放量急剧上升，进而引发气候变化危机，损害人类整体的生活质量和福祉。

为了有效应对这一挑战，必须针对碳排放带来的负面影响及减排措施的积极外部效应采取管理和调控措施。尽管降低碳排放是一个全球性议题，难以通过私人之间的协商得到根本解决，但这并不意味着可以忽视非营利组织在降低二氧化碳排放量、维护气候环境方面所付出的不懈努力。然而，这些行动的实际效果与我们设定的减排目标之间仍存在较大差距，因此，政府等公共部门的政策干预显得尤为重要。其中，排污权交易体系作为以最小社会成本达成减排目标的一种手段，被视为极其关键的调节工具。

为了使许可证交易机制能够有效运作于减排领域，必须遵循若干关键步骤。首先，应当明确排放限额，即界定尚可排放的二氧化碳总量。只有当这一总量被确定下来后，排放二氧化碳的权利才能被视为一种稀缺资源，进而成为具有市场价值的商品。其次，政府部门需向产生二氧化碳排放的企业或机构发放可转让的碳排放许可。这些许可代表了特定数量的二氧化碳排放权

利,可以像普通商品一样在市场上流通。拥有一定量的二氧化碳排放权,实际上意味着对环境承载能力的一部分拥有了所有权。这种所有权与经济学中讨论的所有权概念相似,可以通过买卖实现转移。最后,各经济主体将根据自身的减排成本以及市场上碳排放许可的价格来决定是减少自身排放还是购买额外的许可。通过这种方式,那些减排成本较低的实体将倾向于采取减排措施,而成本较高的则可能选择购买许可,从而确保以最低的社会总成本达成减排目标。综上所述,通过引入碳排放权交易机制,原本依靠法律手段解决的环境问题得以在市场经济框架下得到更高效的处理。

碳排放权交易实际上属于金融活动的一种形式。来自不同减排项目和企业的二氧化碳减排量会在专门的市场中进行买卖,并被转化为标准化的金融产品。在此基础上,为了达成总体减排目标,资金会直接或间接地投入到能够生成碳资产的相关项目及企业当中,从而加强了绿色技术背景下的实体经济与金融市场之间的联系。随着这类市场的兴起与发展,还衍生出了具备价格发现、风险管理等特性的新产品,最终促成了碳金融市场的成型。碳金融市场的发展对于推进全球范围内的温室气体减排以及实现长期可持续发展目标至关重要。它不仅为企业和个人提供了一种有效的途径来降低自身对环境的影响,同时也为投资者开辟了新的领域,有助于经济体系向着更加环保的方向转变。当然,为了保证这一市场的有效性和公正性,持续完善相关规则显得尤为关键,这对于支持国际气候治理及促进社会经济可持续发展有着不可忽视的作用。

二、金融学理论基础

金融学领域的研究为碳金融市场的发展奠定了坚实的理论基础,并提供了实际操作上的指导。虽然碳金融市场在定价机制、交易规则以及投资策略等方面展现出其独有的特性,但其运行依然遵循着传统金融市场的一般规律,并基于普遍接受的金融学原理进行运作。

理性预期理论构成了有效市场假说的基石,该理论指出,在拥有充分信

息的基础上，市场参与者能够做出理智判断，进而促使资产价值全面体现所有相关信息。作为现代金融学的关键组成部分，有效市场理论不仅构建了传统资本市场的理论框架，而且成为了剖析金融市场行为不可或缺的方法论工具。

然而，有效市场理论所提出的假设在现实世界中经常遭遇质疑。有限理性理论通过融合心理学的见解，促进了行为金融学的发展。此理论指出，投资者的行为受到认知偏差及情绪波动的影响，从而解释了金融市场中观察到的价格动态与异常现象。行为金融学不仅丰富了我们对有效市场的理解，还为我们提供了更深层次的洞察金融市场运作机制的新视角。

（一）理性预期与有效市场假说

理性预期理论，由约翰·穆斯于 1961 年首次提出，为经济学研究引入了新的思考维度。该理论主张，在经济活动中的人们会充分利用所有可得的信息资源，以期对未来的经济变量变化做出尽可能精确的预测，从而达到自身利益的最大化和减少可能面临的损失。与适应性预期相比，理性预期更侧重于信息的有效利用及对未来状况的准确评估。

罗伯特·卢卡斯（Robert Lucas）深化了这一理论，并将其引入宏观经济的研究领域，提出了广为人知的"卢卡斯批判"。他基于理性预期的观点指出，政府实施的宏观经济调控措施实际上无法达到预期效果。这种见解与凯恩斯主义所倡导的国家积极干预经济活动的理念形成了强烈反差。理性预期学派坚信市场经济具备自我调节和内在稳定的能力，反对任何形式的政府介入，主张市场机制及自由竞争能够保障经济持续健康发展并实现资源的有效分配。

理性预期理论基于三项基本假设：信息虽有限但被充分利用、预期的形成与经济体系结构紧密相联，以及公众预期对经济运行影响不大。依据这些前提条件，该理论主要阐述了四个关键点：即理性预期如何形成、对规律性现象的深刻理解、随机误差的存在及其作用，还有经济政策如何实际地影响

着经济行为。

有效市场理论可以被视为理性预期理论在金融领域的一个具体实例。1970 年，尤金·法玛（Eugene Fama）对该理论进行了详尽的阐述，并将其命名为有效市场假说（Efficient Markets Hypothesis，EMH）。根据这一理论，一个有效的市场能够全面反映所有可获取的信息。这意味着，在这样一个环境中，投资者很难通过特定的投资策略实现高于市场的回报。此外，有效市场假说基于三个关键前提：无交易成本、信息获取无需花费以及市场上存在大量具有理性的参与者。

施莱费尔（Schleifer）在其研究中进一步发展了有效市场理论，特别强调了理性投资者的角色、非理性投资者交易行为的相互抵消效应以及套利机制的关键作用。按照他的观点，即便市场上存在不完全理性的参与者，只要这些个体的行为之间缺乏系统性联系，则他们的买卖活动很可能会彼此平衡掉，从而使得证券价格趋向其内在价值。此外，套利者通过迅速识别并利用定价差异获利的行为，能够有效地将市场价格调整至更接近于真实水平，促进了市场的有效性。

尤金·法玛基于可获得信息的差异，将有效市场划分为弱式、半强式与强式三个层次。在弱式有效的市场条件下，历史数据已完全被市场价格所反映，因此技术分析手段不再具备预测价值；若市场处于半强式有效状态，则表明不仅历史资料，连同当前公开的所有资讯也已被价格充分吸收，使得无论是技术分析还是基本面研究都失去了其有效性；至于强式有效市场，则意味着所有可能获取的信息，包括非公开的内幕消息，均已被市场价格所涵盖，故而任何投资者都无法通过这些信息取得超越市场的收益。

总体而言，理性预期假说与有效市场理论为经济及金融市场运作机制的理解和分析提供了强有力的工具。这些理论突出了信息的关键作用、市场的自我调整能力以及投资者行为（无论是理性的还是非理性的）对市场效率的影响。通过深化我们对于市场经济运行规律的认识，这两大理论不

仅增进了学界的知识体系，同时也为决策者和投资者在实践中提供了重要的参考依据。

（二）理性预期假说的深化理解

理性预期假说作为经济学领域内的一个关键理论，为理解经济主体如何在面对未来的不确定性时作出决策提供了宝贵的视角。此外，它也为宏观经济政策的设计及其执行过程中的创新思考开辟了新的路径。

理性预期理论着重强调了信息在制定经济决策过程中扮演的关键角色。根据这一视角，个体不再是单纯的信息接收者，而是转变成为积极主动的信息搜寻者、解析者及应用者。他们通过对现有数据的细致分析与深入研究，能够精确地运用所掌握的信息对未来经济发展趋势作出合理预判。这样的预测不仅基于对历史和现状的全面了解，还包含了对未来可能变化的敏锐洞察力。因此，它更加贴合实际经济活动的真实走向。

此外，理性预期假说还阐明了市场机制具备自我调整与稳定的能力。在此理论框架内，价格被视为信息的汇集点，能够迅速反映经济参与者对未来趋势的预测及市场供需状况的变化。当价格显示出偏离均衡的趋势时，基于合理预期采取行动的经济主体将通过买卖活动促使价格回归平衡状态。这种内在的调节过程对于维护经济平稳运行及实现资源最优分配具有不可忽视的作用。

值得注意的是，理性预期假说对宏观经济政策的有效性提出了挑战。依据这一理论，若经济主体能够准确预见到政府即将实施的政策措施，则这些政策的实际影响力将会显著降低。这是因为，个体或机构会基于对未来政策变化的预测先行调整自身的行为模式，进而削弱了政策意图达成的效果。这对决策层而言是一个关键启示：在构建宏观经济调控机制的过程中，必须重视并考虑市场参与者的预期行为，并通过适当手段增强政策执行力度及其可信度。

（三）有效市场假说的实践意义

作为金融市场理论架构的关键组成部分，有效市场假说在实际应用中发挥着重要作用。它不仅为资本市场的运行机制提供了坚实的理论基础，同时也对投资者制定策略及监管政策的形成起到了积极的参考作用。

首先，有效市场假说对于塑造投资者的合理投资观念至关重要。在一个运作良好的市场环境下，所有可获取的信息已被市场价格所充分反映，因此，试图通过基础信息分析或特定策略来超越市场平均收益变得极为困难。这一理论强调了长期持有与价值导向型投资的重要性，鼓励投资者更多地关注企业的内在质量和未来成长潜力，而非单纯追求短期内的价格波动和投机行为。

其次，有效市场假说为政策监管奠定了坚实的理论基础。在这一框架指导下，政府监管机构应致力于维护市场的公平性、透明度和规范性，确保信息能够被充分披露并有效地传播给所有参与者。同时，监管者还需紧密跟踪市场变化及投资者的行为模式，以便及时识别并处理任何违规或非理性行为，从而保障市场的稳定与健康发展。

最终，有效市场假说还促进了金融市场的创新与进步。在这样一个高效运作的市场环境中，金融机构及投资者必须持续开发新的投资策略和工具以增加回报并管理风险。此类创新行为不仅能够增强金融市场的产品多样性和服务功能，而且还能提升市场的运作效率和流动性，从而进一步加速了整个金融领域的成长与发展。

（四）有效市场理论的发展与质疑

自 1970 年起，有效市场理论在资本市场的研究中获得了重大突破，为经典资本市场理论框架的建立提供了坚实的基础。然而，随着时代的发展，该理论所基于的一些严格假设逐渐受到了广泛质疑和挑战。

最初，有效市场理论建立在信息无成本这一核心假设之上，意味着所有

市场参与者都能无障碍地获取并处理相关信息。然而，格罗斯曼与斯蒂格利茨对此提出了质疑，指出实际上收集和分析信息总是需要付出一定的代价。基于这一点，他们认为市场价格不可能完全体现出所有的信息价值。其论点在于，若投资者投入大量资源用于信息搜集及分析，却不能通过交易获得相应的额外收益作为回报，那么这些投资者将会失去继续寻求更多信息的动力，转而成为被动接受价格的一方。一旦市场上所有人都停止主动探寻新信息，则市场价格将无法全面反映市场状况。这种现象被称为"格罗斯曼-斯蒂格利茨悖论"，它展示了市场效率与个体投资行为间存在的内在冲突，进而暗示了纯粹有效的市场状态在现实中的不可实现性。

除了对于无信息成本假设的质疑之外，理性投资者这一概念也面临着诸多挑战。传统有效市场理论主张投资者能够基于全面的信息，在各种情况下准确地评估收益与风险。但实际上，许多投资者的行为受到有限认知能力、自制力不足以及个人利益追求不完全等因素的影响，这使得他们的决策过程并不总是符合严格的理性标准。此外，个人偏好、社会规范及习惯等非经济因素也会显著影响投资选择。上述非理性行为导致了金融市场上出现了一些难以用传统理论解释的现象，比如规模效应、日历效应和小公司元月效应等。

此外，有效市场理论暗含了投资者在信息评估与应用方面具有一致性的假设。然而，费格莱夫斯基提出，在实际操作中，不同投资者对信息的处理方式存在明显差异。拥有信息优势及较强分析能力的个体能够利用其掌握的信息进行更为成功的投资活动，从而实现财富的增长。反之，那些处于信息劣势且分析技能较弱的投资者则可能逐渐丧失其资产，将其转移给信息更为丰富的对手。这种信息处理上的不均衡导致市场价格更多地受到最优信息的影响，而非全面反映所有可得信息。因此，市场效率很大程度上取决于参与者的特性。

另一个受到质疑的观点是风险中立性假设，即投资者在承担额外风险时不需要得到相应的补偿。然而，在实际操作中，不同投资者对于风险的态度差异显著。当考虑到个人的风险偏好时，市场价格遵循鞅过程这一理论便可

能不再成立。勒罗伊的研究指出，在一个普遍存在的风险规避环境下，当前收益的期望值与历史收益之间存在着关联，这直接挑战了价格鞅性的基本原则。唯有在极为特定的风险中立条件下，超出正常水平的回报才会归零。

对于这些批评与挑战，尤金·法玛为有效市场假说作出了辩护。他提出，在市场上出现的过度反应和反应不足现象能够相互抵消，从而让市场整体维持其有效性。此外，他还强调长期收益中的异常情况可能源于所采取的研究方法，并尝试通过运用不同的分析手段来解决这些问题。不过，行为金融学领域的学者对此持有异议，他们认为投资者的行为往往体现出系统性的心理偏差，这种偏差会导致人们以相似的方式犯错，进而促使股价偏离其内在价值。而这种系统性偏差是有效市场理论难以充分解释的现象。

（五）行为金融学

1. 行为金融学的发展与理论框架

新古典金融学理论，作为一种长期被广泛接受的观点，其基础在于几个核心假设：投资者作为完全理性的个体，能够基于理性预期，在风险与收益之间做出最优选择以最大化个人效用；同时，金融市场被认为具有高度效率，股票价格可以快速准确地反映所有相关的经济基本面信息，进而成为衡量实际经济状况的一个重要指标。不过，随着对金融市场研究的不断深入以及市场本身的发展变化，一些无法单纯依靠新古典金融学来解释的现象逐渐引起了学者们的注意，比如价值效应、一月份效应、反转现象、动量效应及处置行为等。

这些市场现象的存在，对新古典金融学理论的基础构成了挑战。大量实践与实验数据指出，投资者在决策时并不总是遵循理性经济人的假设。事实上，他们的选择往往受到认知偏差、心理状态、社会环境及情绪等多种因素的影响，从而导致了系统性和规律性的偏离。为了更好地解释这种偏离，并深入探究其根本原因，一些研究者从有限理性的角度出发，整合心理学和行

为经济学的研究成果，对金融市场中的异常现象进行了广泛而深入的研究。这一新兴的研究领域最终形成了一个独立的学科——行为金融学。

行为金融学的发展，不仅标志着对传统新古典主义金融理论的一次重要反思，也是对于金融市场实际运作机制的一种更为贴近现实的阐释。该领域致力于探讨一个核心议题：在竞争激烈的市场环境下，个体为何会做出看似非理性的选择？这些决策失误背后的心理机制是什么？一旦这些偏差进入金融市场之中，它们又将如何影响资产价格及其他市场信号？

为了解决这些问题，行为金融学确立了两大核心理论基础。首先涉及的是投资者心理分析。该领域专注于研究在实际市场环境中，投资者是如何构建自己的投资观念，并据此评估证券价值的过程。它深入探究了认知机制、情绪因素以及社会互动等多方面因素对个人投资选择的影响。

接下来探讨的是有限套利理论。该理论指出，在实际金融市场环境下，套利机制的作用并非总是能够达到理想状态，实施起来也面临着诸多挑战。具体而言，由于金融产品间存在的不可完全替代性、参与套利活动者对风险的规避态度以及噪声交易行为对市场价格信号造成的干扰等因素，导致了套利参与者难以充分履行其促进市场效率提升的角色。这一理论框架的提出，质疑了新古典主义金融学关于市场自动调节功能的理想化假设，并为理解和解释市场上出现的各种异常现象开辟了一条新的路径。

2. 前景理论

长期以来，期望效用理论一直是解释人们在面对风险或不确定性时如何做出消费或投资决策的基石。按照该理论的观点，个人基于理性预期行事，通常会避开风险并寻求最大化其满意度，同时他们的偏好体系遵循着一系列原则，包括但不限于完备性、传递性、连续性和独立性等公理。

假设消费者面对人种可选商品，任一商品组合（也称商品束）以左维向量 $x = (x_1, x_2, \cdots, x_k)$ 表示，以 X 表示所有可选商品束集合，通常我们可以假设 X 就是 R_+^k。任取 X 中两个商品束 x 和 y，则消·费者对二者的偏好需要

满足：

（1）完备性：x 和 y 永远是可以比较的。$\forall x, y \in X$，必然有 $x \geq y$ 或 $y \geq x$ 或二者同时成立（即 $x \sim y$）。

（2）传递性：如果 x_1 优于 x_2，并且 x_2 优于 x_3，则必然有 x_1 优于 x_3。即 $x_1 \geq x_2$，$x_2 > x_3 \Rightarrow x_1 \geq x_3$。

（3）连续性：如果 $x_1 < x_2 < x_3$，则必然存在唯一概率 p 使得 $x_2 \sim px_1 + (1-p)x_3$。

（4）独立性：若与 $x_1 \sim x_2$，则有 $px_1 + (1-p)x_3 \sim px_2 + (1-p)x_3$。

在期望效用理论中，每一个商品束带来的结果是不确定的，但是每一种商品的选择概率是已知的。例如，对于商品束 $x = (x_1, x_2, \cdots, x_k)$，对应一个 k 维向量 $p = (p_1, p_2, \cdots, p_k)$，其中，选择 x_1 的概率为 p_1，选择 x_2 的概率为 p_1，$\cdots$ 以此类推，此时，X 也称风险备选物。

效用函数 U：$X \to R_+^k$ 具有期望效用函数形式，如果可以对 k 维向量指定一组数 $(u_1, u_2, \cdots, u_k)$ 使得对每个 $p = (p_1, p_2, \cdots, p_k)$，满足：

$$U(p) = u_1 p_1 + u_2 p_2 + \cdots + u_k p_k \qquad (3\text{-}1)$$

这种形式的效用函数，即遵循特定偏好原则下的期望效用表达，被称为冯·诺依曼-摩根斯坦期望效用函数。根据期望效用定理，如果个体的偏好满足完备性、传递性、连续性和独立性这几个基本公理条件的话，那么这些偏好就能够通过一个具有期望效用特性的效用来加以描述。

研究表明，在面对不确定性情境下的决策时，个体的实际选择往往与期望效用理论所预测的结果有所偏离，表现出对理性行为模型的系统性背离。

为了阐明这一偏离现象，丹尼尔·卡尼曼与阿莫斯·特沃斯基在 1979 年借鉴了哈里·马科维茨及莫里斯·阿莱斯等人的研究成果，提出了"前景理论"。该理论作为期望效用理论的一个替代方案，为理解个体在面对风险时的决策行为提供了新颖的视角。

前景理论的关键论点在于，个体对于财富变化的敏感度超过了对其绝对水平的关注。当面对不确定性时，个人的行为呈现出一种复杂的模式：在有

望以较高概率获取收益的情况下，人们倾向于规避风险；而在可能遭遇较大损失的风险面前，则更愿意承担风险。反之，在低概率获得收益的情形中，他们可能会更加敢于冒险；而面临较小可能性但潜在严重的损失时，则表现出较强的避险倾向。此外，该理论还强调了情感价值上的不对称性——具体来说，等额收益带来的正面情绪强度通常低于等额损失所引起的负面情绪强度。

在前景理论框架内，个体的决策制定过程可以分为编辑与评估两个主要步骤。编辑阶段关注于事件、结果及其相关信息的搜集与整理工作，在这一过程中，依据个人偏好对各种可能的选择方案进行编码处理。紧接着进入评估阶段，该阶段的任务是对之前编码过的选项进行价值评判和最终选取，投资者对于收益及风险的态度在此阶段起到决定性作用，影响着最终决策方案的形成。图 3-1 和图 3-2 分别描绘了基于期望效用理论和前景理论视角下的投资者决策模型。

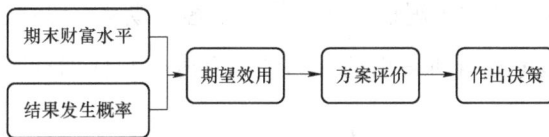

图 3-1 期望效用理论下的投资者决策框架

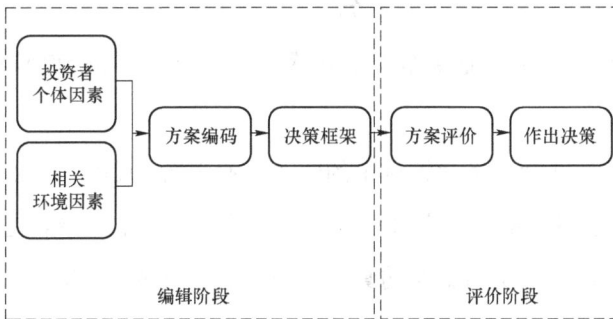

图 3-2 前景理论下的投资者决策框架

为了更加准确地描绘这一过程，前景理论提出了价值函数与决策权重函数的概念。价值函数替代了传统期望效用理论中所采用的效用函数，用以评

估不同结果对个体而言的主观价值。另外，决策权重函数则将原有效用模型中的客观概率调整为个人感知下的决策权重，体现了人们对各种可能结果发生概率的主观判断。

相较于期望效用理论，前景理论更加贴合现实情况，它充分考虑了决策者在做出选择时可能受到的心理、认知及情感因素的影响。在金融市场这样一个充满变数的环境中，投资者面临的挑战包括但不限于外部环境的变化无常、个人知识水平的局限、信息获取上的不对等、分析能力的有限以及心理素质的差异等，这些因素共同作用下，使得基于期望效用理论的理想化最优决策难以实现。因此，前景理论为研究实际市场中投资者的行为模式提供了一个更为全面且深刻的视角。

在前景理论框架下，预期价值是由价值函数及决策权重共同作用的结果，如式（3-2）所示。与侧重于最终财富状态的传统期望效用理论不同，前景理论更关注于相对收益或损失的价值感知；此外，在前景理论中，个体对于结果发生可能性的主观估计往往偏离了客观概率。这些因素共同作用，使得基于前景理论分析所得出的行为预测有时会与依据标准经济模型得出的结论相冲突。

$$V = \sum_{i=1}^{n} \pi(p_i) v(x_i) \tag{3-2}$$

式（3-2）中，$v(x_i)$ 是决策者主观感受中的价值，即价值函数；$\pi(p_i)$ 是决策权重。

价值函数是行为经济学领域中的一个核心概念，其由三个主要组成部分构成。首先，它用来量化特定事件与某一参照点之间的差异，进而体现这一事件所引发的正面或负面影响的真实价值。其次，在收益维度上，该函数表现出一种逐渐减缓的增长趋势；而在损失维度，则显示出随着损失加大而加速下降的特点。这说明个体对于额外获得的利益感到越来越不那么兴奋，但对于遭受的损失却变得越加敏感。此外，价值函数还指出了人们在处理盈利与亏损时风险偏好上的非对称特性。

　　参考点是指个体在评估某一事物的价值时所依赖的基准。对于同一对象，依据不同的参考点，人们可能会给予其截然相反的价值评判。确定参考点的过程十分复杂，它受到多种外界因素及个人心理状况的影响。举例来说，当从昏暗室内步入阳光灿烂的户外时，最初会感到光线异常刺眼，但很快就能适应这种亮度的变化。同样地，固定数额的资金，比如 200 元人民币，对不同的人来说，其所代表的意义和效用因其个人现有经济条件的不同而异。在评价某项决策带来的风险与收益时，大多数人关注的并不是这项选择能使他们的总资产达到何种水平，而是更加重视这一决定对其当前财务状况的具体影响。因此，在影响人们做决策的因素中，财富变动量的重要性往往超过了财富总额本身。

　　参考点依赖现象能够帮助解释金融决策中的禀赋效应及损失厌恶等行为。禀赋效应描述了个体在拥有某物品后，对该物品价值的评估会显著高于未拥有时的情况。以一个杯子为例，人们愿意出售该杯子的价格通常会高于他们愿意购买同一杯子所支付的价格。这是因为人们将出售视为一种"失去"，而购买则被看作是一种"获得"，从而形成了禀赋效应。期望效用理论假定人类具有风险规避倾向，但前景理论提出，人们对风险的态度并非总是如此，在面对收益与损失时表现出不同的偏好。具体来说，当面临确定性的收益时，人们倾向于避免风险；而在面对确定性的损失时，则更可能选择冒险。此外，对于相同数额的收益与损失，后者往往能引起更大的情绪反应。这表明，人们主要担心并试图避免的是损失，而非不确定性本身，并且对损失的感受比对收益更为强烈，这就是所谓的损失厌恶。这种风险态度上的不一致性还体现在为了避开确定的损失，人们可能会选择承担更大的风险。值得注意的是，强烈的恐慌感可以抵消损失厌恶，促使个人更加敢于冒险。

　　基于参考点与损失厌恶的特点，丹尼尔·卡尼曼和阿莫斯·特沃斯基描绘了价值函数的图形，见图 3-3。在此图中，坐标轴的原点代表参考点，同时也是数学概念中的拐点位置。

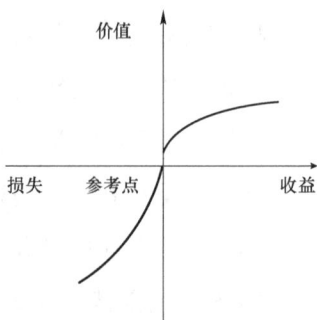

图 3-3　前景理论下的价值函数

价值函数具备四个主要特性：首先，它表现为单调递增性质，这意味着在所有情况下，收益总是优于损失，并且随着收益的增加其价值也相应增大，而损失的加剧则导致价值减小；其次，价值是基于某一参考点来衡量收益与损失的，其中提到的 x 代表相对于该参考点的变化量，在这个参考点上，收益为零，因此价值函数描绘了一条穿过坐标原点的曲线；此外，依据风险决策中的反射性原理，价值函数以坐标轴原点为中心，向收益和损失两方向延伸形成 "S" 型曲线。当处于收益区域时，价值函数呈现凹形特征，这反映了人们面对潜在收益时倾向于规避风险的态度；而在遭遇损失时，则表现出凸形特性，表明了人们在此情境下更愿意承担风险去避免进一步的损失。最后，无论是对于收益还是损失而言，它们所带来的边际价值都是逐渐减少的，即随着收益或损失绝对值的增长，每一单位变化所对应的价值增量将会逐步下降。

3. 投资者行为

在先前关于前景理论、认知偏差及心理偏好的讨论中，我们从心理学的角度分析了投资者的一些非理性决策行为。然而，诸如羊群效应、未能充分分散风险、频繁买卖以及注意力驱动的投资倾向等现象，同样是投资领域内广泛存在的非理性表现，下面将对这些行为逐一简要说明。

在羊群中，个体成员往往缺乏独立判断方向的能力，而是盲目跟随领头羊前进，而不考虑前方是否存在潜在风险，或者目的地是否真有更加肥沃的

草地。这种现象，在社会经济活动中被称作"羊群效应"，指的是投资者观察到他人投资行为后，出于模仿心理而做出相似的投资决策——当看到其他人购买股票时跟进买入；反之，则在他人卖出时也跟着抛售。特别是在股市出现大幅下跌的情况下，羊群效应可能会加速恐慌情绪的传播，从而导致金融市场发生剧烈波动，甚至可能诱发金融危机。此外，过度追涨也会造成资产价格泡沫。由于羊群效应建立在信息不对称的基础之上，一旦市场情况发生变化，这种集体行为很容易崩溃，这进一步加剧了金融市场的不稳定性和脆弱性。不过，对于那些能够冷静分析形势并作出理性判断的投资者来说，羊群效应所引发的市场异常波动也为他们创造了获取超额收益的机会。

资产组合中风险分散不足的现象反映了投资者的一种非理性行为。根据资产组合理论，理想的策略是构建一个由市场内相互关联度较低的资产组成的多元化投资组合，以此达到最佳的风险分散效果。但在实际操作过程中，投资者往往未能充分实现这一目标。首先，在资产种类的选择上，许多研究发现大部分股票持有者名下的证券数量不超过五只，并且对于其他类型的投资涉足甚少。其次，当涉及资金配置时，多数人倾向于采用简单均等分配的方法，而非通过复杂的计算来优化其投资组合以追求最高收益与最低风险之间的平衡。这样的做法不仅无法有效降低风险，反而可能带来额外的损失。最后，关于跨期分散的问题，部分投资者相信长期（如五年或更久）持有不同年度的资产可以抵消短期波动的影响，从而获得高于平均水平的稳定回报，甚至认为股市总趋势向上意味着长线投资不会亏损。然而，经济学家们已经指出这种观点并不成立，因为随着投资期限延长，不确定性也随之累积，这可能导致绝对损失显著增加，实际上加大了整体风险。

全球金融市场的交易活动异常频繁，其规模远超出了基于理性预期的正常水平。按照传统金融理论的观点，价格波动的不可预见性以及市场参与者间的信息差异应当限制了交易行为的发生频率；投资者通常被视为市场价格的被动接受者，仅当交易能够为其带来预期效用的增长时，理性的决策者才会选择参与其中，以避免被他人利用而蒙受损失。因此，在理论上，这类谨

慎的投资者不会频繁地进行买卖操作。然而实际情况却显示了一个截然不同的景象。从行为金融学的角度来看，个人投资者之所以会表现出过度交易的行为模式，主要是因为他们对自己处理信息的能力过于自信。他们相信自己比其他市场参与者更能有效地解读公开资料，并从中挖掘出有价值的洞察，进而认为自己在预测未来趋势或评估资产真实价值方面拥有优势，这种信念驱使着他们频繁地采取投机性质的操作。

注意力效应描述了投资者倾向于选择那些更吸引眼球的股票，而不是从海量的选项中做出挑选。这种倾向通常指向那些历史上表现特别突出或极端的证券。根据行为金融学的观点，这一现象背后的原因主要有两点：首先，人类的认知资源有限，导致我们处理复杂信息的能力也受到限制，因此难以对每一只股票进行全面而准确地评估；其次，人们对于异常显著的事物、以直观且生动形式呈现的信息以及与个人利益紧密相关的事件会表现出过度的关注和反应。这意味着成交量大、价格波动剧烈或是频繁出现在媒体报道中的股票更容易引起投资者的兴趣。

4. 信念认知偏差与心理偏好

在传统的金融学理论体系内，理性个体的概念处于核心位置。这一概念主要涵盖两大要素：首先是个体对于信息的解读是完全准确的，并且能够依据贝叶斯定理随新信息的获取而适时更新其认知；其次是基于上述理解，个体倾向于做出最能实现预期效用最大化的决策。然而，心理学领域的研究揭示，在当今这个信息泛滥的时代背景下，个人往往难以精确处理大量数据，转而更加依赖于直觉或经验规则来进行判断与选择。

行为金融学是一门结合了心理学理论与金融学原理的交叉学科，旨在研究个人在实际投资决策过程中的行为特征。对于投资者信念及偏好的探讨构成了这一领域心理学基础的核心组成部分。在金融学的研究框架内，信念往往被定义为一种主观概率，代表个体对某一不确定事件发生可能性的个人估计。至于偏好，则是指个体基于自身喜好对不同商品或服务所做出的选择排

序，这种选择模式反映了人们在面对多种选项时的行为倾向。

接下来，我们将深入探讨几种常见的信念认知偏差和心理偏好。

（1）信念认知偏误。自我过高估计是一种普遍存在的信念认知偏差现象，具体表现为个人对其知识准确度的过度自信。在投资决策过程中，这种偏误尤为突出且具有潜在风险，因为它容易导致投资者过分相信自己的信息分析能力，从而做出不当的投资决定，例如频繁买卖或承担不必要的高风险。

代表性偏差是指个体在判断时往往依据单一特征直接推测结论，而忽略了该特征实际发生的概率及其背后可能影响结果的其他变量。比如，在投资领域里，投资者可能会错误地假定优质企业的股票总是能产生良好的回报，却未充分考虑到市场环境的变化和企业经营状况的不稳定性。

与倾向于过度依赖已有信息的代表性偏差不同，保守性偏差体现为个体在接收新信息时表现出的一种迟钝反应。即使这些新数据直接挑战了个人现有的观点或信念，人们往往仍难以调整其原有的认知框架。这种现象揭示了人类在处理新信息时所展现出来的惰性和习惯性的思考模式。

锚定效应描述了一种现象，即个体在进行数量评估时，会受到某些特定数字的影响，这些数字仿佛成为了参考基准，限制了人们的估计区间。在金融市场中，这种效应表现为投资者倾向于将过往的股票价格作为评判当前股价是否合理的依据。

可得性偏差描述了人们在评估事件发生概率时，往往会被最近经历或记忆深刻的事件所影响的现象。比如，在金融投资领域，当某一行业近期表现良好时，投资者可能会基于这种短期趋势而变得过于乐观，从而低估了可能存在的风险。

（2）心理偏好。后悔厌恶指的是个体在做出不当决定后所体验到的一种负面情绪，这种情绪带来的不适感有时甚至超过了实际损失本身。为了规避将来可能出现的后悔情绪，人们倾向于保持现有状态或采取更加谨慎的行为策略。

处置效应表现为投资者更倾向于长期持有亏损股票，而迅速抛售盈利的

股票。这种行为体现了投资者面对损失时的规避心态以及对收益的快速锁定倾向。

模糊厌恶体现为个体对于不确定性的一种排斥心理。在金融市场中，这种现象表现为投资者往往偏好那些他们较为熟悉或者有深入了解的证券，而对于相对陌生的投资选项则表现出更加审慎的态度。

最终，心理账户这一概念描述了人们如何在内心深处无意识地将个人资产分割成多个独立管理的部分。每个这样的'账户'都拥有其独特的预算限制与使用规则，这体现了个体对于金钱价值的一种非替代性的认知方式。当涉及金融投资时，这种心理机制可能会导致投资者依据不同资金来源对收益潜力及风险水平做出差异化的判断和处理策略。

5. 行为金融学研究最新进展

作为一门较为新兴的领域，行为金融学不仅在研究主题上持续扩展，在方法论层面也日益丰富，同时其实际应用范围也在逐步扩大。

在学术研究领域，行为公司金融与宏观行为金融近年来吸引了大量学者的关注。自 21 世纪初以来，作为行为金融学的一个重要分支，行为公司金融逐渐成为研究热点。传统上，许多金融经济学理论和模型都是基于理性决策、资本资产定价模型及有效市场假设这三个基本前提构建的。不过，行为金融学通过实证研究发现，这些理论框架受到心理因素的影响而被削弱。在这种情况下，行为公司金融作为一种新兴的研究方向浮现出来，它强调了管理层的行为偏差以及股票市场的非完全有效性对公司投资与融资活动的重大影响作用。

2008 年全球金融危机爆发后，行为金融学在"后危机"时期扮演了阐释宏观金融现象及指导政策制定的重要角色。基于个体行为特征的金融监管理论同样吸引了学术界与政府部门的极大兴趣。传统金融监管理论认为经济参与者完全理性，且其有效运作的基础在于理性的决策过程和市场竞争机制。然而，在实际情况下，金融市场整体的波动性往往源自个体层面的行为

偏差。由这些个人偏差所引发的市场异常现象，通过正反馈循环进一步加剧了个体的错误信念及其行为模式，并经由情绪传递和社会影响作用扩散开来，从而促成了非理性市场繁荣或恐慌情绪的大规模蔓延，最终使得局部市场的失衡升级为系统性的全面危机。因此，采用行为分析方法构建起来的监管框架有助于预防投资者犯下错误，进而提升整个市场的运行效率。

在研究方法上，行为金融学的研究者们努力从心理学、神经科学及法学等多个领域汲取灵感，运用跨学科的方法来拓宽该领域的研究范围。尤其是神经科学所提供的研究工具，使得深入探讨个体决策背后的心理机制成为可能。随着经济学与神经科学的相互渗透，"神经经济学"这一新兴交叉学科得以确立，并且"神经金融"的概念也逐渐获得了学术界的重视。此外，当行为金融学与法学相结合时，能够使这一理论更加贴近现实生活。"法和金融学"作为20世纪70年代'法和经济学'发展的一个分支，不仅探究了法律体系如何影响金融市场参与者的行为模式，还尝试运用金融分析的方法来解决法律相关的问题，比如对金融立法过程及其监管机制进行经济层面的剖析。

随着行为金融学研究领域的持续拓展，来自气象学、地理学以及环境科学等多个学科的知识被纳入了行为金融学者的研究框架中，为解读金融市场现象提供了全新的视角与方法论。这一领域不断推进的创新与发展，有望进一步加深我们对金融市场运作机制及参与者行为模式的理解，提供更加坚实的理论基础。

第二节　碳金融的运行基础

一、碳金融基础设施

（一）碳金融基础设施及功能

金融基础设施，通俗而言，是指为各类金融活动提供基础服务的系统和

制度安排。它扮演着金融领域中不可或缺的角色，对于确保金融市场交易与结算活动的稳定高效运行、流动性管理及风险控制的有效实施具有至关重要的作用。从两个核心角度来看：首先，一个健全的金融基础设施体系能够促进金融市场的高效且安全运作；其次，这样的体系还能够让监管机构更加清晰地掌握市场动态，从而提升监管效率，并有助于宏观调控部门利用金融市场渠道来引导碳金融活动的发展方向。在我国，金融基础设施主要包括金融资产登记托管系统、清算结算系统（包括进行集中清算业务的中央对手方）、交易平台、交易报告库、关键支付系统以及基本信用信息系统等六大类设施及其运营主体，它们服务于货币、证券、基金、期货、外汇等多个金融市场中的交易活动。

在碳金融领域，为了促进温室气体排放权及相关金融衍生品交易的健康发展，并确保能够生成额外排放权（例如各种减排单位）项目的顺利推进，构建一套科学合理的基础设施体系是必不可少的。该体系应具备合理布局、有效治理、先进技术以及良好的适应性，旨在提供包括碳排放权登记、交易与结算在内的多种服务，实施温室气体排放报告及验证工作，并对涉及碳金融的各项活动实行有效的监管措施。

碳金融基础设施扮演着连接碳金融市场各个组成部分的重要角色，是确保市场平稳运作的基础。鉴于该体系规模宏大，往往需要大量的资金和技术投入，并且建设周期较长，因此它表现出显著的制度惯性和路径依赖性，其沉没成本极高。这意味着，在实践中对碳金融基础设施进行大幅度改革或重新构建是非常困难的。因此，在规划和发展碳金融基础设施时，必须采取前瞻性的综合策略，采用最前沿的模式、标准与技术，以保证在制度设计、理念及技术应用方面能够支持碳金融市场的长远健康发展以及有效的监管措施。

2020 年 12 月 25 日，生态环境部审议通过了《碳排放权交易管理办法（试行）》，并于同年 12 月 31 日正式公布，该办法自 2021 年 2 月 1 日起生效。这一管理规定适用于全国范围内的碳排放权交易及其相关活动，内容涉及碳

排放配额的分配与清缴、碳排放权的登记、交易、结算流程，以及温室气体排放的数据报告和核查等多方面，并对上述各项活动实施监督与管理。随后，在 2021 年 5 月 14 日，基于前述管理办法，生态环境部进一步制定了三项规则：《碳排放权登记管理规则（试行）》《碳排放权交易管理规则（试行）》及《碳排放权结算管理规则（试行）》。这些新出台的规定旨在更加细致地规范全国碳排放权市场的登记、交易和结算行为，从而为市场参与者提供坚实的法律保障。

（二）碳排放权注册登记机构与系统

全国碳排放权注册登记机构利用专门设立的注册登记系统，负责管理与碳排放配额相关的所有信息，包括持有情况、变更记录、清缴状态及注销详情，并提供相应的结算服务。此系统的记录被视作确认碳排放配额所有权的权威依据。主要排放单位以及满足特定条件的组织和个人，均构成全国碳排放权登记的主要参与者。

注册登记机构主要负责管理账户、碳排放配额的登记以及相关信息，并且受到生态环境部的监管。在处理账户相关事务时，一旦收到开户请求，该机构将对提交的资料进行审核，若资料符合要求，则须在五个工作日内完成账户设立并通知申请人。关于碳排放配额的记录工作，注册登记机构依据地方各级管理部门制定的分配方案执行初次分配登记；根据交易市场的成交详情进行交易登记；按照省一级生态环境部门确认的配额清缴结果实施清缴登记；根据重点排放单位所提供的国家核证自愿减排量注销文件来进行抵消登记；同时，根据登记方或其法定继承人提供的有效证明材料来办理信息变更登记。

此外，注册登记机构还需按照司法机关的要求或依据法院的有效判决，执行碳排放配额的冻结以及司法扣划的相关验证、变更记录及公告工作。在信息管理层面，该机构有责任根据法律规定，配合司法和国家监察部门对碳排放权登记资料进行查阅，并严格保守涉及国家安全与商业机密的信息。同

时，为了确保数据安全并促进信息的有效共享，还需要与交易机构共同建立一套协调机制，并负责建设和维护灾难恢复系统。

（三）碳排放权交易系统与机构

鉴于我国对环保及气候变化议题的日益关注，全国碳排放权交易体系与相关机构应运而生，肩负起促进低碳经济和绿色发展的关键角色。该体系不仅构建了一个规范且透明的交易平台，以服务于我国的碳排放权交易，还通过精心设计的各项机制来保障交易过程中的公平性、公正性和公开度。

作为该体系的核心组成部分，全国碳排放权交易机构承担着组织和监管整个国家范围内碳排放权交易活动的重要职责。其参与主体不仅限于主要的排放单位，还包括符合国家规定条件的其他机构和个人。在这一框架下，主要交易对象为碳排放配额，所有相关交易均需遵守公开透明、公平竞争及诚信原则。

在碳排放权交易机制的设计中，国家层面采取了多种交易模式以适应不同参与者的具体需求。协议转让作为一种关键的交易形式，通过双方协商达成一致后完成交易过程。此模式细分为挂牌协议交易和大宗协议交易两种类型。前者允许参与者在交易平台提交买卖意向，随后进行谈判直至成交；后者则侧重于通过平台进行报价、询价直至最终确认交易。除此之外，单向竞价也是该系统内广泛应用的一种交易方式，它使参与者能够向管理机构提出买卖请求，之后由该机构公布竞价通知，多个潜在买家或卖家根据规定提交报价，在设定的时间框架内通过电子交易平台实现交易。

为确保交易活动顺畅无阻，相关机构制定了一系列规范。比如，根据不同的交易模式，机构可以调整相应的交易时间，并设定每次买卖申报的最低和最高限额，此举旨在维护市场的秩序与公正。此外，为了加强交易过程的安全性并保证其透明度，机构将妥善保管所有涉及交易的原始文件及记录，且保存期限至少达到二十年。当需要时，机构能够向参与交易的相关方提供必要的证明材料或历史记录。

在风险控制领域，交易机构构建了一套全面的风险管理机制及风险准备金体系。通过实施价格波动幅度限制、最大持有量规定、大型投资者报告制度、风险警告以及异常交易行为监测等措施，有效地维护了市场的稳定与安全。面对自然灾害或其他不可预见因素导致的交易中断情况，该机构有权采取暂停交易的紧急措施，旨在保障市场秩序和参与者的权益不受损害。一旦影响因素消除后，交易将迅速恢复正常运作。

此外，交易机构还特别关注信息管理和信息安全的强化。通过构建一套完善的信息披露与管理制度，它们能够及时向市场发布关于碳排放配额交易的相关数据，以此来维护市场的透明度和公平性。同时，在处理敏感信息时，这些机构也承担着严格的保密责任，以保护所有参与者的信息安全和个人权益不受侵害。为了进一步加强信息安全保障，交易机构还设立了专门的灾备系统、制定了灾备管理方案，并建立了强有力的技术支持体系。

在监督管理方面，生态环境部承担着对碳排放权交易机构进行监管的重要职责。这些机构必须定期向生态环境部提交关于其运营状况、年度工作总结以及经过独立审计的财务报告等关键资料。此外，一旦遇到市场价格异常波动、面临重大的业务或技术风险、发现任何违法或违规行为，或是治理结构与日常运作发生重大调整时，相关交易机构也应立即通知生态环境部。

（四）碳金融的结算系统

在碳金融市场中，结算机制扮演着至关重要的角色。具体而言，结算指的是依据事先确定的标准精确计算碳排放权与对应资金之间的应收款和应付款项。这一重要职责主要由登记注册机构承担，它们不仅负责全国范围内碳排放权交易的统一结算任务，还需对涉及的资金流动实施精细化管控，并始终保持高度警觉，以应对结算流程中可能遇到的各种风险。

在选择合作的结算银行方面，注册登记机构设定了非常严格的标准。只有达到特定要求的商业银行才能被选为结算银行。这些经过筛选的金融机构必须开设专门的资金账户，用于安全地存放交易各方的资金。此外，为了确

保结算过程的公平与透明,明确规定了提供此类服务的银行不得参与碳排放权的交易活动。

在每个交易日结束后,注册登记机构依据交易系统提供的成交记录执行详尽的清算流程。该流程严格遵守"货银对付"的基本原则,确保资金与碳排放配额能够同步、顺畅地完成交换,从而保障每笔交易双方都能履行各自的义务。通过运用先进的系统技术,注册登记机构对每位参与者持有的碳排放额度及其对应的资金进行逐一且全额清算,并维护整个交收过程的一致性。一旦当日的所有清算活动结束,注册登记机构会立即将结果通报给相关交易机构,在双方确认无误后,基于此清算结果实现碳排放额度和资金的实际转移。此外,为了增强信息的透明度及更新速度,注册登记机构还会迅速向所有涉及方提供结算详情。

当交易参与者对结算结果持有疑问或异议时,应在下一个交易日启动前,通过书面方式向注册登记机构提交。为确保结算流程各环节的严密监控,注册登记机构采取了一系列措施,包括设立特定岗位与人员、执行多层次审核机制以及构建严格的信息安全制度等。这些举措相互作用,共同维护了结算过程的精确度和安全性。

为增强风险管理效能,注册登记机构制定了一整套详尽的风险防控措施。其中包括设立结算风险准备金制度以备不时之需;与交易相关机构紧密合作,共同搭建起针对全国碳排放权交易结算风险的联合防控体系;此外,还推行了风险预警机制,旨在及早识别并有效处置各类潜在风险隐患。

针对在交易过程中发生违约、违法或违规行为的参与者,登记机构将不予以宽容,而是会采取相应的限制措施,并启动追偿流程。此类举措有效地维护了市场秩序,保护了参与者的合法权益,为碳排放权交易市场的平稳运作奠定了坚实基础。

总体而言,通过各环节间的紧密协作及严格的管控机制,碳金融结算体系构筑了一道坚实的屏障,保障了碳金融交易在结算过程中的高效性、公平性、安全性和有序性。这对于促进碳金融市场稳定发展具有重要意义,并为

全球范围内的碳排放交易活动提供了一个值得信赖的结算平台。

二、碳金融中介

（一）碳金融中介机构

在传统金融体系中，金融机构扮演着为市场参与者提供各种支持服务的角色，这些机构包括但不限于监控与认证机构、咨询企业、评估公司、会计事务所及法律服务机构等，同时也向交易双方提供必要的融资渠道。随着环境问题和气候变化日益成为全球关注的焦点，碳市场的建立和发展也越发成熟，吸引了越来越多的利益相关者加入。在此背景下，一种新型的金融服务——碳金融中介应运而生。其中包括商业银行、投资银行、保险业者以及法律顾问等，在促进碳市场及其金融活动方面发挥着不可或缺的作用。

以碳交易的二级市场为例，金融机构如商业银行、保险公司及私募基金等在其中扮演了至关重要的角色。它们不仅为买卖双方提供中介与咨询服务，还向参与碳排放权交易的各方提供资金支持或直接参与到交易活动中。作为核心的碳金融中介机构，银行、证券公司和保险机构通过设计创新型的碳金融产品及其衍生品和结构化理财产品，有效提升了市场的流动性，同时也满足了投资者和交易双方的需求。此外，这些机构能够通过担保或信用增强等方式减少交易过程中的潜在风险，并为最终使用碳排放权的企业提供必要的风险管理工具。鉴于碳排放权交易及相关金融服务具有较高的复杂性，涉及会计、法律以及信息咨询等多个专业领域，因此，提供此类服务的专业机构共同构建了一个不可或缺的中介服务体系，对于促进碳金融市场健康发展起到了重要作用。

鉴于传统碳交易体系在建立高效竞价机制和服务平台方面存在不足，中介组织的介入有望促进碳金融市场逐步成熟，显著提高市场运作的规范性、透明度以及流动性。这一进步不仅能够推动碳交易市场的规模持续扩大，还会吸引更多金融机构和企业投身于碳金融领域，从而丰富碳金融产品与服务

供给。两者相辅相成，共同促进了碳金融市场的发展壮大。

（二）碳金融中介机构的服务模式

1. 传统信贷服务模式

传统信贷服务模式构成了碳金融中介机构的基本业务组成部分之一。在此类服务框架下，银行及其他金融机构为那些致力于降低能耗和减少排放的企业提供短期资金支持。依据担保类型及贷款时间的不同，这种融资方式又可进一步区分为抵押保证形式与供应链融资形式。

（1）抵押担保模式。在这种模式下，企业必须提供有效的抵押品或由具备相应资质的第三方实体、担保机构提供支持。贷款期限一般介于 1～3 年之间，这对企业的管理能力和盈利能力提出了较高的要求。银行会对申请贷款的企业进行严格的资格审核，以确保资金的安全回收。然而，采用此类融资方式的企业面临较高的财务成本，因为除了支付常规的利息外，还需额外承担担保费用。这给那些资本基础薄弱、规模较小的企业带来了不小的负担。

（2）供应链融资模式。与传统的抵押担保方式相比，供应链融资的特点是贷款期限相对较短，一般设定为 6 个月至 1 年。在这一模式下，企业能够以与其他信誉良好且实力雄厚的企业之间产生的应收账款作为质押物。因此，对于那些资产较轻、规模较小的企业而言，这种融资方式的准入门槛较低，更有利于缓解它们面临的资金筹集困难。通过有效利用供应链体系内的信用流转机制，该模式不仅降低了获取资金的难度，也促进了中小企业向更加绿色可持续的方向发展。

2. 融资租赁服务模式

融资租赁的服务模式主要是为那些参与能源管理合同（Energy Management Contract，EMC）节能项目的公司设计的。这类节能服务企业通常会与节能减排设备租赁商建立合作关系。在此过程中，租赁商以其所购得

的节能减排装置作为担保物，向商业银行申请融资。获得的资金需专门用于购置节能减排设施，并且贷款期限应当与 EMC 项目的执行周期相匹配。

在这种合作模式中，节能服务提供商与租赁企业携手，利用后者强大的融资能力从金融机构获取贷款以购置节能减排设施。随后，这些设备由租赁企业出租给节能服务商，并按照约定周期收取租金。对于规模较小的节能服务企业来说，这种方法有效地缓解了其面临的资金筹措难题；而对于租赁公司而言，则开辟了新的业务领域并增加了额外的收入渠道。此外，由于贷款是基于节能减排设备作为抵押品发放的，并且资金用途明确限定，因此提供此类金融产品的碳金融服务机构能够更有效地管理与控制运营中的潜在风险，确保所提供服务的稳定性和安全性。

3. 清洁发展机制服务模式

作为《京都议定书》框架下的关键组成部分，清洁发展机制（CDM）在碳金融市场中扮演了重要角色。这一机制使得碳金融中介机构能够向企业提供包括咨询与信贷在内的多元化服务。

在提供咨询服务方面，碳金融中介机构凭借其广泛的信息来源，为参与清洁发展机制（CDM）项目的企业提供信息和技术指导。此外，这些机构还承担财务顾问的角色，协助企业优化资金配置，减少财务支出。这类服务对于企业在 CDM 项目的规划与执行过程中做出明智决策及有效管理风险具有重要支持作用。

就信贷服务而言，碳金融中介依据清洁发展机制（CDM）项目开发企业实际的资金需求，通过评估这些项目未来可能产生的碳减排量销售收益来提供贷款支持。与传统的信贷模式相比，这种基于 CDM 的服务更加重视企业的成长潜力及其项目的预期回报。因此，对于那些展现出良好发展前景的 CDM 项目开发企业来说，即便没有实物抵押或第三方担保，也能够获得来自碳金融中介机构的前期资金援助。这种方式显著推动了 CDM 项目的实施与发展。

4. EMC 服务模式

合同能源管理（EMC）作为一种创新的服务模式，在促进节能减排方面发挥着重要作用。在此模式下，节能服务提供商与能源使用企业构成了合作的两个主要方面。双方通过签订节能服务协议确立合作关系后，服务商负责向企业提供先进的节能减排设施及技术支持。作为对所提供服务的认可和补偿，企业会将因采用这些技术和设备而实现的碳排放减少量所创造的部分收益，按照事先约定的比例回馈给服务商。

在此模式下，碳金融中介机构主要向节能服务提供商提供包括信贷在内的全面金融服务。具体而言，节能服务提供商可以通过与能耗企业签署的节能服务合同作为担保物，向商业银行申请贷款。银行将基于合同中预计的节能减排项目收益来评估潜在的信贷风险，并据此作出贷款决策。另外，在采购节能减排设备时，节能服务提供商也可以利用设备购买协议向商业银行寻求资金支持。银行在决定是否发放贷款时，会考虑交易的真实性以及设备供应商的运营状况。值得注意的是，在此服务体系中，设备供应商发挥着至关重要的作用，其业务稳定性和信誉水平直接关系到贷款能否获得批准；并且，在整个贷款周期内，设备供应商还需为节能服务提供商提供必要的回购保证，以此减少银行面临的信贷风险。

5. 非信贷服务模式

碳金融中介机构不仅为碳金融市场参与者提供信贷服务，还涵盖了理财和信托等非信贷服务领域。在理财服务方面，这些机构将传统的理财产品与碳减排指标相结合，开发出具有创新性的金融产品。这类产品的购买者不仅能享受到投资带来的财务回报，同时还能有效分散参与碳交易市场可能遇到的风险。至于信托服务，则是针对节能减排项目开发者提供的关键支持之一。具体而言，碳金融中介会基于特定的节能减排项目设计专门的理财产品，并通过公开募集成资金。之后，它们与信托公司合作，利用筹集

的资金向项目开发商发放信托贷款。这种方式极大地丰富了节能减排项目的融资途径。

6. 碳排放权质押融资服务模式

碳排放权质押融资作为一种新兴的金融产品，为企业提供了一种创新的资金获取途径。依据该模式，企业能够以其所持有的、由生态环境管理部门分配的碳排放额度作为担保物，向银行申请贷款服务。贷款金额通常受到全国碳市场交易价格及借款方自身经营状况等多方面因素的影响而确定。

利用碳排放权作为质押手段进行融资，可以帮助致力于减少温室气体排放的企业有效激活其持有的碳资产。这种做法使得企业能够将所获得的碳排放配额转换为可用于支持日常运作或扩展业务规模的资金流。此外，该金融服务模式还展示了金融行业如何通过市场机制来促进实体经济向更加环保的方向转变。在这一过程中，商业银行发挥着至关重要的作用，它们不仅为企业提供必要的资金援助，还负责对企业拥有的碳排放额度价值做出专业评估，以此保证所提供贷款的安全性与合理性。

碳排放权抵押融资不仅开辟了企业获取资金的新途径，还加强了金融体系与环境保护机制之间的联系。这种做法激励企业更加积极地参与到碳排放交易中，通过买卖配额来优化自身的碳管理策略，进而达到资源利用效率的提升以及可持续发展目标的实现。

此外，通过碳排放权作为质押物进行融资的方式，能够促进社会各界对碳排放限额价值的认知与重视。随着全球范围内对于气候变迁问题的关注度不断提升，碳排放限额的重要性和市场价值也日益凸显。这种金融服务模式使得企业、金融机构乃至广大民众都能更加深刻地理解碳排放限额在现代经济体系中的地位及其潜在影响。

7. 法律咨询服务

随着碳金融市场交易活动的日益频繁，对于相关法律服务的需求也呈现

出上升趋势。在此背景下，作为碳金融领域内关键中介之一的律师事务所，其在市场中的角色显得愈发重要。这类机构不仅提供涵盖民事及商业纠纷解决、企业全面法律支持、并购重组等传统领域的法律顾问服务，还针对诸如清洁发展机制（CDM）项目这样的新兴业务开展尽职调查、合同审核以及合规性建议等工作。

第四章　碳市场与碳金融

第一节　国际碳市场进展

根据国际碳行动伙伴组织（ICAP）于 2023 年发布的《全球碳市场进展 2023 报告》（Emission Trading Worldwide Status Report 2023）显示，全球范围内共有 28 个碳交易市场正在运行。报告指出，欧盟碳市场依然是全球规模最大的碳市场。据路孚特的研究数据，2023 年，欧盟排放交易体系（EU ETS）占据了全球碳市场总价值的大约 87%，显示出其在国际碳交易领域中的主导地位。这一数据不仅反映了 EU ETS 的重要性，也凸显了欧洲在推动全球碳定价机制和促进减排行动方面的领导作用[①]。

一、欧盟碳市场运行情况

在 2023 年，欧盟碳市场经历了起伏波动的一年。碳价整体呈现出先上升后下降的趋势，但在这个过程中，也伴随着不同程度的波动。

年初，欧盟碳价延续了自 2022 年以来的涨势。到了 2023 年 2 月 21 日，ICE 欧盟碳排放期货的主力合约收盘价格达到了 100.12 欧元/吨，盘中更是一度攀升至 101.25 欧元/吨的高点。这一价格上涨反映了市场对碳排放权日

---

① 资料来源：LSEG 年度碳市场报告：2023 年全球碳市场交易额继续增长　碳价走势分化，生态中国网（2024-02-21）[2024/09/10]，http://www.eco.gov.cn/index.php/news_info/68499.html。

益增长的重视和需求。

然而，进入第四季度后，欧盟碳价开始出现震荡下降的趋势。根据 Wind 的统计数据，到了 2023 年 12 月 15 日，碳价跌至全年的最低点，为 66.35 欧元/吨。这一下跌可能受到了多种因素的影响，包括市场供需变化、政策调整以及宏观经济环境等。

最终，2023 年年末，欧盟碳价收于 77.55 欧元/吨，较上年同期下降了 4.34%。这一同比下降表明，尽管碳市场在年内经历了波动，但总体而言，碳价呈现出一定的下降趋势。这可能意味着市场在经历初期的上涨后，开始逐渐趋于稳定和调整，而影响欧盟碳价变化的主要有以下四个方面的原因。

（一）欧盟应对气候变化政策对碳价的影响

为了实现其宏大的气候目标，欧盟积极推行了"Fit for 55"一揽子减排计划，并在其中对多个减排目标进行了大幅修改。例如，将原先设定的 2030 年温室气体减排量目标从比 1990 年水平减少 55% 提升至比 2005 年水平减少 62%。这一目标的提升意味着未来欧盟碳市场的配额将会逐步收紧，从而为碳价上涨提供了有力的政策支撑。此外，欧盟还在 2023 年正式通过了碳边境调节机制（CBAM），该机制的实施将进一步推动欧盟碳价的上涨空间，极大地提振了市场信心。

（二）欧盟市场能源供给对碳价的影响

由于欧盟碳市场碳价与能源市场价格呈现出正相关性，因此能源价格的变动将直接影响到碳价的变动。特别是天然气价格的波动，对碳价的影响尤为显著。天然气价格的变动受到多种因素的影响，包括市场供应、天气变化、能源需求以及突发事件等。例如，在 2023 年 6 月期间，由于俄罗斯国内发生"瓦格纳叛乱事件"，导致投资者担忧欧洲天然气市场会出现供应短缺的情况，从而推动了欧洲天然气价格和欧盟碳价的上涨。类似的事件还有澳大

利亚天然气行业的劳资谈判和巴以冲突等,这些事件都在一定程度上对天然气价格和碳价产生了影响。

（三）欧盟碳市场运行机制对碳价的影响

目前，欧盟碳市场已进入第四阶段（2021—2030 年），在这一阶段中，欧盟设定了更为严格的减排目标，并将折减因子提高至 2.2%。同时，第四阶段的配额全部通过拍卖的形式发放，这使得配额的供给更加市场化。然而，配额拍卖的正常与否将直接影响到配额的供给量，进而引发碳价的波动。例如，在 2023 年 12 月，由于每日配额拍卖的暂停，导致配额供给减少，从而推动了碳价的上涨。此外，在临近履约期时，市场交投活跃，也会在一定程度上影响碳价的走势。

（四）金融市场变动对碳价的影响

随着欧盟碳市场的日益成熟和碳配额期货金融属性的显现，金融市场的风险事件也开始波及碳市场。例如，在 2023 年 3 月美国硅谷银行破产清算事件发生后，市场对金融资产的重新定价引发了投资者恐慌情绪，导致部分投资者选择抛售碳配额期货以避险。这种抛售行为直接导致了碳价在短期内出现暴跌的情况。

二、国际自愿减排市场

（一）自愿减排交易受众多地区重视

随着全球应对气候变化工作的不断推进，2023 年国际自愿减排市场迎来了快速发展。多个国家和地区越发重视碳信用在实现减排工作中的重要作用，纷纷积极开展碳信用交易。例如，新加坡碳交易所 Climate Impact X（CIX）于 6 月启动了首批碳信用额现货交易；马来西亚证券交易所在 9 月

开启了碳信用交易；10 月，东京证券交易所宣布"碳信用市场"正式开始运营，阿联酋阿布扎比成立了新的碳市场交易和清算所 Air Carbon Exchange（ACX），沙特阿拉伯宣布启动国内温室气体信用和抵消计划，南非证券交易所与 Xpansiv 合作启动了碳信用和可再生能源证书市场。这些举措充分显示出碳信用在未来有着巨大的需求空间和交易价值，为碳信用的发展以及价值变现带来了重大利好。

（二）市场青睐具协同效益的碳信用

碳信用交易价格在 2021—2023 年期间呈现出不同的变化态势。尤其值得注意的是，如果减排项目除了具备减排效果之外，还能提供其他一些环境与社会效益，那么该碳信用在交易时将会获得一定的溢价。EM 报告显示，许多国际核证自愿减排机制（VOS）的购买者更倾向于选择那些满足气候、社区、生物多样性（CCB）、SDVISta、Social Carbon 等要求和标准的减排项目进行购买。若减排项目符合上述其中一种额外效益，其碳信用交易价格在 2021 年将获得 69%的溢价，到了 2022 年更是获得了 92%的溢价。

事实上，我国在即将重启的 CCER 市场中，对自愿减排项目也提出了除产生减排效益以外的要求。比如，《温室气体自愿减排交易管理办法（试行）》（生态环境部令第 31 号）第十三条规定，申请的自愿减排项目要符合可持续发展的要求，不可对可持续发展各方面产生不利影响。又如，《温室气体自愿减排项目设计与实施指南》对林业和其他碳汇类项目要求关注对生物多样性和自然生态系统的影响，以及项目边界以外的影响，并且分析对可持续发展的促进作用。

总体来看，未来全球碳信用的发展将不仅仅考虑减排效果，还会更多地关注其在环境、生态、社会等可持续发展方面所带来的促进作用。这意味着碳信用的价值将不仅体现在减少温室气体排放上，还将在推动全球可持续发

展方面发挥更加重要的作用。

第二节 我国碳市场发展

一、全国碳市场

（一）全国碳市场运行情况

2023 年，全国碳市场在经历了首个履约周期的磨合与探索后，迎来了更为成熟和稳定的第二履约周期。根据生态环境部发布的通知要求，纳入全国碳市场的重点排放单位须在年底前完成两年的碳配额清缴履约工作。在此期间，全国碳市场共纳入重点排放单位 2 257 家，覆盖了多个高碳排放行业。

在第二履约周期内，全国碳市场呈现出量价齐升的趋势。据上海环境能源交易所公布的数据显示，截至 2023 年 12 月 29 日，全国碳市场的碳排放配额累计成交量达到了惊人的 4.42 亿吨，累计成交额更是高达 249.19 亿元。这一数据不仅创下了历史新高，也充分表明了我国碳市场的活力和潜力。

从价格走势来看，2023 年全国碳市场的碳排放配额价格呈现出波动上涨的态势。年内最高价达到了 85 元/吨，较 2022 年有了显著的提升。全年成交均价也达到了 68.15 元/吨，同比上涨了 23.24%。这一价格上涨趋势不仅反映了市场对碳排放权价值的认可，也体现了我国政府对实现碳中和目标的坚定决心。

在交易活跃度方面，2023 年全国碳市场的交易主要集中在下半年，尤其是临近履约截止日期的时段。这主要是由于大部分重点排放单位需要在规定时间内完成履约任务，导致交易需求集中释放。此外，出于对未来配额发放政策收紧的预期，许多企业选择了惜售策略，进一步加剧了市场上配额供

应的紧张状况。

为了保障重点排放单位顺利完成履约任务，主管部门采取了一系列措施来缓解企业的短期履约压力并抑制碳价的过度上涨。这些措施包括放宽履约期限、提出配额预支方案以及为承担重大民生保障任务的企业制定个性化纾困方案等。这些政策的实施在一定程度上缓解了市场的紧张情绪，促进了市场的平稳运行。

（二）全国碳市场扩容在即

在全国碳市场稳步运行的同时，扩容工作也在紧锣密鼓地推进中。2023年10月18日，生态环境部发布了关于做好部分重点行业企业温室气体排放报告与核查工作的通知，明确了水泥、电解铝和钢铁三个行业将作为优先纳入全国碳市场的行业。这一决策基于多方面的考虑，包括这些行业的生产工艺统一性、数据统计基础良好性、碳排放量大以及产能过剩等特点。此外，将这些行业纳入碳市场还有助于降低我国相关行业可能面临的碳关税风险。

未来，随着"成熟一个，纳入一个"原则的逐步实施，更多行业将被纳入全国碳市场，市场覆盖的排放量规模也将不断扩大。预计到2030年，我国将完成全部八大行业的纳入工作，届时全国碳市场将成为推动我国低碳转型、实现碳中和目标的重要力量。

二、地方碳市场

2023年，我国地方碳市场迎来了显著的变革与扩展，其中重庆与广东两地碳市场的调整尤为引人注目。重庆碳市场方面，根据《重庆市生态环境局关于调整重庆碳市场纳入标准的公告》（渝环〔2023〕55号）的新规定，控排企业的纳入标准发生了调整，由原先的2008—2012年间任一年度碳排放量达到2万吨二氧化碳当量，放宽至年度温室气体排放量达到1.3万吨二氧化碳当量（约相当于综合能源消费量5 000吨标准煤）及以上。这一变化意味着更多企业将被纳入碳市场管理体系，有助于更全面地覆盖碳排放源，

促进减排目标的实现。广东碳市场则迈出了行业扩展的步伐，将陶瓷、纺织、数据中心等行业企业新增纳入碳市场，进一步拓宽了碳市场的行业覆盖范围，增强了市场的多样性和代表性。

在交易表现上，2023 年地方碳市场呈现出量增价稳的总体态势。据 Wind 数据统计，8 个地方碳市场碳配额累计成交量达到了 5 350.959 6 万吨，较上一年度增长了 25.76%，显示出市场活跃度的显著提升。然而，累计成交额为 21.917 8 亿元，略有下降，降幅为 0.67%，这可能反映了市场价格的微调以及交易策略的变化。

具体到各个市场，福建碳市场以 2 619.889 9 万吨的成交量位居榜首，彰显了其在地方碳市场中的领先地位。广东碳市场紧随其后，成交量达到 971.83 万吨，表现出强劲的市场活力。天津和湖北碳市场也分别实现了 575.198 0 万吨和 535.962 3 万吨的成交量，展现出稳定的市场表现。相比之下，北京和重庆碳市场的成交量较为有限，尤其是重庆碳市场，2023 年度成交量仅为 18.841 万吨，这可能与当地企业的碳排放规模及市场参与度有关。

在成交额方面，广东碳市场以 7.280 9 亿元的成交额领跑，福建碳市场则以 6.092 亿元紧随其后。深圳碳市场和湖北碳市场的成交额均突破了 2 亿元大关，显示出较强的市场吸引力。上海、北京和天津碳市场的成交额也均超过了 1 亿元，特别是北京碳市场，在成交量不足 100 万吨的情况下，凭借较高的成交均价（114.22 元/吨），取得了显著的成交额成绩。

成交均价方面，北京碳市场以 114.22 元/吨的均价位居首位，全年有 8 个月碳价超过 100 元/吨，凸显了其市场的价值发现功能。广东碳市场的成交均价为 74.92 元/吨，也处于较高水平。而福建碳市场尽管成交量最大，但成交均价仅为 23.25 元/吨，反映了其市场价格的相对亲民性。

三、我国碳市场：一个多层次的体系构想

自"双碳"目标提出后，国家明确表示要从能耗"双控"向碳排放总量

和碳排放强度"双控"转变。在"十二五"（2011—2015 年）时期，我国确立了"碳排放强度目标"。所以，在过去的"十二五"和"十三五"期间，我国主要以考核"碳排放强度"为主。随着习近平主席在第七十五届联合国大会一般性辩论上向世界做出重要宣示，"中国将提高国家自主贡献力度，采取更加有力的政策和措施，二氧化碳排放力争于 2030 年前达到峰值，努力争取 2060 年前实现碳中和"[①]。这意味着我国在未来将更加注重对碳排放总量的控制。国内有关碳排放总量控制文件与会议见表 4-1。

表 4-1　国内有关碳排放总量控制文件与会议

相关文件与会议	内容
《中华人民共和国国民经济和社会发展第十四个五年规划和 2035 年远景目标纲要》	落实 2030 年应对气候变化国家自主贡献目标，制定 2030 年前碳排放达峰行动方案
中共中央、国务院《关于完整准确全面贯彻新发展理念做好碳达峰碳中和工作的意见》	统筹建立二氧化碳排放总量控制制度
2021 年中央经济工作会议《中央经济工作会议举行习近平李克强作重要讲话》	要正确认识和把握碳达峰碳中和，创造条件尽早实现能耗"双控"向碳排放总量和强度"双控"转变，加快形成减污降碳的激励约束机制
2022 年政府工作报告——2022 年 3 月 5 日在第十三届全国人民代表大会第五次会议上	坚决遏制高耗能、高排放、低水平项目盲目发展。提升生态系统碳汇能力。推动能耗"双控"向碳排放总量和强度"双控"转变，完善减污降碳激励约束政策，发展绿色金融，加快形成绿色低碳生产生活方式

（一）多层次碳市场：欧盟的经验

1. 欧盟的多层次碳市场

在应对全球气候变化的紧迫挑战中，欧盟以其前瞻性的政策体系和实际行动，成为全球减排的领跑者。其通过《欧洲气候变化计划》《欧洲绿色协议》等一系列政策，明确了碳减排的路径和目标。特别是在 2019 年提出的《欧洲绿色新政》中，欧盟委员会大胆地设定了到 2050 年实现气候中和的宏伟目标，并通过 2021 年的《欧洲气候法》进一步强化了这一目标的法律约束力。

---

① 资料来源：习近平在第七十五届联合国大会一般性辩论上发表重要讲话，中华人民共和国中央人民政府［EB/OL］. 2020/09/22［2024/09/10］，http://www.gov.cn/xinwen/2020-09-22/content_5546168.htm.

为实现这一宏伟目标，欧盟采取了多元化的策略，构建了一个多层次的碳市场体系。这一体系针对不同国别、行业及排放源的特点，进行了精细化的目标分解与落实。其中，欧盟碳排放交易体系（ETS）作为核心手段，针对电力、能源密集型工业以及国际航空等高排放行业，通过市场力量推动碳排放的减少。数据显示，截至 2020 年底，该体系覆盖领域的排放量相较 2005 年已显著下降 43%，成效显著。

然而，ETS 并不能覆盖所有排放领域。为此，欧盟又推出了《碳减排分担条例》（ESD），以管理那些排放较为分散、未被 ETS 纳入的行业，如建筑、农业和小型工业等。这一条例允许各国根据自身实际情况，制定符合自身特点的减排政策，以实现既定的减排责任。此外，《土地利用、土地利用变化和林业条例》（LULUCF）则针对林业和土地部门，提出了成员国在 2030 年前应达到的温室气体净吸收目标，进一步丰富了欧盟的减排手段。

2. 对我国的借鉴意义

欧盟的这一多层次碳市场体系，不仅实现了对碳排放的全面管理，还确保了各层级、各部门及各行业在减排工作中的责任明确、指标清晰，便于管理和监督。这种区域与行业相结合、且不重复的目标分解模式，对于我国构建自身的多层次碳市场具有重要的借鉴意义。

我国作为全球最大的碳排放国家，正面临着巨大的减排压力。目前，我国已初步建立了以发电行业为重点的全国碳排放权交易市场，覆盖了超过 40% 的全国碳排放量。未来，随着石化、钢铁等高排放行业的逐步纳入，这一市场将进一步扩大，形成一个覆盖超过 70% 全国碳排放的大型市场。在这一过程中，如何有效地管理这一庞大而复杂的市场，确保减排目标的顺利实现，成为摆在我们面前的一大挑战。

借鉴欧盟的经验，我们可以按照"中央管大事、地方管小事"的原则，构建一个多层次、高效运转的国内碳市场体系。中央政府应主要负责管理那些纳入全国碳市场的大型企业，通过设定明确的碳排放总量目标和严格的监

管措施，确保这些企业能够有效减少碳排放，从而管住全国 70% 以上的碳排放量。这样做不仅可以提高管理效率，还能确保减排效果的可衡量和可比较。

与此同时，各级地方政府则应负责管理剩余不到 30% 的碳排放量。这部分排放源相对分散，且多涉及地方特色产业和中小企业，因此需要地方政府充分发挥其自主性和灵活性，根据本地实际情况制定多样化的减排政策和措施。这样做既能确保减排工作的全面推进，又能充分考虑地方差异性和特殊性，实现减排与经济社会发展的双赢。

（二）国内多层次碳市场构想

在全球应对气候变化的背景下，构建国内多层次碳市场显得尤为重要。通过行业与区域相结合的碳排放指标分解方式，我们可以将全国的碳排放总量细化为不同类型的指标，以更精细地管理碳排放，推动减排目标的实现。

1. 控排行业碳排放指标

控排行业碳排放指标是指纳入全国碳市场行业企业所获得的碳排放配额。目前，发电行业作为首个纳入全国碳市场的行业，其获得的配额总量即代表了该行业的碳排放指标。随着未来更多高排放行业如石化、钢铁等的逐步纳入，这部分碳排放指标将进一步扩大。

值得注意的是，当前我国发电行业的配额分配采用基准线法，并未设定总量上限。这意味着在碳排放达峰后，该方法可能需要进行调整。借鉴欧盟的经验，我们可以设置阶段性的排放总量目标，并逐步收紧配额发放，以更大力度推动发电行业的减排。同时，后续纳入的行业也应考虑设定碳排放指标总量的限制。

2. 地区碳排放指标

地区碳排放指标是指各省、自治区、直辖市所能获得的碳排放限额量。这部分指标主要涵盖辖区内未纳入全国碳市场的其他行业生产与居民生活产生的碳排放。随着全国碳市场纳入行业和企业的变化，地区碳排放指标也

会相应调整。

为进一步细化地区碳排放指标的管理,我们可以将其分为重点行业碳排放指标、非重点行业碳排放指标、居民生活指标和预留指标。

重点行业碳排放指标:针对地方未纳入全国碳市场但排放较大的行业,如陶瓷、纺织等,单独设置碳排放指标。这有助于地方对这些高排放行业进行有针对性的管控,为后续地方碳市场的建立奠定基础。

非重点行业碳排放指标:针对排放量较小、分散且数据难以集中的行业,设置非重点行业碳排放指标。这类行业的管理需要更加灵活和个性化,以适应其特点。

居民生活指标:针对居民日常生活产生的碳排放,设定相应的排放限额。这有助于引导居民形成低碳生活方式,共同推动减排目标的实现。

地区预留指标:考虑到未来可能出现的不确定性因素,如极端气候、重大项目建设等,各地区可以预留一部分碳排放指标作为应急保障。这部分指标可以在特定情况下释放使用,以缓解相关保障企业或地区的减排压力。

3. 特殊行业碳排放指标

考虑到某些行业的特殊性,如交通行业中的航空业和海运业,由于其跨区域运行和面临国际碳交易环境的特点,我们将其单独分类并设置碳排放指标。这样做既便于对这些行业的碳排放进行专门管理,也有助于应对未来可能的国际减排要求。

针对航空业,我们可以参考国际航空碳抵消及减排机制(CORSIA),为其设定合理的碳排放限额。对于海运业,也应根据国际海运减排趋势和要求,制定相应的碳排放指标。

4. 国家预留碳排放指标

在国家层面,我们同样需要预留一部分碳排放指标作为应急和战略储备。这部分指标主要用于应对极端气候事件、保障国家重大项目建设以及支持控排企业或地区的新增项目或生产活动。通过设置国家预留碳排放指标,

我们可以确保国家碳排放总量目标的如期实现，同时保持一定的灵活性和应对能力。

（三）碳减排指标分类说明

在全球应对气候变化的行动中，碳排放的控制与减少已成为关键。为了更有效地管理碳排放，并激励各市场参与主体积极减排，我国基于碳排放总量控制的原则，推出了一种灵活的机制：允许通过减排行为获取碳减排指标。这种指标不仅为企业或个人提供了额外的碳排放空间，还可用于抵消超额排放，或通过市场出售获取经济利益。下面，我们将详细解析碳减排指标的三种主要获取方式。

1. 产能退出产生的碳减排指标

当企业或生产线减少或停止生产时，其原本会产生的碳排放量便得到了减少，这部分减少的碳排放量即转化为碳减排指标。具体来说，产能退出产生的碳减排指标主要包括以下几种情况。

（1）产能转移碳减排指标：当产能从一个行政区转移到另一个行政区时，由于原产区的碳排放减少，便产生了相应的碳减排指标。这类指标的分配比例由双方政府协商确定，确保了公平与合理。

（2）企业关停碳减排指标：企业完全关闭或停止生产时，其原本会产生的碳排放量将为零，因此产生了大量的碳减排指标。这些指标归属于负责其碳排放指标发放的主管部门，可用于后续的碳排放管理或市场交易。

（3）淘汰落后产能碳减排指标：当企业淘汰落后的生产工艺或设备时，由于其能效提高、碳排放减少，便产生了碳减排指标。这类指标归属于企业本身，可作为其减排努力的直接回报。

（4）压减过剩产能碳减排指标：根据地方政府的发展规划或相关要求，企业压减过剩产能时也会产生碳减排指标。这些指标按照一定比例分配给企业和主管部门，既激励了企业的减排行为，也确保了政府对于碳排放的总体

控制。

2. 碳普惠机制下产生的碳减排指标

碳普惠机制旨在通过激励个人的低碳行为来推动全社会的减排努力。尽管该机制下产生的碳减排指标规模较小且分散，但其积少成多的效应不可忽视。具体来说，这类指标主要包括以下两种：

（1）基于小型项目产生的碳减排指标：这些指标是根据碳普惠方法开发的小型减排项目所产生的。由于项目规模较小，因此其产生的碳减排指标也相对有限。但这些指标仍然具有重要的象征意义和市场价值，归项目开发方所有。

（2）居民的低碳行为产生的碳减排指标：这是指居民个人在日常生活中通过采取低碳行为（如步行、骑行、节能等）所获得的减排量转化而来的指标。这些指标不仅激励了居民的环保行为，还为其提供了一种新的经济收益方式——通过出售这些指标来获取额外收入。这种机制有助于形成全民参与减排的良好氛围和社会共识。

3. 减排项目开发产生的碳减排指标

减排项目开发是目前最重要的碳减排指标获取方式之一。它主要是指依据国家或地方的减排方法学，通过实施特定的减排项目并经过第三方核证后所产生的减排量。这些减排项目既可以是单一区域的，也可以是跨区域的。

（1）单一区域减排项目碳减排指标：这类指标产生于某一特定区域内的减排项目。项目业主和项目所在地辖区主管部门会分享这些指标，不涉及多个地区主管部门的复杂分配问题。

（2）跨区域减排项目碳减排指标：对于涉及多个地区的减排项目，如"西电东送"等能源合作项目，其产生的碳减排指标可由相关参与方政府进行分享。这种跨区域的合作模式有助于实现更大范围的碳排放控制和资源优化配置。

值得一提的是，我国能源生产和消费存在明显的地域分离现象。东部地

区经济发达、能源消费高但减排潜力有限；而西部地区则拥有丰富的可再生能源资源和较大的减排空间。因此，加大对西部地区的减排资金投入和技术支持具有重要的战略意义。未来，在碳排放总量和地区碳排放总量控制的要求下，投资于西部的减排项目以获取碳减排指标可能会成为企业和政府的优先选择。

（四）碳减排指标互认

在当今全球致力于应对气候变化的大背景下，碳减排指标的重要性日益凸显。碳减排指标依据开发标准的不同，可分为国家碳减排指标、地方碳减排指标和独立碳减排指标。

（1）国家碳减排指标，即 CCER，是按照国家主管部门发布的减排方法学开发所获得的碳减排指标。它遵从国家统一减排标准，这使得其在签发后能够在国内各碳市场主体间顺畅流通。国家层面的统一标准确保了指标的权威性和广泛适用性，为国内碳市场的稳定运行提供了有力支撑。

（2）地方碳减排指标则是按照地区主管部门发布的减排方法学开发所得。这类指标具有较强的地方特色，其采用的减排方法学不一定能得到其他地区政府的认可。因此，在流通性方面，地方碳减排指标相对国家碳减排指标要弱一些。然而，地方碳减排指标的开发往往能够结合当地的实际情况，更好地推动地方的减排工作。但要实现更广泛的流通和价值实现，就需要努力争取更多地区的认可。

（3）独立碳减排指标，如国际核证减排标准（VCS）、黄金标准（GS）等，是按照国际上主流的独立减排方法学开发获得的。它与地方碳减排指标类似，需要得到国家或地区的认可才能在认可区域具有较好的流通性。这些独立的碳减排指标在国际上具有一定的影响力，但要在特定国家或地区发挥更大的作用，同样面临着被认可的问题。

对于地方碳减排指标和独立碳减排指标来说，其所用标准能否得到更多碳市场参与方或主管部门的认可至关重要。这不仅关系到碳减排指标的流通

性和价值实现，还会对跨区域减排项目的开展产生重大影响。如果这些指标能够得到更广泛的认可，将极大地促进碳市场的发展，推动全球减排目标的实现。

在各减排方法学不相同的情况下，可以参考国际民航组织的碳抵消和减排计划（CORSIA）的方式开展减排机制之间的互认工作。在 CORSIA 机制下，国际民航组织理事会设立技术咨询机构（TAB）制定认定标准，只有满足 CORSIA 的排放单位合格标准（EUC）的碳减排指标才可以用于航空业的碳排放抵消。表 4-2 是兴业碳金融研究院根据公开资料整理的 EUC 八项符合性准则。

表 4-2　EUC 八项符合性准则

序号	内容
1	碳减排项目具备额外性
2	碳抵消信用基于真实可信的基准线计算得到
3	碳抵消信用须经过量化、监控、报告和验证
4	碳抵消信用拥有清晰透明的监管链
5	碳抵消信用的减少、避免或封存须是永久性的
6	碳减排机制应具备评估和减少碳泄漏的措施
7	碳抵消信用用于减排义务只能被计算一次（避免双重计算）
8	碳减排项目不应对环境社会产生损害

为了实现碳减排指标的互认，可以在基本框架的基础上，设置更多的细则。比如，确定最终每种减排机制所能纳入的减排项目类型，明确不同类型项目的具体要求。同时，规定项目的时间范围和碳减排指标的使用期限等具体指标。通过一系列设定的评判标准，对符合相关标准考核的减排机制和方法学所产生的碳减排指标进行互认。这样一来，无论是国家碳减排指标、地方碳减排指标还是独立碳减排指标，只要符合标准，都能够在更广泛的范围内流通和使用，实现其应有的价值。

根据国际民用航空组织（ICAO）2023 年 3 月的文件，目前共纳入 9 种

减排机制，见表 4-3。每种减排机制纳入的项目类型和减排量签发时间的要求均有所不同。

表 4-3　CORSIA 认可的减排机制

认可减排机制	减排量名称
美国碳注册登记（American Carbon Registry，ACR）	ACR Emission Reduction Tonnes（ERTs）
REDD＋交易架构（Architecture for REDD＋Transaction，ART）	ART credits
中国核证自愿减排量（China GHG Voluntary Emission Reduction Program，CCER）	China Certified Emission Reductions（CCERs）
清洁发展机制（Clean Development Mechanism，CDM）	Certified Emissions Reductions（CERs）
美国气候行动储备方案（Climate Action Reserve，CAR）	Climate Reserve Tonnes（CRTs）
森林碳伙伴基金（Forest Carbon Partnership Facility，FCPF）	Emission Reduction（ERs）
全球碳理事会项目（Global Carbon Council，GCC）	Approved Carbon Credits（ACCs）
黄金标准（The Gold Standard，GS）	The Gold Standard verified emissions reductions（VERs）
国际核证减排标准（Vbrified Carbon Standard，VCS）	Verified Carbon Units（VCUs）

（五）我国多层次碳市场的构建与发展

随着我国对碳排放管理的不断深入，一个多层次、多元化的碳市场体系正在逐步形成。这个体系基于不同类型的碳排放和碳减排指标，针对不同应用场景和范围，设立了全国碳市场、地方碳市场、碳普惠市场以及非市场机制等多个层级。这些层级各自承担着不同的角色和功能，共同推动着我国碳市场的健康发展。

1. 以碳排放指标为交易物的市场

（1）全国碳市场：作为我国碳市场的重要组成部分，全国碳市场主要纳入全国重点行业企业，并以这些企业的碳排放指标为交易物。在这个市场上，交易主要按照全国碳市场的交易规则进行，交易对手方主要是同属全国碳市场的控排企业。为了稳定市场价格和调节减排预期，国家主管部门还会以无偿或有偿（如拍卖）的方式向市场提供一定数量的碳排放指标。随着市场的

发展，我们也将适时考虑纳入特殊行业的碳排放指标，以丰富市场的交易品种和活跃度。

（2）地方碳市场：地方碳市场则主要以地方重点管控行业企业为纳入对象，交易物为这些企业的碳排放指标。交易方式根据各地碳市场的具体规则进行，交易对手方主要是同属地方碳市场的控排企业。与全国碳市场相似，地方主管部门也会通过无偿或有偿方式向市场提供碳排放指标。在市场和机制成熟的情况下，我们将考虑实现地方间碳市场的连接，允许不同碳市场的主管部门间进行地方碳排放指标的交易。这种交易模式类似于《京都议定书》下的国际排放贸易机制（IET）。在条件成熟时，我们还将允许隶属不同地方碳市场的企业进行地方碳排放指标的交易，以进一步促进市场的流动性和活跃度。

2. 以碳减排指标为交易物的市场

（1）全国碳市场：在全国碳市场上，除了碳排放指标的交易外，还可以进行 CCER 的交易。随着市场的发展，我们将适时考虑纳入更多类型的碳减排指标，以丰富市场的交易选择。为了降低全国碳市场纳入控排企业的履约压力，我们允许这些企业使用一定比例的国家碳减排指标进行履约清缴抵消。

（2）地方碳市场：在地方碳市场上，除了可以进行地方碳排放指标的交易外，还可以使用国家碳减排指标和地方碳减排指标进行交易。我们将适时纳入独立碳减排指标，以增加市场的多样性和灵活性。同时，为了降低地方碳市场纳入控排企业的履约压力，我们也允许这些企业使用一定比例的国家或地方碳减排指标进行履约清缴抵消。此外，在地方主管部门间进行碳减排指标的交易时，需要以碳减排指标的互认为前提，以确保交易的公平性和有效性。

（3）碳普惠市场：基于碳普惠机制产生的碳减排指标可以在属地进行交易。然而，出于市场稳定和管理便利的考虑，我们暂不允许进行跨区域的交

易和使用。这一规定有助于保护地方碳市场的独立性和稳定性，同时促进碳普惠机制在地方层面的深入发展。

3. 非市场机制

对于非重点行业和特殊行业的碳排放指标管理，我们目前暂不考虑推进市场交易机制，而主要以考核方式为主。这是因为这些行业的碳排放情况相对复杂且难以量化评估，因此更适合采用行政手段进行管理和控制。在这些行业的碳排放指标不足时，我们允许相关企业从主管部门以无偿或有偿的方式获取碳排放指标，或者在市场上购入碳减排指标以完成碳排放总量控制的要求。这种方式既保证了碳排放的有效控制，又给予了企业一定的灵活性和自主权。

第三节　碳核算标准体系逐步建立

一、碳排放核算标准体系建设工作逐步推进

（一）碳排放核算体系建设的加速与强化

碳排放核算标准体系不仅构成了我国碳市场稳健运行的核心基石，更是我国从能耗"双控"向碳排放"双控"转型的关键支撑。这一体系的完善，对于确保我国按期达成碳达峰、碳中和目标具有不可估量的重要性。在2023年这一关键时间节点，国家层面进一步推动了相关政策文件的出台，为碳排放核算体系的建设注入了新的动力。

具体而言，《质量强国建设纲要》从宏观层面为提升包括碳排放核算在内的各领域质量标准指明了方向。而《国家标准委等十一部门关于印发〈碳达峰碳中和标准体系建设指南〉的通知》（国标委联〔2023〕19号）则更为具体地指导了碳达峰、碳中和标准体系的建设路径，其中碳排放核算标准作

为重要组成部分得到了明确强调。此外，《市场监管总局办公厅关于加强计量数据管理和应用的指导意见》（市监计量发〔2023〕52号）也针对计量数据在碳排放核算中的应用提出了具体要求，进一步夯实了碳排放核算的数据基础。

在地方层面，各级政府亦积极响应国家号召，结合地方实际出台了建立健全碳达峰、碳中和标准计量体系的实施方案。这些地方性政策文件不仅细化了国家政策的落地执行，更在保障全国碳市场一体化发展的同时，体现了地方特色和差异化需求。

（二）绿电碳排放核算方法的明晰与探讨

在企业开展碳排放核算的过程中，绿电使用对应的碳排放核算是一项重要且复杂的任务。目前，全国碳市场和地方试点碳市场在处理绿电碳排放核算问题上存在不同的方法和实践。

1. 全国碳市场绿电碳排放核算方法概述

依据《关于做好2023—2025年部分重点行业企业温室气体排放报告与核查工作的通知》（环办气候函〔2023〕332号），全国碳市场对于纳入企业的绿电碳排放核算有着明确的规定。在核算企业层级净购入电量或设施层级消耗电量对应的排放量时，仅当非化石能源电量直接供应给重点行业企业使用，且未并入市政电网（包括企业自发自用及余电上网情况），其对应的排放量方可按0计算。而通过市场化交易购入的非化石能源电力，在核算时其排放量则暂时按照全国电网的平均碳排放因子进行计算。这一方法体现了全国碳市场在保障核算准确性的同时，对绿电使用的审慎态度。

2. 地方试点碳市场绿电碳排放核算方法分析

与全国碳市场相比，地方试点碳市场在绿电碳排放核算方面展现了更多的灵活性和创新性。以北京、上海、天津为例，这些地区通过出台相关政策。

北京市生态环境局发布了《关于做好2023年本市碳排放单位管理和碳

排放权交易试点工作的通知》（京环发〔2023〕5 号），其中明确提出，重点碳排放单位通过市场化手段购买并使用的绿色电力，其碳排放量将被核算为零。

上海市生态环境局则在《关于调整本市碳交易企业外购电力中绿色电力碳排放核算方法的通知》（沪环气候〔2023〕89 号）中指出，通过北京电力交易中心绿色电力交易平台以省间交易方式购买并实际执行、结算的电量，其外购绿电排放因子将调整为 $0\,t\,CO_2$/万千瓦时。

天津市生态环境局发布的《关于做好天津市 2022 年度碳排放报告核查与履约等工作的通知》（津环气候〔2023〕25 号）允许各重点排放单位在核算净购入使用电量时，申请扣除购入电网中的绿色电力电量。

湖北省生态环境厅在《省生态环境厅关于印发〈湖北省 2022 年度碳排放权配额分配方案〉的通知》（鄂环函〔2023〕201 号）中规定，纳入企业可以使用由湖北电力交易中心和湖北碳排放权交易中心共同认证的绿色电力交易凭证对应的减排量来抵销实际碳排放。对于存在配额缺口的企业，允许其使用绿电减排量进行抵销，但抵销比例不得超过该企业年度碳排放初始配额的 10%，并且抵销量不得超出企业的配额缺口量。值得注意的是，绿电对应的减排量在用于履约抵销时只能使用一次，不能拆分使用，也不能结转至其他年度使用。

二、产品碳足迹体系的初步构建与发展展望

在全球气候变化的大环境下，"双碳"目标已然成为国际社会一致的追求方向。构建并完善产品碳足迹管理体系，正是应对这一全球挑战的关键举措之一。所谓产品碳足迹，简单来说就是对产品从原材料的提取开始，历经生产、运输、使用，直至最终处置或者回收这整个生命周期中所产生的碳排放进行追踪。它是衡量产品对环境影响程度的一个重要指标，同时也是推动企业进行绿色转型、引导消费者进行绿色消费的得力工具。

（一）产品碳足迹的两种核算方式

产品碳足迹的核算一般分为"从摇篮到坟墓"和"从摇篮到大门"这两种方式。"从摇篮到坟墓"这种方式涵盖了产品的全部生命周期，从最开始原材料的开采、加工，到产品的制造、运输、使用，再到最后的废弃处理环节，所有环节产生的碳排放都会被纳入核算体系之中。而"从摇篮到大门"则主要聚焦于产品的生产阶段，仅计算从原材料获取到成品出厂这个过程中的碳排放，产品后续的使用和处理阶段则不在核算范围内。这两种核算方式各有侧重点，相辅相成，共同搭建起了产品碳足迹核算的完整体系。

（二）《产品碳足迹意见》的发布与意义

2023年11月，国家发展改革委联合多个部门共同发布了《关于加快建立产品碳足迹管理体系的意见》。这一文件的发布意义重大，它不仅体现出我国对产品碳足迹管理的高度重视，而且也预示着我国在该领域即将在标准制定、方法学研究、数据库建设等诸多方面迎来全面的发展。这对于推动我国绿色低碳转型、达成"双碳"目标来说是至关重要的一步，它为相关工作提供了明确的方向和有力的政策支持。

（三）加快产品碳足迹核算标准与背景数据库建设

当前，全球范围内产品碳足迹核算主要遵循三大国际标准体系：ISO系列标准、英国标准协会的PAS 2050，以及由世界资源研究所等机构联合推出的产品寿命周期核算与报告标准。尽管我国部分地方和行业已着手制定相关核算标准或技术规范，但国家层面的统一碳足迹核算标准尚未成形。为此，《产品碳足迹意见》明确规划了未来几年核算标准的制定蓝图，旨在推动我国产品碳足迹核算体系走向规范化、统一化，为精准量化产品碳排放奠定坚实基础。

背景数据库作为产品碳足迹管理体系的基石，其建设同样至关重要。当

前，我国已有多家机构涉足碳足迹数据库开发，但由于核算方法、参数选取及数据来源的多样性，导致同种产品在各数据库中的碳足迹数据差异显著。针对这一问题，《产品碳足迹意见》强调应加强各数据库间的互联互通，鼓励行业内外开展广泛的同行评议与交叉验证，以全面提升数据质量与可信度。

（四）产品碳足迹的多元应用场景与前景

随着产品碳足迹管理体系的不断完善，其应用场景正逐步拓宽。在节能降碳领域，碳足迹核算为企业提供了全面审视产品生产全链条碳排放的窗口，有助于精准识别减排潜力，探索高效减排策略。同时，在供应链绿色低碳转型中，核心企业通过建立健全产品碳足迹管理制度，可引领上下游企业协同推进绿色低碳转型，构建绿色供应链生态。

展望未来，随着科技的进步和社会的发展，产品碳足迹管理体系将在更多领域发挥重要作用。例如，在智能制造领域，通过集成碳足迹数据与生产技术数据，可以实现更精准的碳排放控制和节能减排策略。在循环经济领域，产品碳足迹将有助于推动资源的循环利用和废弃物的减量化处理。同时，随着全球气候变化挑战的加剧和国际社会对绿色低碳发展的共识增强，产品碳足迹管理体系将成为连接政府、企业、消费者等多方利益相关者的桥梁和纽带，共同推动全球绿色低碳转型的进程。

第四节　CCER重启，自愿减排市场
迎来重大发展机遇

在多年的筹备与期待之后，全国温室气体自愿减排交易机制（CCER）终于迎来了重启的时刻。这一重要举措不仅标志着我国在应对气候变化、推动绿色低碳发展方面迈出了新的步伐，也为自愿减排市场带来了重大的发展机遇。

一、政策密集出台，为 CCER 市场奠定坚实基础

为确保 CCER 市场的稳定有序发展，2023 年 10 月至 12 月期间，生态环境部、市场监管总局等权威部门及相关单位密集发布了一系列重要文件。这些文件构成了 CCER 市场的顶层制度设计，明确了各参与方的权责与限制，规范了市场运行的各项流程和要求。其中，《温室气体自愿减排交易管理办法（试行）》作为纲领性文件，为整个市场的运行提供了基本遵循。CCER 重要制度文件内容，见表 4-4。

表 4-4　CCER 重要制度文件

文件名称	主要内容
《温室气体自愿减排交易管理办法（试行）》（生态环境部令　第 31 号）	办法包含总则、项目审定与登记、减排量核查与登记、减排量交易、审定与核查机构管理、监督管理、罚则、附则共 8 章 51 条，明确了 CCER 申请流程、项目申请与核证要求、减排量交易方式、相关参与方及其工作职责等内容
《关于印发〈温室气体自愿减排项目方法学造林碳汇（CCER-14-001-V01）〉等 4 项方法学的通知》（环办气候函〔2023〕343 号）	通知共发布了 4 项方法学，包括《温室气体自愿减排项目方法学造林碳汇（CCER-14-001-V01）》《温室气体自愿减排项目方法学并网光热发电（CCER-01-001-V01）》《温室气体自愿减排项目方法学并网海上风力发电（CCER-01-002-V01）》《温室气体自愿减排项目方法学红树林营造（CCER-14-002-V01）》
《关于发布〈温室气体自愿减排注册登记规则（试行）〉的公告》（气候中心字〔2023〕11 号）	规则包含总则、账户管理、登记、信息管理、监督管理和附则共 6 章 22 条，明确全国温室气体自愿减排注册登记机构工作职责、开立注册登记账户主体要求、配合司法机关和国家监察机关监督管理等内容
《关于发布〈温室气体自愿减排项目设计与实施指南〉的公告》（气候中心字〔2023〕12 号）	指南规定了温室气体自愿减排项目设计与实施的术语和定义、基本原则和要求、设计与实施流程及相关要求，规范了温室气体自愿减排项目设计与实施，明确了项目设计与实施流程、项目设计与实施要求等，并提供了温室气体自愿减排项目设计文件模板等
《关于发布〈温室气体自愿减排交易和结算规则（试行）〉的公告》（绿交文〔2023〕76 号）	规则包括总则、交易、结算、信息管理、风险管理、交易行为监督、争议处理、附则共 8 章 56 条，明确了具体的交易方式、交易要求、结算步骤、风险管理等内容
《温室气体自愿减排项目审定与减排量核查实施规则》（2023 年第 55 号）	规定了审定与核查机构在开展全国温室气体自愿减排项目审定与减排量核查工作的依据、基本程序和通用要求，规范未来第三方机构工作开展

值得一提的是，本次公布的 4 个减排方法学相较于之前版本，在内容上进行了大量更新和优化。新方法学描述更加清晰、明确、详细，特别增加了

"项目审定与核查要点"章节，为审定与核查机构提供了明确的工作指引。这不仅有助于提升核查工作的效率和质量，还能确保不同机构在理解和执行技术文件时保持统一尺度，从而维护市场的公平与公正。

二、首日交易活跃，多家机构积极参与

2024 年 1 月 22 日，CCER 市场在重启后的首个交易日就十分活跃。这一天，市场总成交量有 37.53 万吨，成交额高达 2 383.52 万元，每吨平均价格约 63.5 元。这样的交易成果，体现出市场对 CCER 机制充满信心与期待，也展现了各方积极应对气候变化、推动绿色低碳转型的态度。

首日交易中，很多知名机构都参与其中，像能源领域的中国石化、中国海油，电力行业的国家电投、国家能源集团，还有金融领域的中金公司、国泰君安证券等。除此之外，碳资产公司、地方国资企业等不同类型的主体也加入了交易。这种多元化的参与情况，既让市场交易层次变得丰富，又为市场的长远发展提供了强大的动力。

三、CCER 市场短期规模预测

随着中国碳市场的逐步成熟与扩展，CCER（中国核证减排量）作为关键的补充机制，正发挥着日益重要的作用，它有力地推动了低碳技术的普及与减排目标的实现。当前，CCER 已明确了四大减排方法学，其中，造林碳汇、并网海上风力发电及并网光热发电因其巨大的开发潜力而备受瞩目。

（一）造林碳汇

最新修订的《温室气体自愿减排项目方法学造林碳汇》不仅整合了原有的造林碳汇与竹子造林碳汇项目，还创新性地纳入了灌木林，使得防护林、特种用途林、用材林等多种类型的造林项目均有机会申请成为 CCER 项目。这一变革不仅极大地丰富了造林项目的种类，还显著提高了项目的经济可行性，特别是用材林和灌木林的加入，为更多林地项目开辟了 CCER 开发的

新路径。尽管具体开发情况需依据项目实际条件而定，但据乐观预测，当前符合条件的造林碳汇项目年减排量已达 2 400 万吨二氧化碳当量，且有望在 2025 年增至 2 600 万吨，按每吨 50 元计，届时年交易总额将突破 13 亿元。

（二）并网海上风力发电

海上风电，作为能源领域减排方法学的重要组成部分，因其显著的减排效果及低碳引领作用，对实现碳达峰、碳中和目标至关重要。尽管面临高投入、高成本的挑战，但通过 CCER 机制，海上风电项目的经济效益得以显著提升，进而加速了相关技术的革新与进步。截至 2022 年底，中国海上风电装机容量已超 3 000 万千瓦，全球领先。假设其中十分之一符合 CCER 要求，以年均发电 3 000 小时计，这些项目每年可贡献约 476 万吨的减排量，按每吨 50 元估算，年增收益可达 2.38 亿元。未来，随着"十四五"规划对近海海上风电规模化发展的推动，海上风电项目转化为 CCER 项目的潜力巨大，市场前景广阔。

（三）并网光热发电

光热发电技术的纳入，标志着 CCER 机制对清洁能源领域的进一步覆盖。光热发电不仅提供清洁能源，还兼具储能与调峰功能，是替代化石能源的重要选项。然而，高昂的初期投资与发电成本限制了其广泛应用。CCER 机制的引入，为光热发电项目提供了经济激励，有助于改善项目经济效益，加速技术推广与应用。尽管当前光热发电项目面临诸多挑战，但随着 CCER 机制的不断完善与政策支持，其未来发展前景值得期待。

第五章 碳金融市场工具

第一节 碳金融市场工具概述

一、碳金融市场工具概念

碳金融市场的工具主要服务于碳资产的管理,这些工具包括了在顶层设计及特定交易规则框架下的标准化产品、交易平台、融资渠道以及相关的支持服务。其中,碳配额(Allowance)和碳减排信用(Reduction credit)构成了这类金融活动的基础资产。当这两种基础资产与传统的金融手段相结合时,便促进了多种创新性碳金融产品的诞生,从而为碳资产管理提供了更为广泛的选择空间和发展潜力。这样的金融创新不仅能够增强碳交易市场的活力和运作效率,还对促进全球范围内的温室气体减排以及应对气候变化起到了积极作用。图5-1展示了碳交易与碳金融工具之间的关系。

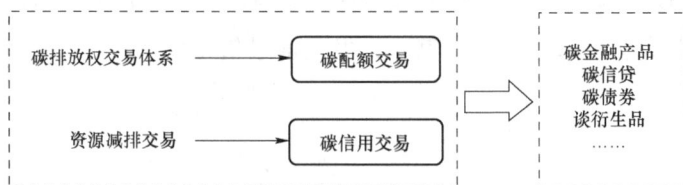

图 5-1 碳交易与碳金融工具关系

在当前的金融市场环境下,碳金融领域扮演着极其关键的角色。它基于

118

诸如碳配额及碳信用等核心碳资产，在传统金融风险与回报定价框架之上，进一步融入了对环境效益和社会价值的考量，开发出了一系列碳金融产品（见表 5-1）。这些创新不仅帮助企业更好地管理和平衡其碳资产管理中的潜在风险与收益，同时也为广大投资者提供了多样化的参与机会，使他们能够更加积极主动地投身于推动"双碳"目标实现的过程中。随着碳金融市场持续成长壮大，对于促进我国经济向绿色低碳方向转型以及长远可持续发展目标的达成将起到不可忽视的作用。

表 5-1 碳金融产品

适用主体	碳交易工具	碳资产开发	碳资产管理	碳交易市场投资	资本运营
控排企业	碳配额、碳远期、碳期货	能效改造项目绿色租赁融资；碳债券	碳盘查、报告核查等	碳基金；资产专项管理计划	并购
非控排企业	碳信用现货、碳远期、碳期货	可再生能源项目融资；碳债券	方法学开发、减排量备案、审定、监测、核证等	碳托管、碳基金；资产专项管理计划；结构性存款	上市
能源管理公司	节能量、减排量	节能设备租赁；合同能源管理	节能、碳资产审核、备案等	节能收益权投资	并购
农林企业	碳汇	PPP 融资	碳汇开发	碳抵消交易	上市

创新碳金融工具能够吸引更多类型的市场参与者，使得交易动机更加多样化，进而提高碳市场的流动性，有助于控制碳价格的大幅波动，保持其相对稳定。同时，这类工具还支持参与者更高效地管理对碳价格的预期，并采取有效的风险管理措施，如风险对冲策略，有利于推动形成更加合理的碳定价机制。

二、碳金融市场工具构成

碳金融领域的工具大致可以分为三个主要类别：交易型、融资型以及支持型工具，具体分类见表 5-2 所示。这三类工具各自在促进碳金融市场发展方面发挥着至关重要的作用。

表 5-2　主要碳金融工具

市场	主要活动	涉及交易工具	主要参与者
一级市场	配额分配/拍卖	碳配额	控排企业及政府主管部门
	项目减排量签发	碳信用（CCER）	非控排企业、个人及政府主管部门
二级市场	场内交易	碳现货（碳配额、碳信用）、碳期货、碳期权、碳掉期、碳指数交易产品、碳资产证券化等	控排企业、碳抵消非控排企业、其他金融机构、个人投资者
	场外交易	场外碳掉期、碳远期、场外碳期权等	控排企业、碳抵消非控排企业、其他金融机构、个人投资者
融资服务市场	资金服务	碳质押、碳回购、碳托管、碳基金	控排企业、金融机构等
支持服务市场	各类支持服务	碳指数、碳保险、碳保理等	控排企业、保险公司、咨询公司等

（一）交易工具

在碳金融市场中，交易工具承担了对冲风险和促进交易盈利的双重职能。诸如碳期货、碳期权及碳远期等衍生产品为市场参与者提供了丰富的选择，使得他们可以根据自身对于风险的承受度以及对未来市场的预测来灵活调整其交易策略。同时，随着碳互换和碳借贷等新型工具的引入，不仅增加了市场上可用的交易手段，也促进了市场的活跃程度与多样性。这些金融工具不仅有助于缓解信息不对称带来的问题，还通过对碳现货价格的引导作用帮助投资者降低风险，并追求收益的最大化，进而促进了整个市场的稳定与发展。

（二）融资工具

在碳金融市场中，各类融资手段对于激活现有的碳资产、拓展资金来源途径具有不可或缺的作用。通过碳抵/质押、碳回购、碳托管以及碳债券等形式，这些工具能够有效利用碳配额的价值潜力，从而提升了碳资产管理在整个企业管理体系中的重要性。这样的金融创新不仅为企业开辟了多样的融资渠道，还进一步激发了它们实施节能减排措施的积极性与主动性，既增强

了企业的低碳竞争力，也为其实现长期可持续发展目标注入了新的动力。因此，融资工具的不断发展与应用，对于推动碳金融市场持续繁荣起到了关键作用。

（三）支持工具

辅助工具在碳金融市场中承担了定价量化、风险控制及产品创新等多种职能。诸如碳指数、碳保险以及碳基金等金融产品的推出与普及，不仅提升了公众对碳资产价值的认知和接纳度，还进一步促进了碳资源的金融化进程。此类工具确保了市场的稳定运作，减少了潜在的风险因素，并增强了市场运作效率。此外，它们也为市场的持续创新提供了坚实的基础，助力碳金融市场体系不断完善和发展壮大。展望未来，这些辅助手段预计将继续发挥关键作用，支持碳金融领域的繁荣与发展。

第二节　碳金融市场工具介绍

一、碳金融市场交易工具

碳金融市场的交易工具主要包括两大类：直接的碳现货交易和基于这些基础资产构建起来的各种碳金融衍生品。这两类交易活动均围绕着碳排放权展开，其中碳配额与碳信用构成了核心交易对象。具体而言，市场中运用了包括但不限于即期碳、远期合约、期货合同、掉期或互换协议、期权产品以及借贷机制等多种形式。借助这一系列丰富的金融工具，参与者能够更加灵活有效地管理自身的碳资产组合，实现风险规避，并探索潜在的投资机会。

（一）碳现货

碳现货交易是碳交易市场的重要组成部分，它主要涵盖了碳排放配额与碳信用额度的买卖。在欧洲联盟的碳排放交易体系中，这类即时结算的交易

涉及了《EU ETS》框架下的多种减排单位和项目产生的减排量。具体来说，《EU ETS》规定的减排单位不仅包括了欧盟范围内的碳排放许可（EUA），还有专门为航空业设立的碳排放限额（EUAA）。此外，项目减排量则由清洁发展机制下认证的减排量（CER）及联合履行机制所认可的减排单位（ERU）组成。当前，在欧盟碳市场上进行交易的主要现货商品即为 EUA、EUAA、CER 以及 ERU，值得注意的是，控排企业能够利用 CER 和 ERU 来部分抵消其对 EUA 的需求。

该项目的减排量产生自非重点排放行业的自愿减排计划，比如，在《京都议定书》框架下实施的 CDM 项目以及 CCER 项目所达成的减排成果。这类经过验证的减排额度不仅能够进入碳市场进行交易，而且还能被主要排放单位用来抵消其一定比例的温室气体排放限额。此外，它们也适用于政府机构、企事业单位、金融部门和个人出于自愿实现碳中和的目的。

简而言之，在碳现货市场中，各种减排单位作为交易产品获得了流动性和市场价值。这不仅涵盖了政府向排放控制企业分配的配额，还包括通过执行减排项目产生的额外减排量。此类机制为排放控制企业提供了一种灵活手段以实现其减排目标，并且也为非排放控制企业开辟了参与减排活动并从中获得经济利益的道路。如此一来，碳现货交易不仅有助于减少温室气体排放，还提升了所有参与者在碳定价上的透明度与灵活性。

（二）碳期货

碳期货是指由专门的期货交易平台设定的一种标准化协议，它规定了在未来某一具体时刻及地点交付特定数量的碳排放配额或信用额度。此类合约一般通过交易所平台进行买卖活动，在双方约定的时间点上，利用该合约作为依据来实现二氧化碳排放量的交换。对于那些需要控制自身排放水平的企业而言，选择购入碳期货而非直接交易现货，能够有效对冲未来市场中可能遇到的价格波动风险。此外，碳期货机制还有助于缓解信息不对称问题，提升整个市场的流动性和透明度，并为现货价格提供指导作用。

碳期货与碳现货价格波动周期表现出高度的一致性。随着现货市场价格波动加剧，市场参与者倾向于增强风险规避行为和投机活动，从而使得期货市场的交易活动更加频繁。对于持有碳排放配额的企业而言，这不仅提供了通过买卖碳信用来替代实际减排的机会，以赚取差价收益，同时也让它们能够更灵活地依据自身的排放情况，在期货市场上提前锁定经济利益。

欧盟排放权（EUA）与核证减排量（CER）主要通过期货形式在市场中流通，占据了欧盟碳交易市场超过90%的份额，显著提升了市场的流动性。洲际交易所（ICE）等平台推出的"每日期货"产品，在功能上几乎与现货交易相同。

然而，依据《期货交易管理条例》的规定，此类交易活动必须在获得许可的专业期货交易所内进行。鉴于当前七个试点碳交易市场均未取得开展期货交易的资格，这些机构转而从远期产品出发，探索开发碳金融衍生品的新路径，以间接方式实现目标。湖北、上海及北京推出的碳远期产品均为标准化合约，并采取线上方式进行交易，其中湖北省更是采用了集中撮合成交机制，力求其形式与功能尽可能接近正式的期货交易。2016年4月，湖北碳排放权交易中心推出了标准化碳远期产品，自上线以来，该产品的日均成交量已超过现货市场的十倍，体现了较高的市场活力。2021年4月，随着广州期货交易所正式成立，推动碳排放权期货品种上市的工作也进入了快车道。

（三）碳期权

作为一种金融衍生工具，碳期权的价值基础在于碳排放权。它允许参与者在碳交易市场上通过购买或出售此类合约来管理风险或寻求投资回报。

碳期权是一种由期货交易所设立的标准合同，它给予买方在未来的某个特定日期以事先确定的价格买入或卖出一定数量的碳配额或碳信用的选择权。获得这种选择权需要支付给卖方一定的费用，即所谓的"权利金"。通过购买碳期权，企业能够有效地管理其未来可能面临的碳排放成本。如果一

家公司预计碳排放的价格将上升，那么它可以购入看涨期权来锁定一个较低的采购价格；反之，若公司预见到自己可能会拥有过剩的碳配额，则可以通过购入看跌期权确保能以固定价格出售这些配额。基于执行时间的不同，碳期权可以被分类为美式和欧式两种类型。其中，美式期权允许持有者在到期日之前任意时刻行使权利；而欧式期权仅限于到期日当天使用。例如，洲际交易所（ICE）提供的就是欧式碳期权产品。一旦支付了权利金，买方就拥有了决定是否根据合约条款执行交易的权利，但没有强制执行的义务；相反地，卖方在接受了权利金之后，则必须准备按照约定条件与买方进行交易，只要后者提出要求。那些持有着未被执行的卖出期权合同的一方被称为空头；而持有尚未使用的买入期权合同者则称为多头。利用碳期权工具，企业能够有效规避因碳排放价格波动所带来的不确定性风险。举例来说，对于担忧未来碳价上涨的企业而言，购买看涨期权可以帮助它们避免以高于当前市场价格的成本获取所需的碳配额。随着全球范围内对减少温室气体排放重视程度的提升，碳市场及其衍生品市场，如碳期权，正经历着快速的发展。这类金融工具不仅有助于企业更好地控制潜在风险，同时也为投资者开辟了新的投资途径及套利机会。目前，在国际主要碳交易平台中，碳期权交易已趋于成熟，具体的主要碳期权产品列表见表5-3。

表 5-3　国际上主要碳期权产品

产品名称	产品说明
排放配额期权（EUA Options）	排放配额期权是以欧盟碳排放体系下 EUA 期货合约为标的，持有者可在到期日或之前履行该权利
经核证减排量期权（CER Options）	通过清洁生产机制产生的 CER 的看涨期权或看跌期权。由于国际碳减排单位一致且认证标准及配额管理规范相同，市场衍生出了 CER 和 EUA 期货的价差期权（Spread Option）
减排单位期权（ERU Options）	在联合履约机制下，以发达国家之间项目开发产生减排单位（ERU）期货为标的的期权合约
区域温室气体排放配额期权（RGGI Options）	美国区域温室气体应对行动计划下，以二氧化碳排放配额期货合约为标的的期权合约。RGGI 期权合约为美式期权，将在 RGGI 期货合约到期前第三个月交易日期满，最小波动值为每排放配额 0.01 美元。RGGI 期权合约于 2008 年开始在 NY-MEX 场内进行交易

产品名称	产品说明
碳金融期权合约（CFI Options）	以 CFI 期货为标的的期权合约。碳排放权金融工具——美国期权（CFI-US Options）是以届满期开始于 2013 年的温室气体排放期货合约为标的。该温室气体排放限额必须符合潜在准予的联邦美国温室气体总量控制和排放交易项目
加利福尼亚限额期权（CCA Options）	以加州政府限定碳配额 CCA 期货合约为标的的期权
核发碳抵换额度期权（CCAR CRT Options）	以 CRT 期货合约为标的的期权。气候储备（CRTs）是由气候行动储备（CAR）宣布基于项目的排放减少和加利福尼亚气候行动登记的抵消项目减量额度

在中国，碳期权作为一种金融衍生工具，在实际操作中的运用仍处于初步发展阶段，主要表现为零星的个别交易实例，且这些交易活动多发生在场外市场。例如，在 2016 年 6 月，深圳招银国金投资有限公司与北京京能源创碳资产管理有限公司联合北京绿色交易所，完成了国内首例涉及 2 万吨碳配额的场外期权交易。在此类交易中，交易所负责监督期权费用的支付及合约的执行。

随后，在 2016 年 7 月，为了进一步规范相关交易活动，北京绿色交易所发布了《碳排放场外期权交易合同（参考模板）》。这一举措使得场外碳期权成为了北京碳市场中不可或缺的金融衍生工具之一，其运作机制如图 5-2 所示。

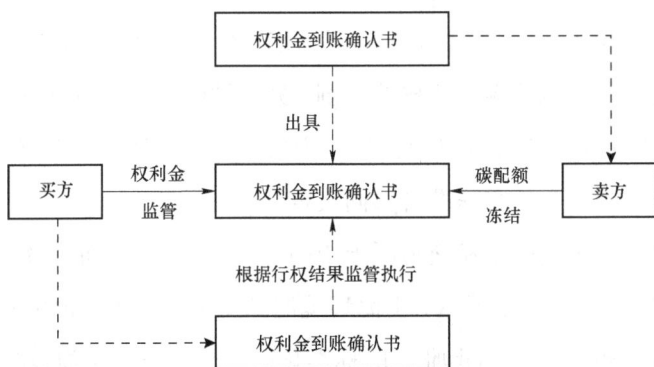

图 5-2　北京碳期权运行示意

（四）碳远期

在碳金融领域内，碳远期作为一种关键的金融工具，扮演着不可或缺的角色。这种机制指的是买卖双方就未来某一特定时间点按照事先商定的价格进行以碳排放配额或碳信用为基础资产的交易活动。它的出现主要是为了解决现货市场中可能遇到的价格波动风险问题，有助于参与者提前锁定未来的碳收益或成本。

远期合约作为一种非标准化协议，主要通过场外交易市场来完成。在清洁发展机制（CDM）项目中，所生成的核证减排量（CER）往往以碳远期的形式进行买卖。此类协议通常在项目开始前就由双方签订，详细规定了未来碳排放权或单位的具体交易价格、数量及交割日期。由于其定制化特性，这类合约一般不经过交易所处理，而是由参与方直接协商确定相关条款，包括价格、执行时间和地点等细节。

CDM 交易在本质上属于一种远期合约形式。这种交易模式允许买卖双方依据各自的需求订立协议，明确在未来某一特定时刻以事先约定的价格购入一定量的碳排放许可。现阶段，许多面临减排压力或有减排需求的国家参与的 CDM 项目多为远期性质，即在合同签订之时，相关项目尚未启动，因此也未生成任何碳信用额度。

碳远期交易的价格与碳现货市场紧密相连，主要采用两种定价机制：一种是固定价格模式，在这种模式下，无论市场价格如何波动，未来的交易将以事先约定的价格执行碳排放权的交割；另一种则是浮动价格模式，该模式基于最低保障价，并在此基础上添加一个根据配额价值波动调整的部分，这部分通常由欧盟参考价和基准价共同决定。

在中国，广州碳排放权交易所于 2016 年 2 月率先发布了《远期交易业务指引》。进入 2017 年后不久，上海环境能源交易所携手上海清算所共同推出了国内首个也是至今为止唯一的标准化碳衍生品——上海碳配额远期交易。这项交易由上海清算所提供中央对手方清算服务，而上海环境能源交易

所则负责组织交易活动。它标志着中国首次由金融机构与专业交易平台合作探索的碳金融产品，并获得了中国人民银行的认可。此外，在试点阶段，包括上海、广东和湖北在内的多个地区均尝试了碳远期交易。具体而言，广州碳排放权交易所提供的远期交易具有较高的定制化程度及相对灵活的设计要素，但合约不可转让；相比之下，湖北和上海市场则推出了能够标准化且允许转让的碳远期交易产品。

然而，国内碳远期交易市场仍面临诸多挑战。由于交易量较低和价格波动性较大等因素的影响，广东与湖北两地已决定暂停此类业务。一方面，交易量偏低可能源于市场参与者对碳远期产品认知不足、高昂的交易成本以及市场上资金流动性不佳等问题。另一方面，较大的价格波动可能会削弱投资者的信心，从而减少他们参与碳远期市场的积极性。此外，碳远期交易中非标准化合约的特点也增加了操作难度及潜在风险。

为促进碳远期交易市场的健康发展，有必要实施一系列策略。首要任务之一是增强市场教育与宣传力度，以增进参与者对于此类金融工具的认识和理解。此外，通过减少交易成本并提升市场流动性等措施，能够有效吸引更广泛的投资者参与其中。与此同时，进一步优化碳远期交易的相关规则体系，提高交易流程的标准化水平，也是降低潜在风险的关键步骤。

（五）碳掉期/碳互换

在碳金融市场的广阔领域内，碳掉期或碳互换作为一种特别的交易机制，正在逐渐凸显其于风险控制及投资策略上的灵活性与实用性。这类以碳资产为基础的交易形式，通过约定在未来某一特定时间段内交换现金流或者现金流与碳资产的方式，为市场参与者开辟了一条全新的风险管理路径。

碳掉期或碳互换，本质上是指两方依据特定协议条款，交换碳排放权、碳信用额度或是等值的货币流。此类交易活动多以场外方式进行，赋予了参与者更大的操作灵活性及隐私保护。实践中，碳掉期/碳互换主要表现为两种形式：一是不同期限之间的互换；二是不同类型碳资产之间的转换。

作为一种重要的碳掉期/碳互换形式，期限互换以其独特的交易机制而著称。在此类协议中，双方首先以一个预设的价格达成交易，并约定在未来的某个具体时间点上，按照届时的市场价格执行与初始固定价格相对应的反向操作。随后，双方将基于这两次交易之间的价差进行结算。通过这种方式精心构建的合约结构，允许参与者提前锁定未来的交易成本或收益，从而有效地减轻了因市场波动带来的不确定性。对于那些能够准确预测碳资产价值变化趋势的市场玩家来说，期限互换提供了一种极为有效的风险管理策略。

品种互换，又名碳置换，是一种在碳市场中具有广阔应用潜力的交易模式。通过这种方式，双方同意在未来的特定时间内交换一定量的碳配额与碳信用，并基于此进行差价结算。此类互换机制不仅能够帮助参与者根据自身需要灵活调整其碳资产组合，还能够有效抵御由于不同类型碳资产价格波动带来的风险。对于那些拥有多样化碳资产的企业或个人而言，实施品种互换策略成为了一种优化资源配置、减轻潜在财务损失的有效手段。

尽管在中国，碳掉期/碳互换的实际操作案例相对有限，并且现阶段仍存在诸如业务规范不够成熟等障碍，但其潜在价值和重要性已经得到了广泛的认可。从2015年中信证券股份有限公司、北京京能源创碳资产管理有限公司以及北京绿色交易所三方共同签署的国内首个碳配额场外掉期协议，到北京碳交易市场推出的场外碳掉期合约模板，再到壳牌能源（中国）有限公司与华能国际电力股份有限公司广东分公司之间达成的全国首例碳掉期（互换）交易，这些成功的实践不仅揭示了碳掉期/碳互换在碳金融市场中巨大的应用潜力，同时也为后续类似交易提供了宝贵的经验参考。

（六）碳资产拆借

随着全球范围内对抗气候变化措施的不断推进，碳交易市场作为一种促进温室气体减排的有效手段，其重要性日渐凸显。在此背景下，碳资产借贷

作为一种新兴的金融工具，在碳交易体系中正逐渐发挥出不可或缺的作用与价值。

碳资产拆借，可以被理解为一种以碳排放额度为基础的借贷机制。在此过程中，符合特定条件的借款人首先需要支付一定比例的初始保证金，之后可以从贷款方获取所需的碳配额，并通过交易所平台进行交易活动。到了双方约定的借款期限结束时，借款人必须归还所借用的碳配额，并支付事先协商好的收益给贷方。值得注意的是，在整个借贷期间，尽管碳资产由借款人使用，但其所有权并未发生变更。

该交易机制的引入，不仅增强了碳市场参与者的操作灵活性，还促进了资源的有效配置与市场效率的提升。比如，在某些特定时期内，部分企业可能会遇到碳排放配额不足的情况，这时通过碳资产借贷的方式，这些企业能够及时获取所需的额外配额，从而避免因未达到减排标准而面临的罚款。与此同时，对于那些持有盈余配额的企业而言，将多余的配额借出则是一种获取额外收入的机会，这也进一步体现了资源利用的最大化。

早在 2015 年，上海环境能源交易所就洞察到了这一市场潜力，并出台了《上海环境能源交易所借碳交易业务细则（试行）》，为开展碳资产拆借活动提供了清晰的操作指南。同年 8 月，申能财务公司与四家发电厂之间达成的《借碳合同》协议，则标志着上海市首次成功实施了此类碳资产拆借案例。

然而，所有金融创新活动都不可避免地伴随着一定的风险。在碳资产拆借业务中，最显著的风险之一是借入方可能无法按照约定的时间归还配额。为了有效管理这一潜在风险，上海环境能源交易所实施了保证金制度。该制度规定，在获取配额之前，借入方必须先支付一定比例的初始保证金，以此作为其未来履行返还义务能力的一种保障。此外，为限制风险敞口，交易所还设定了碳资产拆借的最大限额。图 5-3 展示了碳资产拆借交易的具体流程。

期初，缴纳初始保证金，借入配额

保证金监控、市场监控、
限制出金、最大持仓限制

借出方   上海能源环境
           交易所   借入方

期末，返还配额，支付约定收益

图 5-3 借碳交易流程示意图

（七）碳排放权证券化

在全球致力于缓解气候变化影响的大环境下，碳排放权证券化作为一种创新的金融手段，正日益受到重视。该过程涉及将预期能够带来稳定收入流的一系列碳排放许可，经过复杂的金融工程处理后，转变成基于这些权利支持下的、可在资本市场流通的金融产品。

碳排放权证券化的流程首先涉及汇集由碳排放权交易活动产生的收入流，以此构建起一个作为基础资产的集合，即所谓的资产池。随后，通过实施一系列风险隔离策略，将此资产池转移给一家专注于此类业务的专业实体——通常称为 SPV（特殊目的载体）。该 SPV 会精心规划对碳排放权基础资产池的内部与外部信用增强措施，最终在金融市场中推出基于这些资产预期现金流支持下的证券产品，并通过市场交易实现资金筹集的目标。

从详细流程来看，碳排放权证券化的实施机制可归纳为六个关键步骤。首先，持有原始碳排放权的实体将一系列可供交易的碳排放权汇集起来，构成用于发行证券的基础资产集合。这些碳排放权通常源自企业减排活动或分配得到的碳排放限额。其次，该实体会将上述精心构建的基础资产集合转移给一个特别设立的特殊目的载体（SPV），以确保资产独立且与发起人其他风险相隔离，从而更好地保障投资者权益。接着，通过引入信用增强措施，SPV 能够提升基于碳排放权资产集合所发行证券的信用等级，进而增加市场吸引力，吸引更多投资资金。随后，利用证券承销商的帮助，SPV 向潜在投

资者发行基于碳排放权资产集合支持的证券产品,如资产支持证券(ABS)或资产支持票据(ABN)。之后,SPV 需将通过销售碳排放权证券所得款项支付给原始权利持有人,作为购买基础资产集合的对价。最后一步,SPV 委托专门的服务银行负责收集来自碳排放权交易产生的现金流,并据此向证券持有者分配收益。

在中国,碳排放权资产的证券化途径主要包括两种。第一种方法是通过建立特殊目的载体(SPV),在证券交易市场上推出资产支持证券(ABS)。此过程涉及利用专业机构将碳排放权转化为证券产品,并面向广大投资者进行销售。第二种方法则较为直接,即不设立 SPV,而是选择在银行间交易商协会市场发行资产支持票据(ABN),为相关企业提供了一条额外的资金筹集路径。

碳排放权证券化的引入为企业开辟了一条新的融资渠道,激励了更多企业参与到碳排放权交易之中,从而增强了减排的积极性。此外,它还为投资者提供了参与对抗气候变化的机会,并从中获益于绿色经济的增长。鉴于全球范围内对气候议题关注度的提升以及碳市场机制的日益成熟,预计碳排放权证券化将在未来扮演更为关键的角色。

二、碳金融市场融资工具

(一)碳债券

作为一种创新的金融产品,碳债券为支持低碳减排项目开辟了新的融资渠道。这类债券可由各类机构发行,其核心机制在于,在保证按约定条件向投资者偿还本金并支付利息的前提下,将来自低碳项目的碳信用收益与债券利率挂钩。因此,碳债券被视为绿色债券领域中的一个重要分支。

碳债券的一个核心特性是能够将环保项目的正面影响转化为金融收益的一部分,这为投资者提供了直接从减少温室气体排放的项目中获利的机会。根据发行方的不同,碳债券主要分为两类:由政府推出的碳国债以及企

业所发行的碳企业债。无论哪一种类型，它们的投资目标都非常明确，主要集中在可再生能源开发、节能技术推广以及其他有助于降低温室气体排放水平的领域。这样的投资方向不仅符合全球推动可持续发展的大趋势，同时也让投资者更加直观地认识到其资金支持的具体价值所在。

在产品设计方面，碳债券通常会结合使用固定利率和浮动利率机制。固定利率部分旨在为投资者提供基础的收益保障，而浮动利率则与项目实际达成的减排成效直接相关。特别地，在碳交易体系内运作时，CDM 项目产生的收入中有一部分将被指定用于支付这部分基于绩效的利息。这样的设计巧妙地将减排项目的经济效益与投资者的利益相结合，从而实现了双赢的结果。

碳债券的推出对于新兴市场的扩展具有重要意义，特别是在扩大如清洁发展机制（CDM）交易市场等领域的规模方面。随着这种金融工具的普及，预计将吸引大量资金投入到旨在减少温室气体排放的项目中。从更广泛的角度看，这股趋势有望促进整个金融系统与资本市场的变革，使其更加契合低碳经济的发展需求。

着眼于长期发展，碳债券展现出巨大的潜力。它不仅能够促进金融体系向更加环保的方向转变，还能为全球气候目标的达成作出贡献。面对日益严峻的全球气候变化挑战，作为一种绿色金融创新手段，碳债券能够有效地将资金引导至低碳减排项目中。这样一来，既解决了这些项目面临的资金不足问题，也为投资者开辟了新的投资渠道。随着公众对低碳经济理解的加深以及金融市场持续不断的革新，预计碳债券将在推动绿色金融进步和支持全球气候治理方面扮演越来越重要的角色。

（二）碳信托

随着全球气候变化问题的日益加剧，绿色金融作为一种旨在解决环境难题、推动可持续发展的关键策略，正逐渐成为国际社会关注的重点。尤其是碳信托这一创新型的金融服务形式，以其独特的吸引力和广阔的应用潜力，

正在赢得越来越多投资者及企业的兴趣与支持。

碳信托，简单来说，是指信托机构围绕碳资产开展的一系列金融服务。它将多种碳金融模式与传统信托业务有机结合，为市场参与者提供了创新的金融解决方案。依据具体业务性质的不同，碳信托可以被划分为三大类：专注于碳资产管理的服务信托、旨在促进碳项目融资的融资信托以及针对碳市场投资的投资信托。每一类别都有其独特之处，能够满足不同客户群体的需求。

1. 碳资产服务信托

在这种模式中，委托方将自身的碳资产作为信托财产来设立财产权信托。在此过程中，信托公司主要承担资产管理与账户管理等服务职能。以《中海蔚蓝 CCER 碳中和服务信托》为例，该信托项目基于 CCER（中国核证减排量）作为基础资产，通过转让信托受益权份额的方式为委托人募集资金，并提供全面的碳资产管理及交易支持。这种方式不仅能够帮助委托人实现其碳资产的价值增长，同时也为其绿色发展的资金需求提供了有力的支持。

2. 碳融资信托

碳融资信托机制依托于碳资产作为担保物，由信托机构向寻求资金的一方提供贷款。此外，信托机构还可以通过购入后再次出售融资方的碳资产来为其注入所需的资金。例如，兴业信托成功推出了"利丰 A016 碳权 1 号集合资金信托计划"。该计划基于海峡股权交易中心公开发布的碳排放权价格作为估值基础，通过购置福建三钢闽光股份有限公司所持有的 100 万吨碳排放权，有效地为该公司提供了绿色金融支持。这样的操作模式不仅有利于企业更好地利用现有的碳资源，还能够拓宽其获取资金的途径，并有助于减少融资成本。

3. 碳投资信托

碳投资信托与碳基金的运作机制十分接近。在这样的框架内，资金主要

用于碳交易市场中的碳资产买卖活动。通过精确地捕捉碳资产价格变化的趋势，信托机构能够为投资者创造收益。华宝信托发行的"ESG 系列 – 碳中和集合资金信托计划"便是这一模式的一个典型例子。该方案主要关注国内碳排放权交易所内的碳配额及 CCER 的投资机会，从而达到资产增值的目的。此类投资方式不仅丰富了投资者的选择范围，还增加了碳交易市场的流动性，促进了整个碳市场体系的健康发展。

碳信托的发展不仅拓宽了投资者的投资选项和风险管理工具，同时也为企业创造了新的融资途径与资产管理模式。尤为关键的是，在促进绿色金融进步的过程中，它也为缓解全球气候变迁贡献了自己的力量。随着碳交易市场的日益完善及信托服务的不断创新，预计碳信托将在未来的绿色金融领域占据更为重要的位置。可以预见，作为一种新兴且充满活力的力量，碳信托将会成为推动全球可持续发展目标实现的重要因素之一。

（三）碳资产托管

碳资产托管是指一种合同安排，其中专门从事碳资产管理的机构（即托管方）与拥有碳资产的企业或个人（即委托方）之间就碳资产管理和收益分配等问题达成协议。狭义地讲，这种托管模式主要关注配额管理，也就是由专业机构代表受控排放单位对其拥有的碳资产实施统一管理和市场交易，旨在确保这些资产的价值稳定甚至增长。从更广泛的角度来看，碳资产托管服务则覆盖了企业涉及的所有碳排放相关活动，包括但不限于将这些活动交由专家团队进行策略规划和具体实施。这类服务的具体内容可能涵盖碳信用额度的创建、碳资产账户的维护、碳交易代理及执行、低碳项目的投资与融资，以及提供相关的碳金融服务咨询等。

对于致力于减少排放的企业而言，配额托管机制有助于其将非核心活动转交给专业机构处理，进而提升主营业务的专业化水平及碳资产管理效率。这种做法不仅能够帮助企业满足法规要求，还有助于创造额外收益。就托管服务提供商来说，它们能以较低成本获取大量配额，并通过市场交易实现利

润增长。同时，随着配额流动性增强，碳排放权交易平台也能从中收取更多佣金。此外，托管模式的引入还能够激活原本闲置于企业手中的碳配额资源，促进这些资产在碳市场上流通，从而进一步激发市场的活力。

碳资产托管的主要形式包括两种：一种是基于双方协议的托管模式，在这种情况下，控排企业与碳资产管理机构通过签订具体的托管协议来构建合作关系。此模式下，碳资产的转移及其担保机制十分灵活，完全依赖于双方之间的商业谈判结果及相互间的信任程度。比如，企业可以选择将其拥有的配额交易账户全权交由碳资产管理机构管理，并由后者提供一定金额的保证金或银行保函作为交易安全保障。另一种则是交易所监管下的托管服务，在中国当前试行的碳市场中，交易所为参与者提供了标准化的托管流程，并对整个托管过程实施监督。这种方式能够有效缓解合作过程中可能遇到的信任问题，同时也有助于提高资金运作效率。交易所的参与不仅减少了企业的托管风险，也为碳资产管理公司创造了一个利用杠杆效应的机会，有利于推动碳资产管理业务的发展。

（四）碳资产抵质押融资

在全球共同努力对抗气候变化的过程中，碳交易体系凭借其特有的机制，在减少温室气体排放及促进可持续发展方面发挥了关键作用。其中，利用碳资产作为抵押品进行融资这一创新型金融手段正在逐渐受到重视，并成为推动绿色金融进步不可或缺的一部分。

碳资产抵质押融资是一种金融操作方式，其中碳资产的所有者能够利用其拥有的碳资产作为担保品，向金融机构申请资金支持。在这样的交易中，企业可以选择已经取得或是预期未来能获取的碳排放权配额或 CCER 等碳资产作为贷款的抵押物。银行方面，则会基于企业的碳资产持有量、当前碳市场的状况、相关政策法规以及碳价格的变化趋势等多个维度综合考量后，决定可以提供的贷款额度，并据此为企业提供相应的金融服务。

该融资模式的引入，不仅为碳市场带来了新的动力，也为企业开辟了一

条创新的资金获取途径。在碳交易体系中，碳资产拥有了具体的市场价值，从而可以作为有效的担保物或抵押品来增强信用保障功能。企业通过将碳资产用作质押以获得资金支持的同时，还能促进自身节能减排与绿色发展的进程，最终达成环境保护与经济效益双赢的目标。

碳资产抵押融资业务的流程设计既明确又高效。首先，企业需向相关碳排放权管理机构申请初始的碳排放配额，并取得相应的权利证明文件。这是企业能够参与到碳交易市场及后续进行碳融资活动的前提条件。随后，企业还需与该管理机构签署转让协议和授权委托书，规定若贷款到期后企业无法偿还债务，则允许管理机构出售部分企业的碳排放权，用所得资金代替企业归还贷款。这样的机制为企业提供了可靠的信贷安全保障。

接着，企业将其持有的碳资产凭证作为抵押品交付给商业银行，以此完成质押物的合法转移，并据此获得所需的贷款。在此过程中，银行通过评估和确认碳资产的价值，为公司提供了灵活多样的融资途径。当质押贷款期限届满时，若企业能够按时归还贷款，则可取回其先前抵押的碳资产；反之，如果企业无法偿还债务，则依据事先签订的协议，碳排放权管理机构将有权出售该企业的碳资产以清偿欠款。此外，商业银行亦可以选择在碳交易市场中拍卖这些碳资产，所得款项首先用于弥补银行可能遭受的经济损失。

应当指出的是，碳资产抵质押融资业务的成长得到了政府层面的显著支持。各地政府纷纷推出了相应的政策与指导文件，为该领域的发展提供了坚实的制度基础。比如，上海和广东等地相继发布了关于碳资产质押登记的具体规则，为参与市场的各方主体明确了操作流程。

（五）碳资产回购/卖出回购

在碳排放交易体系内，通过回购和卖出回购这两种机制，企业能够获得独特的资金来源途径及资产配置策略。

碳资产回购是一种独特的交易机制，其中排放单位将其持有的碳资产按照预先协商的价格转让给专门的碳资产管理实体，并且同意在未来某一特定

时间点以原价加上利息的形式回购这些资产。对于排放单位而言，该模式提供了多方面的益处。首先，它允许企业将暂时不需要用于履约的碳资产转换为流动资金，从而显著提升了资金使用的灵活性和效率，更好地满足了企业在日常运营中的财务需求。其次，通过这种未来的回购安排，企业能够确保其具备足够的碳配额来履行减排义务，避免因缺乏必要配额而遭受罚款的风险。从碳资产管理机构的角度来看，这类交易不仅为其带来了基于协议利率的稳定收益机会，还赋予了其在持有期间利用市场波动进行买卖操作的空间，以此获取额外利润，最终实现了双方利益的最大化。

控排单位或配额持有者能够与碳市场中的其他参与者达成《回购协议》，通过出售其持有的配额，并在规定的时间后以事先商定的价格重新购回这些配额，从而实现短期资金的流动。一个具体的例子是2014年12月30日，中信证券股份有限公司同北京华远意通热力科技股份有限公司完成了国内首次基于碳排放配额的回购融资交易，涉及金额总计1 330万元人民币。随后，在2015年，福建的交易所率先出台了《海峡股权交易中心碳排放权产品约定购回交易实施细则（试行）》；到了2019年，广州方面也发布了《广州碳排放额回购交易业务指引》，这两份文件都详细地描述了碳资产售出后再购回这一金融活动的操作流程。

2016年3月19日，中国首例跨境碳资产回购交易在深圳成功完成。此次交易由深圳能源集团股份有限公司旗下的妈湾电力有限公司与国际投资者BP公司共同达成，涉及的交易规模达到了400万吨二氧化碳排放配额，意味着BP公司从深能源处购得了这批碳排放权。

卖出回购作为一种创新的碳金融工具，是上海环境能源交易所特有的。与传统的碳回购或逆回购需要非履约机构参与不同，这种交易模式允许在履约机构间直接进行。按照合同条款，控排企业可以向碳资产管理公司出售特定数量的碳配额，并在收到转让款项后，将这部分资金委托给金融机构进行投资管理。当约定的时间到期时，该控排企业需购回相同数量的碳配额。值得注意的是，在此过程中，资金通常会交由另一家金融机构来管理。2016

年 3 月 14 日，在交易所的支持下，春秋航空股份有限公司、上海置信碳资产管理公司以及兴业银行上海分行合作完成了首例此类业务。

三、碳金融市场支持工具

（一）碳指数

碳指数作为衡量碳交易市场价格波动及趋势的一种统计指标，在碳交易领域发挥着至关重要的作用，同时也是构建指数型碳排放权金融产品的基础。通过编制此类指数，能够直观地反映出碳资产的供需状态及其价格变动情况，为市场参与者提供了宝贵的投资指导信息。这类指数一般基于初级和次级碳市场的交易量与成交价进行计算，并定期更新发布相关数据，有助于投资者更准确地把握市场动向。

在全球范围内，存在多个广为人知的碳排放指数，如巴克莱资本全球碳指数（BCGGI）、瑞银温室气体指数（UBSGHI）、《道琼斯—芝加哥气候交易所—CER/欧洲碳指数》（DJ-CCX-CER/EC-I）以及美林全球二氧化碳排放指数（MLCX Global CO_2 Emission Index）。值得注意的是，德国电力交易所（EEX）于 2012 年 11 月推出了一种名为 ECarbix 的碳指数，该指数基于一级与二级现货市场的交易量加权计算而成。每日及每月末，官方都会更新并发布最新的交易量和价格信息，从而为市场参与者提供了实时的数据参考。

在中国，碳指数的发展也引起了广泛的关注。2014 年 6 月，北京绿色交易所发布了一套名为"中碳指数"的体系，该体系由"中碳市值指数"和"中碳流动性指数"两部分组成。这两个指标分别从价格变动与市场流动性两个维度出发，利用全国范围内已启动的碳交易试点项目中的碳排放权配额总量、平均成交价格以及交易量等关键数据作为主要参数，综合展现了中国碳市场的整体运作情况。通过这套指数系统，投资者能够获得一个有效的分析工具，用以更好地理解和评估中国的碳交易市场动态。

至 2021 年 11 月，复旦大学作为独立的研究机构发布了一项名为"复旦

碳价指数"的评估工具。该指数不仅涵盖了全国碳排放配额（CEA）的价格变动情况，还特别关注了北京、上海、广州及其他试点地区内 CCER 的交易价格，并且也包括了一个覆盖全国范围的 CCER 价格指标。通过这一系列的数据分析，"复旦碳价指数"旨在揭示特定时间段内碳市场中各种交易商品价格水平的发展方向、趋势及波动幅度，以期为参与市场的各方提供更加精确的信息支持，辅助其做出更为明智的投资决策。

（二）碳保险

面对全球气候变化所带来的严峻挑战，降低碳排放并推动可持续发展已成为国际社会的共识。作为一种促进低碳经济发展的有效机制，碳交易市场逐渐吸引了广泛的关注。然而，在此过程中存在的潜在风险也不可小觑。在此情况下，碳保险作为一种新型的风险管理工具，为企业提供了一种应对这些不确定性因素的有效途径。

碳保险，从字面意义理解，是指为参与碳排放权交易的企业量身定制的一系列风险管理产品。这类保险机制的核心在于辅助企业更好地管理与碳相关的风险，并有效利用其碳资产，在面对碳市场波动时能够更加稳健地运营。现阶段，碳保险涵盖了多个领域，主要包括对碳信用价格变动的保障、碳配额交付过程中的风险覆盖以及支持碳资产融资活动的担保服务等。

1. 碳信用价格保险

早期，碳信用价格保险主要应用于清洁发展机制与联合履约机制下的交易风险管理，以及在低碳项目的评估与开发阶段应对潜在的风险。随着碳市场的发展壮大，此类保险的作用范围也有所扩大，当前它更多地服务于帮助企业抵御因碳信用价格波动而引发的风险。通过提供有效的风险管理工具，该保险使企业在面对碳信用价值波动时能够维持稳定运营状态。

2. 碳交付保险

碳交付保险的核心作用在于减轻减排项目实施过程中遇到的各种不确

定性，从而保证项目所承诺的减排额度能够按时全额实现。在碳排放权交易中，企业面临着价格波动、信用问题以及交易障碍等多种风险因素，这些都可能损害企业的经济利益。在这种背景下，碳交付保险作为一种有效的风险管理工具应运而生，它为参与方提供了额外的安全保障，促进了碳市场的稳定与发展。比如，在某些情况下如果森林未能达到预期的二氧化碳吸收效果，导致无法完成减排量的目标时，该保险产品可以向受影响的企业提供必要的财务补偿。

3. 碳资产融资担保

碳资产融资担保的主要目的在于降低碳资产买家在交易期间可能遭遇的违约风险和交割不确定性，从而保障碳市场活动能够在可控的成本条件下平稳推进。对企业来说，通过碳信用保险不仅可以促进其获取用于减排或可再生能源项目所需的资金支持，同时也有助于提升自身的信誉水平，使企业能够更高效地管理潜在的风险。借助保险提供的信用背书功能，排放控制企业在寻求外部资金时面临的障碍得到了显著缓解，进而使得获取必要的财政和技术援助变得更加便捷。

在企业迈向低碳转型的过程中，碳保险扮演着极其关键的风险管理角色。它不仅有助于减轻碳交易市场中的不确定性带来的负面影响，还能够促进市场的平稳运作。当企业涉足碳交易时，不可避免地会面临多种不可预见的挑战。在这种情况下，碳保险为这些企业提供了一个可靠的安全网，使得它们能够在相对更加可控且安全的条件下进行碳交易活动，进而有效降低了潜在的经营风险。

同时，碳保险对于碳金融市场发展的积极影响也不容小觑。随着碳交易市场的不断扩展与成熟，碳金融在经济体系中的重要性日益增加。作为碳金融市场不可或缺的一部分，碳保险为参与者提供了关键的风险管理工具，增强了他们的信心，进而促进了碳金融市场的稳定发展。预计在未来，碳保险市场将持续增长，在支持企业向低碳模式转型、维护碳交易市场的稳定性以

及推动碳金融领域进步等方面发挥更加重要的作用。

（三）碳基金

碳基金是指那些依据法规可以投资于碳资产的各种资产管理产品。这类基金通常由政府机构、金融机构、企业或个人共同出资建立，其主要关注点在于支持减少温室气体排放的项目及增加碳汇的活动。通过一段时间的投资运作，这些基金不仅致力于为投资者创造经济收益，还旨在促进全球气候状况的好转。

碳基金的诞生，反映了在碳交易市场环境下金融创新的自然趋势。尤其是在碳交易市场的初期阶段，碳基金对于促进排放控制企业履行减排义务、激活碳资产开发、鼓励私营部门参与碳排放权交易以及加速低碳技术的进步等方面发挥了关键作用。虽然与传统投资基金相比，碳基金在设立目标、运作机制及组织架构上表现出相当的一致性，但其独特之处在于除了追求常规财务回报外，还能从所投资的碳项目中获得额外的碳减排收益，这使得碳基金成为了投资领域内一个独特的存在。

回顾历史，全球首个碳基金是由世界银行于 2000 年创立的，其目的是实施《京都议定书》中定义的清洁发展机制（CDM）与联合履约机制。该基金的资金来源主要是那些有减排责任的发达国家及其企业，他们通过购买来自发展中国家减排项目的碳信用额来参与其中。这种创新性安排不仅为这些国家提供了一种实现其减排承诺的有效方式，还促进了资金和技术向发展中国家流动，进而加强了国际在减少温室气体排放方面的合作。

在接下来的二十年间，碳基金所展现出的巨大商业潜力吸引了来自多个国家、地区以及金融机构的资金投入，用于设立专门的碳基金。这类基金致力于在全球范围内投资于碳减排或低碳项目，并通过买卖这些项目产生的可量化碳信用额（CERs）来运作。这一时期见证了国际碳基金行业的迅速扩张与发展。至今为止，全世界已有超过 50 个这样的基金存在，其背后的支持者不仅涵盖了主要遵循减排协议的国家，还包括将碳价格波动视为盈利机

会的投资者。

随着碳金融市场持续发展，碳基金的概念也随之扩展。现在，碳基金已转变为一种专门设立的投资工具，由政府机构、金融机构、企业和个人共同出资，旨在全球范围内投资于碳排放交易市场、温室气体减排计划以及新能源开发项目。通过为投资者创造市场收益，这类基金不仅有助于缓解全球气候变暖问题，同时也促进了碳金融市场的健康发展。

作为碳交易体系中的重要组成部分，碳基金在促进碳金融市场的发展中扮演了至关重要的角色。通过购入 CER 并进行二次交易，这类基金不仅提高了项目的融资效率，也降低了与碳相关的贷款或捐赠活动的风险水平。一旦购得碳排放权，买家可以选择将其用于抵消自身企业的碳排放额度，或者在市场上进行再次销售，以此来实现《京都议定书》框架下的减排目标。此外，投资于碳减排项目还为各类基金带来了显著的经济回报。世界范围内主要的碳基金情况如表 5-4 所示。

表 5-4　世界主要碳基金

碳基金	成立时间	规模	发起与管理	目的
世界银行欧洲碳基金（CFE）	2007 年	5 000 万欧元	由爱尔兰、卢森堡、葡萄牙三国与比利时佛兰芒区及挪威一家公司出资设立，由世界银行和欧洲投资银行管理	帮助欧洲国家履行《京都议定书》和欧盟《排放额交易计划》的承诺
荷兰欧洲碳基金（NECF）	2004 年	18 000 万美元	由世界银行和国际货币基金组织发起，由世行管理	主要在乌克兰、俄罗斯和波兰共同实施减排项目
意大利碳基金（ICF）	2004 年	8 000 万美元	由世界银行和意大利政府发起，由世行管理	支持有成本效益的减排项目和清洁技术转让，例如水电和垃圾管理
丹麦碳基金	2005 年	7 000 万美元	由丹麦政府和私人部门发起，由世行管理	支持风能、热电联产、水电、生物质能源、垃圾掩埋等项目
西班牙碳基金（SCF）	2005 年	17 000 万欧元	由西班牙政府发起，由世行管理	支持东亚-太平洋及拉美-加勒比地区的 HFC-23、垃圾管理、风电、水电、运输等项目
德国碳基金	2005 年	6 000 万欧元	德国复兴银行与德国政府共同出资	为欧洲有意购买交易证书企业提供的服务工具

1. 碳基金的种类

从碳基金股东结构上看，可以将碳基金分为以下三种。

（1）公共基金。公共基金的一种模式是由政府全额资助并直接管理的基金，如芬兰碳基金便是这一模式的典型代表。此类基金从设立到运营均由政府部门全程负责，这彰显了政府在促进减排项目实施方面的直接介入与支持作用。此类基金由政府创立，但采用了一种接近商业机构的运营模式。它们往往拥有独立法人地位，例如英国碳基金。这种管理方式不仅保障了资金渠道的稳定，还提升了组织运作的灵活性与效能。此类基金由国际组织与政府共同建立，虽然其日常运营多由国际机构负责，但它们的创立往往依托于世界银行等国际组织与各国政府间达成的合作协议。例如丹麦碳基金和西班牙碳基金就是这样的例子。通过这种跨国合作模式，这些基金有效地推动了清洁发展机制（CDM）项目的落地实施。

（2）公私合营基金。公私合营基金，即由政府与私人部门联合出资设立的一种模式。此类基金通常由金融机构如银行负责管理，德国碳基金便是一个典型实例。这种模式融合了公共财政资源与社会资本的优势，从而增强了资金管理和使用的效率及效果。

（3）私募基金。私募基金通常由私人企业单独提供资金并自主运营，其规模往往较小，主要活跃于 CER 的中介交易领域。

2. 碳基金的投资途径

在全球气候变化的挑战面前，国际碳基金通过多种投资策略，在促进全球减少温室气体排放方面扮演了关键角色。主要的投资途径包括碳减排购买协议（ERPA）、直接提供资金支持以及采取灵活的 N/A 方式。

（1）碳减排购买协议，即 ERPA，代表了一种碳基金直接购入温室气体减排量的机制。通过这种途径，碳基金能够在全球范围内识别并投资那些具有减少排放潜力的项目，进而通过收购其减排成果来达成自身的减排目标。此举不仅为这些项目提供了必要的财政支持，同时也推动了国际在碳减排领

域的合作与交流。

（2）直接融资是指碳基金直接向低碳项目或减排计划提供资金的一种模式。采用这种途径，碳基金能够以相对低廉的成本获取诸如 ERU 和 CER 这样的碳信用单位。此方法不仅有助于降低相关项目的融资门槛，还增强了碳信用单位在市场上的流通性，从而促进了整个碳交易体系的成长与发展。

（3）N/A（Not Available）这种投资方式展现了碳基金在选择投资项目时的高度灵活性。它使得碳基金能够依据每个项目的具体条件及其目标来定制独一无二的投资策略，进而更有效地满足项目发起方的需求，最终达到双方共赢的局面。

3. 中国在碳基金领域的情况

相较于国际碳基金而言，中国在该领域的起步时间较晚，然而其发展速度却十分迅猛。中国的碳基金种类繁多，涵盖了国家级别设立的碳基金、具有地方政府背景支持的碳基金以及面向社会公众开放参与的社会型碳基金等多种形式。

（1）国家层面的碳基金。在国家级别上，诸如中国清洁发展机制基金与中国绿色碳基金等机构，侧重于依据政策指导来支持低碳项目的实施及增加碳汇活动。这类资金不仅提供了必要的财政和技术援助，还有效降低了相关项目的风险，促进了碳排放权的市场流通，并且提升了社会大众对于环境保护重要性的认识。

（2）地方政府背景的碳基金。具有地方政府背景的碳基金更加侧重于反映地方特色与实际需求。以广东绿色产业投资基金及武汉碳达峰、碳中和基金为例，这些基金依据当地产业发展特征与环境保护要求，投资于促进节能减排以及加速绿色低碳技术商业化进程的项目，从而促进了区域经济向绿色模式转型。

（3）社会碳基金市场化创投碳基金是由金融机构或企业发起设立的一种机制，旨在通过投资促进低碳经济的发展。例如，荷兰中国碳基金、浙商

诺海低碳基金以及宝武碳中和股权投资基金等机构，都致力于支持清洁能源与环保技术领域的创新项目，以期为全球实现碳中和目标作出贡献。

随着中国政府对环境保护及气候变化议题的关注度不断提升，加之国内碳交易体系日渐完善，中国各类碳基金正面临着前所未有的增长机遇。这些基金的兴起与发展不仅为应对气候挑战提供了额外的资金与技术支持，还加速了中国经济向更加绿色可持续模式转型的步伐。

第三节　碳金融市场工具创新

一、碳结构性存款

作为一种创新性的金融产品，碳结构性存款有效地架起了金融市场衍生交易与碳排放权价格波动之间的联系。对于企业来说，它不仅提供了一种新的财富增值途径，还是一种能够综合提升碳配额资产管理效率的解决方案。

该存款产品在收益构成方面独具特色，主要由固定收益与浮动收益两大部分组成。其中，固定收益部分类似于传统储蓄账户，能够为投资者提供稳定且连续的回报，构成了投资收益的基础。而浮动收益部分则扮演了开启碳市场盈利机会的关键角色，其收益水平与碳配额、核证减排量交易价格或其他碳金融工具的价格紧密相关。随着这些市场价格的波动，投资者所获得的收益也会相应调整。这种设计巧妙地结合了稳定性与灵活性，让投资者不仅能够享受固定收益带来的安全感，还能够在碳市场价格变动中寻找额外获利的机会。

在碳结构性存款这一领域，兴业银行展现了其作为先行者的角色。早在2014 年，该行深圳分行便与华能碳资产经营有限公司及惠科电子（深圳）有限公司共同推出了一项创新产品——一款结合了碳配额收益的结构性存款。此产品通过精巧的设计，成功将深圳碳排放权纳入其中，作为支付的新形式。这意味着参与企业除了享受常规存款带来的利息外，在存款到期时还能额外

获得一定量的碳排放权。这样的安排不仅为企业开辟了一条新的盈利途径，同时也增强了它们对于碳配额资产管理的能力。

随着时间的发展，兴业银行在这一领域的探索持续深入。2021 年，该行与上海清算所合作推出了一款具有重要意义的结构性存款产品，这款产品与"碳中和"债券指数相关联。此指数选取了符合绿色债券标准且具备碳减排效果的公开募债作为样本券。这种创新设计的意义在于，它不仅显著增加了碳结构性存款的投资选项，赋予投资者更多样化的选择空间，同时也开辟了更为宽广的路径，使得人们能够更深层次地参与到绿色金融领域之中。从一定角度来看，此举促进了绿色金融市场向前迈进的步伐，并让更广泛的群体有机会参与到这场绿色金融革命中来。

二、碳做市交易

做市交易作为一种市场机制，其核心在于通过做市商持续地进行买卖活动，从而确保市场上有足够的流动性来满足投资者的需求。在此过程中，做市商通过设定买卖价格间的差价来弥补自身提供服务的成本，并由此获得收益。这种机制对于增强市场的流动性和稳定性具有重要意义，在世界各大碳排放权交易体系内，已经广泛采用了做市商制度。

在欧盟排放交易体系（EU ETS）内，做市商不仅构成了金融机构参与市场活动的主要途径，而且对于确保市场的正常运作至关重要。以巴克莱银行为例，该机构于 EU-ETS 中达成的高额交易量很大程度上得益于其做市业务。此外，全球其他区域的碳交易系统也开始认识到设立做市商角色的价值所在。比如，在初期阶段，韩国的碳交易市场遭遇了流动性偏低的问题，这主要是由于非履约实体被禁止进入市场所导致。为了克服这一挑战，自 2019 年起，韩国政府开始推行碳做市机制，并且到 2021 年时，已有 20 家金融单位获准参与到二级市场的碳排放许可买卖活动中。

值得注意的是，《韩国排放交易体系》（KETS）中的做市机制显著地体现了政府的主导作用。与欧盟排放交易系统中众多金融机构自愿参与做市的

情况不同，在 KETS 框架下，做市商是由官方直接指定的。截至 2021 年末，仅有五家银行被授予了这一特殊角色。这些机构能够从政府处借得碳配额储备，用以增强市场流动性，并且之后需通过归还等量配额或以现金形式偿还所借款项来平衡这部分债务。这种安排不仅促进了市场的活跃程度，也保证了做市商有足够的资源来维护市场的稳定性和流动性。

在全球范围内，诸如高盛这样的大型金融机构曾涉足多种商品的做市业务，其中包括但不限于碳排放（如二氧化碳和二氧化硫排放权）、天气衍生品、可再生能源税收优惠以及其他与气候相关的金融产品。通过此类市场活动，这些机构不仅助力于市场的稳定与成长，同时也为自己开拓了新的收益来源。

然而，在我国的碳交易市场中，做市商制度尚处于空白状态。这表明该领域内仍存在广阔的发展潜力。随着市场的逐渐成熟与完善，预计未来将引入相关机制以进一步增强市场的流动性和运作效率，为参与者营造一个更加稳定高效的交易环境。通过吸收国际市场上成功的实践经验，并结合本国的具体情况，我国有望在未来构建起一套完备的做市商体系，以此更好地支持国家绿色发展战略的实施。

三、碳信用卡

随着绿色金融趋势的发展，碳信用卡作为一种新颖的金融工具，正逐渐成为推动低碳生活方式的重要力量。它通过特有的积分奖励机制鼓励个人消费者参与节能减排活动，同时也为企业和个人提供了一种支持符合国际标准减排项目的有效途径。这种做法有助于减少整体碳排放量，促进环境保护工作的开展。

碳信用卡的核心概念是将个人碳足迹与金融交易相连接。利用这种独特的支付工具，每当消费者进行如加油、支付电费或预订航班等活动时，他们便能直接观察到相应的碳排放量被从其账户中扣除。这样的设计不仅提升了公众对于自身碳排放影响的认识，也鼓励了人们采取更加环保的生活方式。

追溯至 2006 年，时任英国环境大臣戴维·米利班德提出了一项具有前瞻性的计划——为每位公民分配一张碳信用卡。该提案的核心在于通过建立个人碳排放限额的激励机制来促进节能减排行为，旨在加速社会向低碳模式转型的步伐。尽管当时此方案未能全面推行，但它为后续碳信用卡概念的发展提供了重要的理论依据。

在中国，碳信用卡的应用也展现出了显著的进步。兴业银行推出的中国低碳银联人民币信用卡作为国内首款以低碳为主题的信用卡，不仅构建了专门的网站和发布了《低碳生活指引》手册，而且还设立了购碳基金，集中采购碳减排量来支持环境保护活动。这款信用卡使持卡人在日常消费过程中能够轻松地实践低碳生活方式，并通过购碳基金的支持，为环保事业作出了实质性的贡献。

此外，光大银行推出的绿色零碳信用卡也展现出了独特之处。该卡能够评估个人的碳足迹、构建用户的碳信用记录以及提供环保消费账单，并为绿色出行提供了意外保险服务。通过此卡购买碳排放额度的用户不仅可以累积积分奖励，在累计购碳量达到特定标准后，还将获得由北京绿色交易所颁发的认可证书。这样的机制不仅为用户的低碳生活方式带来了实际利益，还进一步增强了他们对于环境保护的责任感和成就感。

中国农业银行推出的金穗环保卡特别强调了持卡人对于环境保护的身份认同感及其参与的积极性。通过该信用卡，用户能够享有优先加入中华环保联合会的机会，并且有机会率先参与到各种公益活动中去。这样的安排不仅促进了个人更深层次地融入保护环境的工作当中，同时也为参与者提供了一个平台，在这里他们可以遇见更多拥有共同理想的伙伴，一起携手推动环保事业的发展。

四、碳经纪

作为一种重要的碳金融市场创新工具，碳经纪主要服务于各领域内的碳交易双方，提供包括但不限于为项目开发者匹配适宜的碳信用买家、协助或

代表购买方获取碳信用以及担任碳交易中间人等一系列服务。通过上述活动，碳经纪不仅显著增强了碳市场的流动性，还极大地方便了参与者的交易过程。

在欧洲的碳交易市场中，Spectron、Tradition、Evolution 和 GFI 等企业作为知名的碳交易中介发挥着重要作用。它们通过广泛的全球交易网络为碳排放配额及碳信用组合提供结构化交易服务，并向持有碳资产的企业提供风险评估与管理策略方面的专业建议。这类建议往往涉及使用现货、期货以及期权等多种金融工具来有效控制风险。

除了专门从事碳交易的经纪公司之外，诸如 ING 银行等金融机构也扮演着中介的角色。凭借其深厚的专业知识与技能，这些机构为参与碳交易的各方提供了高效的服务，促进了碳市场的活跃与发展。

以富通集团（AGEAS）为例，该公司在 EU-ETS 的第一个阶段就积极投身于碳排放交易。通过与多个合作伙伴进行买卖操作，它证明了碳交易经纪人在提升市场活跃度及优化资源配置效率方面扮演的关键角色。

第六章　碳金融市场的定价机制

第一节　碳金融市场定价机制的概述

一、碳金融市场定价机制的内涵

在全球气候变化的背景下，碳定价作为一种有效的经济手段，正在被越来越多的国家和地区采用，以推动气候行动和低碳经济的转型。那么，究竟什么是碳定价？它又如何在全球应对气候变化的行动中发挥作用呢？

首先，我们需要明确碳定价的基本内涵。简而言之，碳定价就是对二氧化碳排放设定一个价格，这样做的目的是将二氧化碳排放的外部成本内部化。这种定价机制实际上是一种经济信号，它鼓励经济主体，如工厂和企业，减少二氧化碳的排放。通过这种方式，那些原本由社会公共承担的排放成本，如农作物因气候变化受损的成本、因干旱和气温升高导致的医疗保健成本、洪水灾害带来的财产损失以及海平面上升产生的各种影响等，都被明确地以碳价的形式体现出来。

碳定价机制的巧妙之处在于，它并不直接决定哪里应该减少排放或如何减少排放，而是通过向排放者发出经济信号，让他们自行决定是改变活动以减少排放，还是选择继续排放并为此付费。这种灵活性使得减排能够以最低的成本实现全球环境目标。

近年来,随着全球对气候变化问题的日益重视,碳定价机制逐渐主流化。为了加强气候承诺,许多司法管辖区都在扩大碳定价机制的覆盖范围。这一趋势表明,越来越多的国家和地区认识到碳定价在推动低碳经济转型中的重要作用。

值得注意的是,一些司法管辖区正在考虑在现有的碳定价体系之外,补充其他的碳定价手段以达到减排目标。例如,德国、奥地利和卢森堡等国家计划对未纳入欧盟碳排放权交易体系的产业实施碳定价政策。这不仅显示了这些国家对减排决心的坚定,也为进一步扩大碳定价机制的覆盖范围奠定了基础。

同时,现有的碳定价机制也在不断扩大其覆盖范围,更多的产业被纳入碳价体系。这意味着,越来越多的企业和行业将受到碳定价机制的影响,从而更加积极主动地寻求减排方案。此外,碳价体系的进入门槛也有所降低,使得更多国家和地区的企业被纳入监管范围,这无疑将进一步推动全球减排目标的实现。

在实现净零排放的道路上,许多司法管辖区还加强了信用机制和结果导向的气候融资(RBCF)的采用。这些措施与碳定价机制相辅相成,共同构成了一个多层次、全方位的减排体系。

近期,随着碳边境调节议题在欧洲的重新提起,各国很可能因此受到激励,更加积极主动地实施碳定价机制。这一议题的提出,不仅凸显了碳定价在全球应对气候变化中的重要性,也为各国提供了一个新的合作与竞争的平台。

总的来说,碳定价机制通过为二氧化碳排放设定价格,成功地将外部成本内部化,从而鼓励经济主体减少排放。随着全球对气候变化问题的日益关注和碳定价机制的逐渐主流化,我们有理由相信,这一机制将在推动全球低碳经济转型中发挥越来越重要的作用。同时,各国在碳定价机制上的合作与竞争也将成为未来全球应对气候变化的一大看点。

此外,碳定价机制不仅有助于推动企业和行业减少排放,还可能催生新

的商业模式和投资机会。例如，随着碳市场的不断发展，可能会出现更多的碳交易平台和碳金融产品，为企业和个人提供更多的投资和风险管理工具。这些新兴的市场和产品将进一步推动全球碳市场的发展和完善。

二、碳金融市场定价机制的微观经济逻辑

在探究碳金融市场定价机制的微观经济逻辑时，我们首先要明确公共物品与私人物品之间的根本区别。私人物品，如个人物品或服务，具有竞争性和排他性，即一个人的消费会减少其他人的可消费量，且可以排除其他人的使用。相比之下，公共物品，如环境资源，则展现出非竞争性和非排他性的特征。这意味着一个人对公共物品的消费并不会剥夺其他人的消费机会，且难以有效排除他人的使用。

环境资源，作为公共物品的典型代表，其非竞争性和非排他性往往导致生产者在未承担相应成本的情况下，对环境进行无节制的污染。这种现象被称为环境污染的负外部性，即污染者并未完全承担其污染行为所带来的全部后果，而是将这些后果转嫁给了整个社会。自 20 世纪中叶以来，过量的温室气体排放已成为环境问题的核心，其负外部性特征尤为明显。温室气体排放所带来的负面效应并未完全由排放者承担，而是由全人类共同承受气候变化的严重后果。

然而，与具体的自然资源如河流、森林等不同，气候作为一个全球性的公共物品，无法简单地分配产权。因此，仅依靠市场调节手段，如产权交易或市场竞争，是无法有效解决温室气体超排问题的。在这种情况下，政府的干预显得尤为重要。政府通过制定相关政策，如碳定价机制，为温室气体排放设定价格，从而引导经济主体减少排放。

碳金融市场定价机制的核心在于其能够将温室气体排放所造成的损害或损失内部化，即让排放者承担其排放行为所带来的全部后果。这一机制并不是通过行政命令直接规定哪些地方的污染者应该如何减排，而是通过经济手段，让污染者自行决定是否减排、缩减污染活动规模、停止污染活动，或

者选择继续排放并为此付出代价。这种"成本-效益"的政策工具，能够激发经济主体的减排动力，推动其采取更加环保的生产和消费方式。

此外，碳金融市场定价机制还通过增加经济主体的碳排放成本，以及提供持续的碳减排激励，来刺激技术创新和市场创新。随着碳价的实施，企业和个人将有更多的动力去寻找和开发低碳技术和解决方案，以降低其碳排放成本。这不仅有助于减少温室气体排放，还能为经济增长注入新的低碳动力，推动社会向更加可持续的方向发展。同时，碳价的实施还能引导生产、消费和投资向低碳方向转型，实现应对气候变化与经济社会的协调发展。

碳金融市场定价机制的灵活性也是其微观经济逻辑的重要组成部分。这一机制能够根据不同的经济主体和排放情况，设定不同的碳价和减排目标，从而实现环保总目标对社会造成最低代价的方式。这种灵活性使得碳排放量能够趋近于社会最优排放量，即在经济增长与环境保护之间找到最佳的平衡点。

值得一提的是，碳金融市场定价机制的实施还能促进国际合作与协调。由于气候变化是一个全球性的问题，需要各国共同努力来应对。通过碳金融市场定价机制，各国可以共同制定减排目标和碳价标准，从而加强国际合作与协调，共同应对气候变化带来的挑战。

三、碳金融市场定价机制的种类及不同定价机制的比较

（一）碳金融市场定价机制的种类

随着全球气候变化问题日益受到关注，碳金融市场定价机制也随之迅速发展，其种类和功能变得越来越丰富和完善。为了能够统一衡量不同温室气体对地球温室效应的贡献，科学家们提出了二氧化碳当量（CO_2e）的概念。二氧化碳当量是通过将某种温室气体的排放量与其全球变暖潜能值（Global Warming Potential，GWP）相乘来计算的。全球变暖潜能值是一个衡量单位质量温室气体相对于二氧化碳在 100 年内造成的温室效应强度的指标，它基

于该气体的辐射特性、分子质量和大气浓度随时间变化的情况。例如，甲烷的 GWP 值为 28，意味着排放一吨甲烷对气候的影响相当于排放 28 吨二氧化碳。因此，为了对所有温室气体进行定价，碳价通常以"货币/吨二氧化碳当量"为单位来表示。

在碳定价的主要形式中，碳税和碳排放权交易是最常见的两种方法。碳税是对排放二氧化碳等温室气体的行为征税，以此来鼓励企业和个人减少排放。而碳排放权交易则是通过创建一个市场机制，允许企业购买或出售其排放额度，从而达到减排目的。这种机制包括碳排放权交易体系（ETS）、碳信用机制等，多种形式。

1. 碳税机制

碳税是一种环境税种，由政府根据企业或产品排放的二氧化碳量来征收。这种税收的主要目的是利用价格机制来影响市场行为，以减少碳排放。通过实施碳税，政府不仅增加了高排放企业的运营成本，也促进了低碳技术的发展和应用。

碳税的实施方式多样，包括提高税率、扩大征税范围、取消税收优惠以及实施碳关税等。这些措施旨在加强碳税对减排的推动作用。自 1990 年芬兰首次推出碳税以来，北欧的挪威、瑞典、丹麦等国家也引入了类似的税种。全球目前已有 30 个国家和地区实行碳税，其中发达国家的税率通常较高。例如，瑞典的碳税高达每吨二氧化碳当量 119 美元，而在发展中国家则相对较低。这种差异反映了各国经济发展和减排义务的不同。

2. 碳排放权交易体系

碳排放权交易，这一理念根植于"排放权交易"的市场机制，碳排放权交易运行机制如图 6-1 所示。最初由美国经济学家戴尔斯提出。其核心理念在于，通过建立一种合法的污染物排放权利，并允许这种权利在市场上自由交易，从而达到资源的最优配置。如今，这一机制已经成为全球应对气候变化的重要手段。

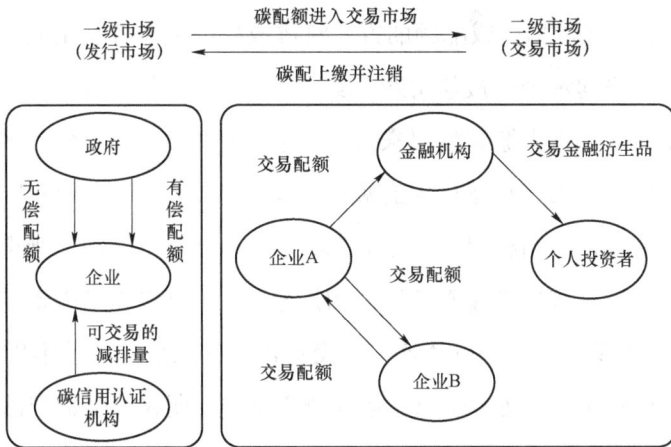

图 6-1 碳排放权交易运行机制

在碳排放权交易体系中，政府作为监管者，首先会设定一个碳排放的总量或基准线。这个总量或基准线是根据国家的环保目标、经济发展状况以及国际承诺等多方面因素综合考虑而定的。一旦设定，就意味着排放权的分配有了明确的依据。企业或其他排放实体将在这个框架内进行排放权的买卖。

这个交易体系的运行原理很简单，但效果却十分显著。那些排放量大的企业，由于需要购买更多的排放权，因此会面临更高的成本。这种经济上的压力会促使它们寻求更环保、更低碳的生产方式，从而减少排放。相反，那些排放量小、环保做得好的企业，则可以通过出售多余的排放权来获得经济收益，这不仅是对它们环保行为的奖励，也进一步激励了它们在环保方面的持续投入和创新。

碳排放权交易并非一个孤立的机制，它与多种灵活减排机制并存。例如，《京都议定书》中确立的国际排放贸易机制（IET）、联合履约机制（JI）和CDM，这些都是国际社会为应对气候变化而设计的创新工具。此外，还存在一种自愿减排机制（VER），它允许企业或个人在没有法律强制的情况下，自愿参与到碳减排和碳交易中来。

在具体实施上，碳排放权交易体系主要有两种形式：总量控制与交易型、基准线与信用交易型。前者是政府在综合考虑多方面因素后，设定一个总的

碳排放量，然后通过拍卖或配额的方式将排放权分配给各个企业。后者则是政府根据行业平均水平或最佳实践，设立一个排放的基准线，超过这个基准线的排放就需要通过上缴碳信用来抵消。这两种形式虽然操作方式不同，但都是通过市场手段来推动碳排放的减少，体现了"谁污染，谁付费"的原则。

与成熟的金融市场相似，碳交易市场也分为一级市场和二级市场。一级市场主要负责碳排放配额和碳信用的初始分配，可以看作是碳资产的"诞生地"。而二级市场则是这些碳资产后续交易流转的场所，这里不仅有碳排放配额和碳信用的买卖，还衍生出了诸如碳期货、碳期权等金融产品，为市场参与者提供了更多的选择和灵活性。

总的来说，碳金融市场定价机制是一个多层次、多维度的体系。它通过碳税、碳排放权交易等多种形式，以及一级市场、二级市场等多个层级，共同构建了一个完整且高效的碳交易生态系统。这个系统不仅在全球范围内推动了应对气候变化和低碳经济的发展，还为企业和政府提供了有力的工具和手段，以实现可持续发展的目标。

值得一提的是，随着碳金融市场的不断发展和成熟，它已经成为连接环保与金融的重要桥梁。越来越多的金融机构和企业开始认识到，参与碳交易不仅是一种责任，更是一种机遇。通过参与碳交易，它们不仅可以为环保事业作出贡献，还可以在这个过程中发现新的商业模式和增长点，实现经济效益和社会效益的双赢。

3. 碳信用机制

碳信用机制，作为应对全球气候变化的重要手段之一，涉及碳信用的授信与签发等关键环节。这一机制通过政府、银行等权威机构向实施减排活动的主体发放可交易碳排放单位，旨在鼓励并奖励自愿减排行为，推动全球低碳经济的发展。

在碳信用机制的框架下，碳信用授信是起点，它代表着一种官方认可。当企业或其他实体开展经批准的减排活动时，相关机构会向其发放可交易的

碳排放单位。这些单位不仅象征着企业在常规情景之外的额外减排成果，更是其参与碳交易市场的重要"货币"。而碳信用签发，则是对正在执行减排项目的实体提供的一种认证和奖励，意味着其减排成果得到了官方认可，并可以在市场上进行交易。

碳信用的使用方式多样且灵活，这使得其在全球碳市场中占据重要地位。首先，碳信用可以通过"抵消"方式使用。这意味着，一个实体通过减排活动产生的碳信用，可以用来补偿或抵消另一个实体的排放量。在碳税或碳排放权交易机制下，这种抵消功能对于履约实体而言至关重要，它提供了一种灵活且经济的履约方式。此外，在自愿市场上，碳信用也备受瞩目。个人和组织可以通过购买碳信用来自愿抵消其碳排放，以此展示其对环保事业的承诺和支持。同时，碳信用还作为碳金融量化和奖励项目减排的有效工具，为低碳技术的创新和应用提供了动力。

碳信用的灵活性不仅体现在其使用方式上，更在于其广泛的适用范围。它可以作为地区碳税或碳排放权交易机制下企业履行减排义务的重要组成部分，为企业提供更多的选择和灵活性。对于那些未纳入强制性碳定价范围的部门，碳信用则通过提供财务激励措施，吸引其主动减少排放。此外，碳信用还鼓励企业和国家通过购买碳信用来履行社会责任或实现气候目标，从而推动全球气候治理的进程。

然而，碳信用的有效性和公信力建立在环境整体性的基础之上。尽管目前全球范围内尚无公认的环境整体性定义，但这一原则通常涉及对碳信用产生、交易和核算过程中真实性和社会环境影响的全面考量。为了确保碳信用能够准确地代表真实的减排量，碳信用机制必须遵循最佳实践原则，并为项目设定严格的关键要求。这包括确保减排活动的额外性、避免双重计算、保障透明度等。

根据产生方式和管理模式的不同，碳信用机制可分为国际碳信用机制、独立碳信用机制以及区域、国家和地方碳信用机制。这些机制各具特色，共同构成了全球碳信用市场的多元格局。

国际碳信用机制受国际气候条约的制约，由国际机构负责管理。例如，《京都议定书》下的清洁发展机制和联合履约机制等。这些机制在全球范围内发放了大量的碳信用，其中工业气体、可再生能源等项目占据了主导地位。尽管近年来某些机制的信用发行量有所减少，但其在推动全球减排和碳市场发展方面仍具有不可忽视的影响力。

独立碳信用机制则不受国家法规或国际条约的约束，由私人和独立的第三方组织管理。如核证碳标准（VCS）、黄金标准（GS）等。这些机制主要活跃在自愿减排市场中，为全球各地的自愿减排项目提供认证和信用签发服务。通过这些机制的认证，项目可以获得国际市场的认可，并进一步提高其碳信用的市场价值。VCS 等项目的成功实施，已经为全球减少或移除了大量的温室气体排放，为应对气候变化作出了积极贡献。

区域、国家和地方碳信用机制则由各级立法机构管辖并由政府管理。这些机制在推动地区性减排方面发挥着至关重要的作用。通过设定符合地区实际的减排目标和政策措施，这些机制能够更有效地引导企业和个人参与减排活动，并推动地区经济的绿色转型。目前，全球已有多个区域、国家和地区成功实施了碳信用机制并签发了大量的碳信用，为全球应对气候变化提供了有益的经验和借鉴。

4. 其他碳金融市场定价机制

在全球气候变化的严峻挑战下，碳金融市场定价机制的重要性日益凸显。其中，基于结果的气候融资（Results-based Climate Finance，RBCF）和内部碳定价（Internal Carbon Pricing，ICP）两种机制，以其独特的激励方式和实施效果，正成为推动低碳发展的有力工具。这两种机制不仅为企业和国家提供了新的应对气候变化的方法论，还在实践中展现出巨大的潜力和价值。

（1）基于结果的气候融资是一种将资金支付与具体气候成果直接挂钩的创新融资方式。这种机制专为发展中国家设计，以确保资金的有效利用和

减排目标的实现。其核心在于，只有当预定的气候成果达成后，融资提供者才会向受援国拨付资金。这种方式不仅为发展中国家提供了必要的资金支持，还为其国内政策和碳市场的建设提供了综合解决方案。

RBCF 的实施过程中，一些项目通过购买可用于履约的减排单位，如清洁发展机制中的核证减排量，以弥补市场需求缺口。这种方式有效地将 RBCF 与现有的碳市场相结合，促进了碳定价机制的形成和碳市场的发展。同时，其他 RBCF 项目则将其视为一种直接融资机制，即使它们并非专门为履约市场设计。这些项目仍然整合了现有碳市场的基础要素，如监测、报告和核查要求，以确保减缓气候变化的效果。

RBCF 的深远影响不仅体现在碳市场的建设上，还表现在其能够撬动私营领域的融资，并支持东道国的政策制定。通过吸引更多的私营部门参与，RBCF 有助于扩大气候融资的规模，并推动实现国家自主贡献的承诺。同时，它也为发展中国家提供了一种可持续的、自我驱动的低碳转型路径。

（2）内部碳定价是企业内部设定碳价格的一种方法，旨在将气候因素纳入企业的各种经济管理决策中。通过将二氧化碳排放量转化为费用，ICP 为企业提供了一种经济性的激励，以推动减排并有效改变其战略和商业运营行为。这种机制是企业自主实施的主动管理行为，属于一种新型的、自发式的内控减排机制。

ICP 的实施对企业而言具有多重意义。首先，它有助于企业推动减排二氧化碳的设备投资计划，实现长期减排目标。通过内部设定碳价格，企业可以更加明确地评估不同投资项目的气候影响，并作出更为明智的决策。其次，ICP 可以为企业应对未来全球碳价格上升做好准备。随着全球对气候变化问题的关注度不断提高，碳价格有望在未来逐步上升。通过提前实施 ICP，企业可以更好地适应这一趋势，并降低潜在的经营风险。

全球环境信息研究中心的研究报告指出，ICP 是缓解温室气体排放影响最为灵活且成本效益最高的方法之一。它通过为企业降低能源消耗和缓解气候危机提供显著的激励效应，从而推动企业实现低碳发展。值得注意的是，

碳定价的高低对效果产生很大影响：定价越高，企业低碳发展的动力就越大。因此，在实施 ICP 时，企业需要根据自身实际情况和减排目标来合理设定碳价格。

企业内部碳定价机制可以分为内部碳税和影子价格两种类型。内部碳税要求企业对超额排放部分征收实际税费，这有助于规范员工行为、重新设计激励结构并鼓励低碳技术创新。而影子价格则是一种内部设定的理论值，并非真实的费用。它有助于建立新的投资决策和绩效评价标准，甚至可能影响企业的战略投资方向。这两种类型各有特点，企业可以根据自身需求和实际情况选择适合的类型来实施 ICP。

作为一种新型的碳治理措施，ICP 将给企业带来内部和外部的双重有利影响。在内部运营方面，通过将碳成本嵌入企业经营决策中，ICP 为企业提供了更多的创新和创造空间。这促使企业尝试以最低成本减少碳排放，并激励其设计低碳生产工艺流程、研发技术或重新调整内部供应链等。这些举措不仅有助于企业实现减排目标，还能提高资源利用效率、降低成本并增强竞争力。从外部影响来看，ICP 是企业自愿承担社会责任的表现。它迎合了利益相关者的期望，并更容易帮助企业获得他们的支持以及获取各种便利资源或较低的资金成本。同时，ICP 还有助于企业建立良好的品牌形象、降低潜在的法律风险，并可以吸引与企业价值观相匹配的高素质员工，提高员工忠诚度。这些外部影响为企业创造了更为有利的发展环境，并为其长期可持续发展奠定了坚实基础。

虽然从短期财务数据来看，企业在实施 ICP 初期可能会出现成本上升的情况，但需要明确的是，ICP 的本质更类似于对企业未来收益与增长所进行的投资。通过实施 ICP，企业可以在长期内实现更为可持续的发展，并提升自身竞争力。因此，从长远角度来看，ICP 是一项具有战略意义且值得推广的碳治理措施。只有率先开展 ICP、及时意识到危机并进入碳减排赛道的企业，才可能在未来的竞争中占据主动，获取市场竞争力，并实现长期可持续发展。

（二）碳金融市场定价机制比较

在全球应对气候变化的背景下，碳金融市场定价机制已经成为减少温室气体排放、推动低碳经济发展的重要工具。碳税、碳排放权交易以及碳信用机制是三种主要的定价方式，它们各自具备独特的特点，在应对气候变化方面发挥着不同的作用。

碳税是基于环境经济学中的"污染者付费"原则设立的。通过向排放者征收税费，碳税旨在让排放者承担其活动带来的负外部性成本，从而激励其减少温室气体的排放。这种方式的优点在于其操作流程较为简单，可以依托现有的税务系统来实施，因此在行政成本上相对较低。然而，碳税的一个局限性在于它并不直接补偿那些因排放而受到负面影响的群体，更多地是作为一种政府主导的间接减排措施。

相比之下，碳排放权交易机制则基于生态经济学中的"受益者付费"原则。这一机制通过市场力量来激励减排，具体做法是设定一个总的排放上限，并向企业分配相应的排放配额。企业可以通过内部减排或是从市场上购买额外的配额来满足其排放需求。这种机制通过市场化手段促使企业主动采取减排措施，因为超排成本将显著高于减排成本。不过，碳排放权交易系统的构建和运行需要较高的操作成本，包括建立高效的结算清算系统、严格的监管框架以及可靠的交易平台。这些基础设施的建设和维护需要跨领域的协作，涉及经济、金融和法律等多个领域，并依赖于先进的技术，如排放监测技术、信息公开系统和电子交易平台等。

碳信用机制是另一种重要的碳定价方式，它允许减排项目通过减少温室气体排放或清除大气中的二氧化碳来获得碳信用，这些信用可以在市场上出售给需要减少排放的企业。这种方式不仅鼓励了减排项目的发展，还为企业提供了灵活的减排途径。碳信用机制的优势在于它可以促进国际的合作，尤其是帮助发展中国家实现减排目标，同时为发达国家企业提供了一种成本效

益较高的减排选择。但是，碳信用的核证过程较为复杂，需要确保减排量的真实性和永久性，这同样要求较高的技术和管理成本。碳税、碳排放权交易机制比较，见表 6-1。

表 6-1　碳税、碳排放权交易机制比较

项目	碳税	碳排放权交易机制
管理机制	依赖于政府，利用价格信号间接控制	依赖于市场机制，对排放总量直接控制
政府控制的变量	碳排放价格	碳排放总额（配额）
减排效果	与产品的需求弹性相关，不会导致完全有效的结果	有效实现总体减排目标
实施成本	较低	高，交易成本大
企业减排成本确定性	减排成本相对确定，提供稳定的成本预期	对减排成本和收益缺乏稳定预期
调控范围	适用于各种排放源和跨区域的生态服务	适用于大排放源和地方性的生态服务
政治可接受性	较难达成政治共识	具有更强的政治可行性
政策灵活性	低	适应碳减排目标的灵活性强
政策稳定性	相对较高，税率在一定时期是稳定的	相对较低，配额分配等机制需要定期调整
对排污企业的影响	由于税率对所有污染者标准一样，会造成污染者之间的不公平	运用市场的价格发现功能，推动企业节能减排创新和产业结构优化升级
减排灵活性和高效性	单个企业实现了减排的成本效益性，但整个经济不一定以最低成本实现减排	实现了减排资源的最优配置，整个经济以最低成本实现了减排目标
政策全球性	难以构建一个全球性的碳税体系	可构建全球性的碳排放权交易体系

从碳价变动的视角审视，碳税与碳排放权交易呈现出显著不同。碳税作为一种价格控制手段，其税率由主管部门明确规定，这使得碳价相对较为稳定。与之相反，碳排放权交易中的配额价格完全由市场供需关系来决定。这样的价格机制致使碳价具有一定的波动性或不稳定性。碳价容易受到政策走向、投资者预期以及经济形势等诸多因素的影响。例如，当政策对碳排放的管控力度加大时，可能会导致碳排放配额需求增加，进而推高碳价；而经济形势不佳时，企业生产活动减少，碳排放需求降低，碳价可能随之下降。这

种不稳定性可能使得企业对于减排成本和收益难以形成稳定的预期,从而不利于企业进行减排投资决策。

在调控范围方面,碳税展现出较高的灵活性,能够适用于各种排放源,无论企业规模大小或者成本高低。小到个体经营户,大到大型企业,只要有碳排放行为,都可能在碳税的调控范围之内。而碳排放权交易由于涉及交易成本和管理成本,相对而言更适合大的排放源。对于小型排放源来说,参与碳排放权交易可能面临较高的成本压力,从而缺乏参与的积极性。此外,碳排放权交易在空间上更适用于地方性的生态服务。通过对特定地区的碳排放进行管控,可以更好地服务于当地的生态环境保护。

从政策灵活性的角度来看,碳税虽然由政府主导,但也存在政府失灵带来的效率损失问题。政府在制定碳税政策时,可能由于信息不充分、决策滞后等原因,导致政策效果未能达到最优。相比之下,碳排放权交易在自愿交易的市场上更具优势。在碳排放权交易机制下,碳排放权被外化成一种具有内在价值和市场定价的商品。这一商品不仅能够真实反映企业碳排放的社会成本,还能将其内化成商品的生产成本。这种机制既鼓励企业进行生态创新以适应碳减排目标,又能通过完善的市场交易机制来缓解市场失灵的问题。例如,企业可以通过技术创新降低碳排放,从而获得多余的碳排放配额在市场上出售,获取经济收益。

碳信用是指向自愿实施减排活动的行为主体发放可交易排放单位的一系列制度安排。这些减排活动被视为对正常业务活动的补充。值得注意的是,碳信用的存在独立于碳税和碳排放权交易等碳定价机制之外。因为碳信用的产生基于自愿原则,而在碳税和碳排放权交易机制中,受约束实体的履约是义务性的。这种自愿性使得碳信用与其他碳定价机制存在明显的差异。然而,如果政策制定者选择给受监管的排放者提供一种替代的合规手段,那么信用单位可以与碳税或碳排放权交易机制挂钩,从而形成更加灵活多样的碳定价体系。

第二节 国际碳金融市场定价机制发展分析

一、国际碳金融市场定价机制的总体发展状况

随着全球气候变化问题的日益严峻,各国政府对于实现净零排放的承诺越发坚定。在此背景下,碳定价机制作为一种有效的政策工具,正逐渐在全球范围内受到广泛的关注和采纳。碳定价通过将气候变化所带来的成本纳入经济决策中,利用价格信号来创造财政激励,从而推动生产和消费模式的根本性转变。这一机制在实现净零排放目标的过程中,发挥着至关重要的作用。

近年来,尽管全球面临着新冠疫情等社会和经济动荡的严峻挑战,但国际碳金融市场定价机制的发展并未因此而停滞。相反,它展现出了持续稳定的发展态势,并呈现出以下几大显著特点。

(一)碳定价工具的普及与应用

截至 2024 年年初,全球已有 75 种碳定价工具投入运行,其中澳大利亚、匈牙利、斯洛文尼亚和墨西哥等国更是近期推出了新的碳定价工具。尽管从全球范围来看,碳定价工具的覆盖率仍然较低,但这一趋势无疑表明,越来越多的国家和地区开始认识到碳定价在应对气候变化中的重要作用,并逐步将其纳入国家的政策体系之中。

(二)碳价的逐步上升

这一趋势主要受到政策推动和市场投机性行为增加的影响。全球能源价格的上升,进一步推动了碳价的上涨。多个碳排放权交易体系的碳价都达到了历史新高,如欧盟、瑞士、美国加利福尼亚州等地的碳排放权交易市场碳价均创下了新纪录。同时,碳税税率在近年来也有所上涨,尽管涨幅略低于碳排放权交易体系。这一趋势反映出,全球范围内对碳排放的定价正在逐步

上升，以更准确地反映其对气候变化的真实成本。

（三）碳收入的快速增长

随着碳价的提高，碳收入也呈现出迅猛增长的态势。2023 年，全球碳定价收入达到了创纪录的 1 040 亿美元，同比增长了约 4%。其中，欧盟、新西兰和美国加利福尼亚州等地的碳收入贡献了全球收入的较大比例。这一增长不仅表明碳定价机制在推动减排方面取得了显著成效，还为政府带来了可观的财政收入，为应对气候变化提供了有力的资金支持。

（四）能源价格上涨带来的机遇与挑战

新冠疫情、俄乌战争等全球事件导致石油和天然气价格进一步上涨，给各国政府带来了财政压力。在此背景下，政府需要采取措施来保护消费者和低收入家庭免受能源价格上涨的影响。然而，任何直接降低能源价格的措施都可能削弱减排的动力。因此，各国政府需要在保障能源安全和推动减排之间取得平衡。这要求政府在制定政策时，既要考虑到短期的经济利益，也要兼顾长期的气候目标。

（五）自愿碳市场的快速发展

随着企业对气候变化问题的认识不断提高，越来越多的企业开始自愿承诺减排，并积极参与碳信用市场。这带来了碳信用市场的快速增长，全球平均碳信用价格也有所上涨。企业自愿承诺成为市场增长的主要驱动力，同时市场参与者和投资者也希望从市场价格上涨中获得更多的收益。这进一步支撑了市场的增值和流动性的增加，为碳金融市场的持续发展注入了新的活力。

二、区域、国家和地方碳金融市场定价机制的发展

由于全球碳市场还未成熟，且具有多标准并存、联系紧密的特征，为促

进温室气体减排，各区域、国家、地方纷纷建立了符合自身实际的碳金融市场定价机制。区域碳金融市场定价机制是指碳市场活动跨越一个以上国家，受双边或多边条约管辖，并由一个或多个参与国管理的机制。国家碳金融市场定价机制是指主要在一国境内开展碳市场活动的机制，这些机制受国家立法管辖，并由该国政府管理。地方碳金融市场定价机制是指在一个国家或该国管辖区内开展碳市场活动的机制，受管辖区立法或管辖区间条约管辖，由一个或多个地方政府（如州或省）管理。

（一）欧盟碳定价机制

在全球气候变化的紧迫挑战下，欧盟以其前瞻性的碳定价机制，尤其是 EU-ETS，展现了应对环境危机的坚定决心与高效策略。这一机制不仅彰显了欧盟对环境保护的承诺，更体现了其在维持经济与环境平衡中的卓越智慧。

1. 欧盟碳排放权交易机制的发展历程

欧盟碳排放权交易机制自 2005 年诞生以来，已历经多个发展阶段，每个阶段都承载着特定的历史使命和战略目标。最初，作为对全球减排呼声的积极响应，欧盟率先建立了这一温室气体排放配额交易机制。其初衷不仅是为了达成《京都议定书》所设定的减排目标，更考虑到欧盟内部各成员国在经济和技术层面的多样性，力求通过市场机制实现碳排放配额的更优化分配与管理。

在 EU-ETS 的发展历程中，几个关键阶段的作用不容忽视。试验期（2005—2007 年）主要聚焦于对碳排放影响显著的行业部门，如能源密集型产业，这一阶段的核心在于验证交易机制的可行性与效能。随后，履约期（2008—2012 年）则与《京都议定书》的正式实施同步，强调履行国际减排承诺的重要性。

进入改革期（2013—2020 年），EU-ETS 经历了深刻的变革。拍卖制度

逐渐取代无偿分配，成为配额分配的主流方式，这不仅提高了市场的公平性和透明度，也促进了碳排放权的有效流通。同时，针对特定行业如制造业和航空业，欧盟实施了差异化的配额分配策略，以更好地契合各行业的实际排放情况和减排潜力。此外，为应对"碳泄漏"风险，即因严格的气候政策而导致的碳排放向非控排国家或行业转移的现象，相关部门也获得了额外的免费配额，以确保欧盟整体减排目标的实现不受外部因素的干扰。2018 年启动的进一步改革进程，则旨在统一配额分配方案并提升市场效率，为碳市场的长期稳定发展奠定坚实基础。

稳定期（2021—2030 年）是 EU-ETS 发展的最新阶段。在这一阶段，欧盟致力于实现碳市场的持续稳定与高效运行。为此，欧盟削减了被认为存在碳泄漏风险的经济部门的免费配额数量，并计划在未来几年内逐步取消大部分行业的免费配额分配。这一举措旨在推动市场向更加成熟和高效的方向发展，同时激励企业加大减排力度，积极投身绿色转型的浪潮之中。

2. 欧盟碳排放权交易机制的核心特点

EU-ETS 的核心特点在于其阶段化的推进方式和灵活的市场调整机制。通过设定明确的目标和时间表，并根据市场变化进行及时的政策调整与优化，欧盟确保了碳市场的平稳过渡与持续进步。此外，为了稳定碳价并增强市场韧性，EU-ETS 还采取了一系列创新措施，包括提高控排标准、压缩碳配额供给量、引入市场稳定储备机制等。这些举措不仅有效地推动了碳价的合理上涨，还为企业提供了明确的减排信号和市场激励，促进了碳交易活动的蓬勃发展。

（二）日本碳定价机制

1. 日本碳定价机制的主要内容

日本，作为亚洲地区在低碳发展战略上走在前列的国家，其碳定价机制备受瞩目。该机制主要由两大支柱构成：碳排放权交易市场与碳税制度。在

碳交易的领域，日本特别突出了地区性的碳交易体系，其中，东京碳交易体系（Tokyo ETS）与埼玉碳交易体系（Saitama ETS）更是成为了标志性的存在。这两个体系不仅在日本国内具有强制参与的特性，更采用了总量控制与交易的先进模式，既独立运行又相互关联，共同助力区域减排目标的实现。

值得一提的是，日本还通过其创新的联合信贷机制（Joint Crediting Mechanism，JCM）在国际碳交易市场上大展拳脚。这一机制允许日本在推进国内减排的同时，通过资助海外的减排项目来积累减排信用。这些信用进而可以用于抵消日本国内的碳排放量，从而为其提供了一种更为灵活的履约途径。此举不仅有助于日本达成自身的减排目标，更在促进发展中国家的可持续发展方面发挥了积极作用，充分展现了国际合作在应对气候变化挑战中的重要作用。

（1）东京 ETS。东京 ETS 自 2010 年 4 月启动以来，便以其强制性和明确的阶段划分吸引了众多关注。作为日本乃至全球首个城市级强制性碳交易体系，它的每一个发展阶段都承载着特定的减排目标和策略。

在初始的第一阶段（2010—2014 财年），东京设定了相对温和的减排目标，旨在比基准年排放量减少 6%～8%。此阶段覆盖了约 1 200 项设施，广泛涉及办公楼、商业建筑及工厂等多个领域，这些设施的排放量合计占据了东京总排放量的约 20%。为确保减排目标的实现，东京 ETS 为每项设施都设定了具体的排放上限，这一上限基于基准年排放量、合规系数以及五年的合规期来计算，并根据不同阶段设定了相应的合规系数。在这一阶段，配额的分配主要采取免费分配的方式。同时，为增强减排的灵活性和多样性，东京 ETS 还允许使用来自特定项目的国内信用来抵消排放量，这些项目包括东京地区内外的节能减排项目以及可再生能源项目等。此外，该阶段还允许配额在相邻履约期间进行存储，但不允许借入，以此确保减排的真实性和有效性。对于未能履行减排义务的实体，东京 ETS 则采取了一系列严格的惩罚措施，包括责令其减排履约缺口量的 1.3 倍、公开点名以及缴纳高额罚款和附加费等。

随着时间的推移，东京 ETS 进入了第二阶段（2015—2019 财年）。在这一阶段，东京进一步提高了减排目标，计划比基准年排放量减少 15%～17%。尽管覆盖范围和纳入门槛保持不变，但为适应新的减排目标，合规系数和配额总量进行了相应的调整。此阶段继续沿用免费分配的方式，并保留了抵消机制以及跨期存储的规定，以确保减排政策的连续性和稳定性。对于未履约的实体，惩罚措施与第一阶段保持一致，持续强化减排的严肃性和约束力。

进入第三阶段（2020—2024 财年），东京 ETS 的减排目标再次得到提升，旨在实现比基准年排放量减少 25%～27% 的宏伟目标。尽管覆盖范围和纳入门槛仍然保持稳定，但通过调整合规系数，进一步压缩了配额总量，以此推动更大力度的减排行动。在分配方式、抵消机制以及跨期借贷与存储的规则方面，东京 ETS 继续沿用并优化了前两阶段的成功做法。同时，对于未能履行减排义务的实体，继续实施严厉且有效的惩罚措施，确保减排目标的顺利实现。

（2）埼玉 ETS。作为日本第二个地区级强制性碳交易体系，埼玉碳交易体系于 2011 年 4 月正式启动，埼玉 ETS 发展阶段见表 6-2。在体系设计上，埼玉 ETS 充分借鉴了东京 ETS 的成熟经验，并在启动之初便与东京 ETS 实现了跨系统的交易连接。这一举措不仅增强了两地市场的流动性和协同效应，更为日本在地区性碳交易领域的发展注入了新的活力。通过这一系列的制度设计和实践探索，日本在碳定价机制上展现出了坚定的决心和卓越的智慧，为全球应对气候变化挑战提供了宝贵的经验和启示。

表 6-2　埼玉 ETS 发展阶段

阶段	第一阶段 2011—2014 财年	第二阶段 2015—2019 财年	第三阶段 2020—2024 财年
减排目标	比基准年排放量减少 6%～8%	比基准年排放量减少 13%～15%	比基准年排放量减少 20%～22%
覆盖范围	608 项设施（第一履约期）：办公室/商业楼 180 幢，工厂 428 家	—	—

续表

阶段	第一阶段 2011—2014 财年	第二阶段 2015—2019 财年	第三阶段 2020—2024 财年
纳入门槛	每年消耗量达 150 万升原油当量的设施	—	—
覆盖气体	二氧化碳	—	—
配额总量	每个设施都有自己的上限，上限根据以下公式确定：基准年排放量×（1－合规系数）×合规期（5年），不同时期设置不同的合规系数	—	—
分配方式	免费分配	—	—
抵消机制	允许使用国内信用抵消排放，国内信用来自以下五类项目： （1）埼玉地区中小型设施通过节能措施而形成的减排信用，抵消上限暂无限制； （2）埼玉地区以外的大型设施通过节能措施而形成的减排信用，办公室/商业楼的抵消上限为三分之一，工厂抵消上限为 50%； （3）可再生能源形成的减排信用，抵消上限暂无限制； （4）东京地区碳信用，抵消上限暂无限制； （5）埼玉地区林业碳汇项目形成的减排信用，抵消上限暂无限制	—	—
跨期借贷与存储	允许两个相邻履约期间的配额存储，不允许借入	—	—
惩罚措施	公开点名，缺口量增加到下一履约期中	—	—

注：①东京地区碳信用包括两部分：基准年排放量为 15 万吨及以下的设施实现的额外减排信用，以及中小型设施通过节能措施而形成的减排信用。

（3）联合信贷机制。在应对全球气候变化的众多举措中，联合信贷机制独树一帜。这一机制起源于 2012 年，由日本与合作伙伴国家共同构建，基于双边协议而成立。其核心在于，日本向合作国提供必要的资金和技术支持，以推动实施减排项目。而这些项目所实现的减排量，则会被日本用于履行其国际减排承诺。

JCM 不仅展现了项目型交易的灵活性，更在某种程度上弥补了清洁发展机制的不足，成为其有益补充。这种机制允许日本通过资助他国的减排项目，来获得减排信用，从而既促进了全球减排目标的实现，又加强了国际合作与交流。

为了进一步推动 JCM 项目的发展，日本政府于 2014 年投入巨资——

7 110 万美元,设立了联合信贷机制基金。这一基金由亚洲开发银行负责管理,旨在为该银行的发展中成员国提供资金支持。更重要的是,该基金鼓励在亚洲开发银行框架内进行融资和管理的各类项目,无论是主权项目还是非主权项目,都积极采用先进的低碳技术,从而推动整个亚洲地区的可持续发展。

（4）碳税机制。在日本的碳定价体系中,碳税机制同样占据着举足轻重的地位。早在 2007 年 1 月 1 日,日本便率先开征了碳税,最初这一税种被称为环境税,是作为独立税种进行征收的。其征税范围广泛,涵盖了煤炭、天然气、液化石油气等众多化石燃料,以及电力和喷气燃料等能源产品。计税的依据则是这些燃料中的二氧化碳含量,税率为每吨碳 2 400 日元。

然而,随着时间的推移和环境政策的变化,日本对碳税进行了重大改革。2011 年,碳税正式更名为全球气候变暖对策税,其税种性质也由独立税转变为附加税。同时,征收对象与石油煤炭税保持一致,计税依据则调整为化石燃料的二氧化碳排放量。更值得一提的是,税率大幅下调至每吨碳 289 日元,这一新税率自 2012 年 10 月 1 日起正式实施。

在实际征收过程中,每种化石燃料都需要根据其特定的折算率来计算应缴纳的碳税。这一调整不仅使碳税制度更加合理和高效,还进一步激发了企业和个人减少碳排放的积极性。通过碳税机制的改革与实施,日本在应对气候变化、推动低碳发展方面迈出了坚实的步伐。

此外,为更好地应对气候变化以及减弱碳税政策对产业的冲击,2012—2016 年日本碳税税率分三阶段进行了上调,见表 6-3。

表 6-3　日本碳税阶段调整表

时间	碳税类型		
	煤炭	气态烃类	原油和石油产品
2012 年 10 月 1 日至 2014 年 3 月 31 日	220 日元/吨	260 日元/吨	250 日元/千升
2014 年 4 月 1 日至 2016 年 3 月 31 日	440 日元/吨	520 日元/吨	500 日元/千升
从 2016 年 4 月 1 日起	670 日元/吨	780 日元/吨	760 日元/千升

资料来源:日本环境省官网。

2. 日本碳定价机制的主要特点

日本在碳定价机制方面展现了其独特的策略与远见。随着全球环境治理的逐步深入，日本的碳定价体系已日趋完善，碳价也呈现出稳定的态势。这一成就的背后，主要得益于以下几个关键特点。

首先，日本高度重视法律制度的构建，为低碳发展奠定了坚实的基础。自 1997 年《京都议定书》问世以来，日本便积极响应全球气候变化的治理号召。1998 年，日本迅速颁布了《全球气候变暖对策推进法》，明确表达了应对气候变化的决心。到了 2010 年，日本内阁府更进一步，通过了《全球气候变暖对策基本法案》，该法案明确提出了到 2020 年，日本的温室气体排放量相较于 1990 年要减少 25% 的宏伟目标。

其次，日本在碳交易市场上建立了成熟且灵活的碳信用抵消机制。这一机制不仅面向国内，还开放给国际市场，为日本在履约过程中提供了更多的选择和策略空间。通过这种机制，日本能够有效地平衡不同行业、不同地区之间的减排负担，确保减排目标的顺利实现。

最后，日本巧妙地结合了碳交易与碳税两种机制，形成了一种复合型的碳定价策略。碳交易作为一种数量型的调控手段，能够直接对碳排放总量进行精准控制，而碳排放权的价格则完全由市场机制来决定。然而，市场总是充满变数，碳交易价格也不例外。为了稳定市场价格，防止因供过于求而导致的价格低迷，日本引入了碳税作为补充。碳税作为一种价格型的调控工具，能够在必要时将碳价稳定在合理的水平，从而确保碳交易市场的有效运行，并在效率与公平之间找到最佳的平衡点。

（三）美国碳定价机制

在探讨全球碳定价机制时，美国的实践无疑占据了重要地位。作为一个联邦制国家，美国的碳定价策略主要体现在各州政府所建立的区域碳市场上。这些市场不仅各具特色，而且在推动国内乃至国际的碳减排活动中发挥

了积极作用。

1. 美国区域碳市场的主要构成

美国区域碳市场是一个多层次、多元化的体系，主要由芝加哥气候交易所（Chicago Climate Exchange，CCX）、区域温室气体倡议（Regional Greenhouse Gas Initiative，RGGI）和西部气候倡议（Western Climate Initiative，WCI）等关键部分组成。这些组成部分各具特色，共同推动了美国碳市场的发展。

（1）CCX是全球首个规范的气候交易平台，自2003年起便开始了其先行实践。该平台以自愿性参与和具有法律效力的总量控制与交易机制为显著特点。在CCX的运作中，覆盖了包括二氧化碳、甲烷等在内的六种主要温室气体。交易所采用的是创新的碳金融工具合同交易方式，涉及交易配额与交易抵消信用。配额根据会员的减排计划和目标进行分配，而抵消信用则来自合格的抵消项目。这种会员制交易模式有效鼓励了各实体的积极参与，并通过市场机制促进了温室气体的减排。

（2）RGGI则是美国碳定价机制的又一重要组成部分。自2009年实施以来，RGGI已成为一个强制性的、市场基准的二氧化碳总量控制与交易平台。该平台汇聚了大西洋沿岸和东北部的多个州，通过二氧化碳配额拍卖、市场管控、排放与配额追踪以及抵消项目等多个环节，实现了对碳排放的有效管理。特别是在配额拍卖方面，RGGI采用了公开、透明的方式，确保了市场的公正性和有效性。同时，严格的市场管控和排放追踪机制使得RGGI能够实时监测和调整碳排放情况，保持与州碳预算的一致性。

（3）WCI则代表了美国另一种重要的区域性碳定价策略。该倡议由多个州共同签署，旨在通过总量控制与交易项目推动温室气体的减排。在WCI的框架下，各成员州根据自身的减排目标发放碳排放配额，并允许这些配额在整个区域内自由交易。这种跨区域的合作模式不仅促进了碳市场的整合和发展，还通过互认碳减排工具的方式，加强了与其他碳市场的联系和合作。

这种灵活且富有弹性的机制设计使得 WCI 能够适应不同地区的实际情况和需求，进一步推动了美国乃至全球碳市场的发展。

2. 美国区域碳市场的主要特点分析

美国区域碳市场的发展呈现出几个显著的特点。首先，在碳排放配额的分配设计上，各区域市场充分考虑了行业差异和社会公平。例如，RGGI 主要针对电力部门，因此其配额分配以拍卖为主；而 WCI 中的加利福尼亚州碳市场则涉及更广泛的行业，因此在配额发放时采取了拍卖与免费分配相结合的方式，以平衡不同行业的利益和需求。

其次，美国碳市场的运作充分展示了市场机制的力量。通过建立公开、透明的交易平台，各区域市场能够有效地引导资源配置，促进温室气体的减排。同时，各市场之间的连接和合作也进一步增强了市场机制的有效性。例如，WCI 通过互认配额和抵消证的方式，促进了不同市场之间的流动性和互通性，从而扩大了碳市场的规模和影响力。

最后，美国区域碳市场的成功实践也为其他国家和地区提供了有益的借鉴。特别是在配额分配、市场管控以及跨区域合作等方面，美国的经验无疑具有宝贵的参考价值。通过学习和借鉴这些成功经验，其他国家和地区可以更加有效地推动自身的碳定价机制建设和发展。

三、国际经验借鉴

（一）完善的交易体系是发挥碳定价机制作用的重要前提

完善的交易体系是发挥碳定价机制作用的重要前提。以欧盟和日本为例，这些地区的碳交易体系通常采取阶段化推进的方式，伴随着及时的政策调整与校准。随着时间的推移，碳交易体系的时间跨度逐渐延长，覆盖范围也从局部试点扩展至更广泛的行业和领域。配额供给策略则经历了一个从宽松到收紧的过程，通过免费分配与有偿拍卖相结合的方式来确保配额的稀缺性。

为了稳定碳价，各经济体还采取了市场储备配额等手段，通过在年度配额拍卖中减去一定数额，向市场传递出配额递减和稀缺的信号。这种做法不仅促使企业更加重视碳交易，还制造了碳价上涨的预期，从而倒逼企业采取更加积极的减排措施。

此外，各经济体还致力于构建多要素、多层次的碳金融体系，注重碳金融产品的创新。例如，积极开发配额抵质押融资、碳债券、碳基金、碳保险等金融工具，不断完善信用抵消机制，以增强碳交易市场的活力。这些举措不仅为企业提供了多样化的减排资金来源，还提升了碳市场的吸引力和流动性。通过这些综合措施，各经济体确保了碳定价机制的有效运作，推动了碳市场的健康发展。

（二）完备的法律法规是碳定价机制有序运行的重要保障

完备的法律法规体系是确保碳定价机制有序运行的关键保障。为了有效应对气候变化并推动碳减排，各区域、国家和地区普遍建立了相应的法律制度框架，通过强化顶层设计来保障碳定价机制的有效实施。这些法律法规详细界定了主管部门、受控企业、交易机构、核查机构以及金融机构等各方参与者在市场中的责任与义务。

此外，环境保护部门等政府机构在法律实施过程中，对"监测、报告、核查"（Monitor，Report，Verification，MRV）机制及相关技术进行了建设和完善。这些措施确保了受管控企业能够有效地履行其温室气体减排义务，从而促进了碳定价机制的平稳运行。通过明确的法律框架，各参与方能够清晰地了解自己的职责所在，共同推动碳市场的健康发展。

（三）充分发挥复合碳定价机制的优势

在应对气候变化的全球行动中，各国采取了不同的策略来减少温室气体排放。其中，碳交易和碳税是两种主要的碳定价机制，它们各自基于不同的原理和实施方式。

碳交易是一种数量导向的机制，它设定一个总体排放上限，并在经济主体之间分配碳排放权。这种机制通过限制碳排放总量并允许市场决定碳的价格，鼓励企业减少排放并以最经济的方式分配资源。

相比之下，碳税是一种价格导向的机制，它通过税收将碳排放的外部环境成本内化为企业的生产成本。这使企业面临直接的财务激励，以减少排放并寻求更清洁的生产和能源解决方案。

尽管这两种机制在政策设计和实施重点上有所不同，但它们可以并行不悖，实现互补。一些地区和国家已经开始探索结合碳交易和碳税的双元减排模式，利用各自的优势来提高减排效率、增强政策灵活性，并降低实施成本。

在实际操作中，碳交易和碳税通常覆盖不同的排放源和行业，形成互补的关系。在价格机制上，两者也可以互为支撑，共同构建一个协调一致且效果叠加的政策体系，像一座立交桥一样，连接碳税与碳市场，共同强化碳减排的政策效果。这种复合机制能够更全面地推动社会向低碳转型，实现经济与环境的双重利益。

（四）充分运用国际合作提高碳市场流动性

国际合作对于提高碳市场流动性具有重要意义。它加强了国与国之间的碳减排技术交流，能够在更大范围内优化减排安排。《巴黎协定》强调国际合作的重要性，各缔约方就包括第 6 条在内的实施细则达成一致，期望通过自愿合作机制广泛参与国际碳交易，实现灵活履约。

然而，国际合作背后需兼顾公平。发达国家与发展中国家在实现碳达峰进程中步伐不同，碳价水平也不一致。若发达国家仅以保护自身企业竞争力为政策目标，不合理分配碳边境调节税，将不符合"共同但有区别的责任"原则，有滥用贸易保护之嫌。

所以，各国在制定碳定价机制时，应积极探索与全球碳市场的有效连接，保障碳价稳定，充分运用国际合作提高碳市场流动性，同时确保公平公正的国际碳交易环境。

第三节 中国碳金融市场概况及碳定价机制的创新发展

一、中国碳金融市场定价机制的发展

（一）第一阶段：自愿减排交易阶段（2005—2012 年）

1. 自愿减排交易阶段概述

自愿减排交易，这一概念的诞生与 CDM 紧密相连，它代表了一种非强制性的减排项目交易模式。在全球气候变化的背景下，各国为了共同应对这一挑战，纷纷制定了各自的减排目标和计划。而《京都议定书》作为其中的一项重要国际协议，为第一承诺期（2005—2012 年）内的附件一国家设定了明确的减排义务，同时规定非附件国家不承担减排义务。

中国，作为世界上最大的发展中国家，虽然在《京都议定书》中并未被纳入强制减排的行列，但始终积极承担国际责任，努力推动减排工作。在哥本哈根气候变化大会上，中国郑重承诺到 2020 年单位国内生产总值二氧化碳排放比 2005 年下降 45%，这一承诺不仅彰显了中国的大国担当，也对国内的减排工作提出了更高的要求。

为了实现这一减排目标，同时最大限度地减少对经济的负面影响，中国开始积极探索各种有效的减排途径。而自愿减排交易正是其中的一种重要方式。在《京都议定书》规定的三种灵活履行机制中，联合履约机制（JI）和国际排放贸易机制（IET）主要面向发达国家，而 CDM 则是唯一涉及发展中国家的机制。因此，中国选择通过 CDM 项目积极参与国际碳交易，进入了自愿减排交易阶段。

在碳交易市场中，基于配额的交易和基于项目的交易是两大主要交易类

型。由于中国是《京都议定书》的非附件一国家,无法直接开展基于配额的交易。因此,中国主要聚焦于基于项目的交易,即购买那些能够证实有效减低温室气体排放的项目的减排额。通过这种方式,中国作为卖家,在 CDM一级市场上提供基于项目减排而产生的碳信用,供国际市场参与者用于抵消其排放配额。

2. 具体定价机制

(1)博弈模型理论。在马歇尔均衡价格理论的框架下,商品的均衡价格是供给与需求共同作用的平衡点,这一理念同样适用于分析碳交易市场。特别是在自愿减排交易阶段,中国作为全球最大的 CDM 项目供应国,其碳交易价格深受国际市场价格波动的影响,而定价权却并不掌握在自己手中。在此背景下,中国的碳交易价格形成实际上是一个多方博弈的结果,受到国内外多重因素的共同影响。

1)中国碳交易市场需求。中国碳交易市场的主要需求来源于《京都议定书》中规定的需要承担减排义务的附件一国家。这些国家对二氧化碳排放权的需求,主要由《京都议定书参考手册》所规定的初始排放配额与各国实际的二氧化碳排放量之间的差值决定。简单来说,当一个国家的实际排放量超过其初始配额时,它就需要在国际市场上购买额外的排放权以履行减排承诺。

影响这些国家实际排放量的因素众多,包括但不限于人口规模、人均GDP 水平、单位能耗等。例如,人口众多的国家通常会有更高的能源消耗和二氧化碳排放量;经济发展水平高的国家,其工业活动和消费水平也可能推高排放量;而单位能耗的高低则直接反映了国家能源利用的效率,进而影响碳排放总量。关于二氧化碳排放量有一个著名的卡亚公式,即:

$$E_{CO_2} = P \times \overline{GDP} \times e/GDP \times e_E$$

式中,P 为人口;$\overline{GDP}$ 为人均 GDP;e/GDP 为单位 GDP 能源消耗量;e_E 与为单位能耗排放量。当以上因素相互作用,导致二氧化碳排放量增加

时，国际碳交易市场需求也会增加。此时，中国碳交易市场也会面临需求增加，进而中国碳交易市场价格上涨。相反，二氧化碳排放量减少意味着中国碳交易市场需求减少，这会引起中国碳交易市场价格下降。

2）国际配额市场价格。国际碳排放权交易市场的动态与中国碳交易市场价格紧密相连。特别是 EU-ETS，其市场价格的波动往往会对中国碳市场产生显著影响。这是因为 EU-ETS 作为二级市场，与作为一级市场的 CDM 项目市场之间存在着密切的联动关系。

EU-ETS 通过总量控制与交易的原则来调控碳排放，其成员国企业可以使用通过 CDM 项目获得的核证减排额度来抵消自身的排放配额。因此，当 EU-ETS 的配额政策宽松时，欧盟企业购买国际配额的需求减少，导致国际市场价格下降，进而影响到中国 CDM 项目的市场价格。反之，若配额政策收紧，则会推高中国碳交易市场的价格。

3）中国碳交易市场供给。在国际碳交易市场上，供给主要来源于附件一国家间的联合履约项目以及与非附件一国家如中国的 CDM 项目合作。中国作为非附件一国家，通过积极参与 CDM 项目合作，获得了大量的核证减排量。这些减排量主要来自发电、能源化工等行业的企业，在国家节能减排政策的引导下，这些企业成为 CDM 项目合作的主力军。

4）政府限价。在自愿减排交易阶段，由于缺乏完善的法律体系和市场定价机制，中国碳交易市场的价格往往低于国际市场。为了维护国家和行业利益，降低企业风险并提高收益率，中国政府在鼓励企业参与 CDM 项目合作的同时，也会对 CDM 价格进行限制，并对项目进行筛选。

政府通过设定价格上限和下限来干预市场，确保中国企业不会因国际市场价格的剧烈波动而遭受损失。同时，政府还会对项目进行质量评估，优先选择那些具有较高效益和减排效果的项目进行合作。这种政府引导下的市场干预机制在一定程度上保护了中国碳交易市场的稳定发展。

（2）增量成本理论。在探索核证减排量（Certified Emission Reduction，CER）的定价方法时，一个主流观点是延续共同执行活动（AIJ）项目的实

践,即采用增量成本定价模式。这种模式主张将 CDM 项目的范围限制在那些无法商业化的项目之内。其核心思想是,将 CDM 项目相较于基准线项目所增加的生产成本,分摊到该项目相对于基准线项目所实现的减排量上,从而构成减排量的生产成本,并为其赋予附加值。增量成本理论主要涵盖以下三种类型。

1）单位产出成本增量,通过计算非商业化的 CDM 项目单位生产成本降至商业化基准线项目水平所需增加的额外投入来确定增量成本。在此计算过程中,减排情景和基准线情景下的项目单位产品生产成本都包含了项目的经济成本和社会成本。该方法的显著优点在于其单位产出成本来源于综合评估结果或实际运行项目的数据,因此具有高度的可靠性、真实性和透明度,同时计算也相对简便。然而,其缺点在于未考虑到不同项目产品质量之间的差异性。此外,若项目经济周期内分摊的增量成本超出了 CER 的获得时间,发展中国家将需要继续承担项目的增量成本。

$$单位产出增量成本 = \frac{减排情景下项目单位产品成本-基准线项目的单位产品成本}{单位产品基准线的温室气体排放量-单位产品减排的温室气体排放量}$$

2）内部收益率,此方法通过计算使非商业化项目的内部收益率达到正常商业化水平所需增加的额外收入来确定增量成本。这种方法的优点在于它能够帮助我们了解增量成本的动态变化。但其缺点也显而易见,它假设 CDM 项目与基准线项目是在完全相同的前提条件下进行的,这在实际操作中可能并不总是成立。与单位产出成本增量方法类似,如果项目经济周期内分摊的增量成本超过了 CER 的获得时间,发展中国家仍需继续支付这部分成本。此外,该方法还忽略了行业内部收益率的差异性,仅凭内部收益率这一单一指标很难全面评估 CDM 项目的价值。

$$\sum \left[\frac{项目年现金流量差额}{(1 + 内部收益率)^{年份}} \right] = 0$$

3）投资增量，通过计算 CDM 项目与基准线项目投资之间的差额来确定其减排的增量成本。值得注意的是，投资增量方法有广义和狭义之分。狭义的投资增量主要关注项目投资的变化，而广义的投资增量则还需要将项目的运行成本通过折现的方式纳入投资计算中。这种方法的优点在于它能够评估在不同时间期限内获得 CER 对增量成本的影响。然而，其局限性在于它仅适用于那些由于成本原因无法市场化的 CDM 项目。

（二）第二阶段：试点碳市场探索阶段（2013—2020 年）

1. 试点碳市场探索概述

自 2011 年 10 月起，中国开始了碳排放权交易试点工作的探索。当时，国家发展改革委印发了《关于开展碳排放权交易试点工作的通知》，批准在北京、上海、天津、重庆、湖北、广东和深圳七个省市开展碳排放权交易试点。随后，在 2013—2014 年间，这些试点地区相继启动了碳排放权交易市场。

2016 年 8 月，中共中央办公厅和国务院办公厅联合发布了《国家生态文明试验区（福建）实施方案》，明确提出支持福建省建设碳排放权交易试点。同年年末，福建省建立了以《福建省碳排放权交易管理暂行办法》为核心、《福建省碳排放权交易市场建设实施方案》为总纲，并辅以七个配套管理细则组成的"1+1+7"政策体系。

在中国的试点碳市场探索阶段，各试点市场主要以现货交易为主，辅以碳金融衍生品交易和碳融资工具等补充形式。具体的交易产品包括碳配额现货和碳减排量现货。在交易方式上，各试点遵循"总量控制与交易"的原则，由当地发展改革委负责测算本区域的温室气体排放总量控制指标，即配额总量。针对控排企业、个人和机构，采用基准法或历史排放总量法进行初始配额分配。此外，通过设计履约机制及奖惩机制来推动碳排放权交易，即试点企业需要上缴与实际排放量相等的配额。

具体来说，控排企业需要预估自身即将产生的二氧化碳排放量是否在国家规定的范围内。如果预计排放量超过规定限额，则需要从碳交易市场购买额外的配额来弥补差额，以完成减排任务。相反，如果企业实际排放量低于其分配的配额，则可以将多余的配额在市场上出售，从而获得额外收益。

在试点碳市场探索阶段，碳市场的卖方通常是那些实际排放量低于国家规定数量的控排企业。这些企业的减排量与国家规定的减排量之间的差额可以在市场上出售，为企业带来额外收益。这一机制不仅鼓励企业主动减排，还通过市场机制优化了资源配置，提高了减排效率。

通过这一系列措施，中国在试点碳市场探索阶段积累了宝贵经验。各试点地区不仅建立了较为完整的碳交易体系，还通过实际操作验证了市场机制在促进减排方面的有效性。这些经验为后续全国碳市场的建设和运营提供了重要的参考依据。

2. 具体定价机制

在我国试点碳市场的探索阶段，采用的是混合定价机制，这一机制结合了市场、政府、中介机构等多方面的力量。各个交易所自行制定交易制度，允许企业根据市场需求调节价格，从而形成了以交易所制定的底价为基础，在底价的一定范围内确定碳交易价格的定价规律，具体交易制度见表6-4。

表6-4 试点碳交易市场交易制度汇总

交易平台	北京	天津	上海	重庆	湖北	广州	深圳	福建
交易主体	控排企业、个人和机构	控排企业、个人和机构	控排企业、个人和机构	控排企业、个人和机构	控排企业、个人和机构	控排企业、个人和机构	控排企业、个人和机构	控排企业、个人和机构
交易方式	公开交易、协议转让	网络现货交易、协议交易、拍卖	挂牌交易和协议转让	定价交易和协议转让	协商议价、定价转让	单双向竞价、点选、协议转让	现货交易、电子竞价、大宗交易	挂牌点选、协议转让、单项竞价、定价转让
涨跌限制	20%	10%	30%	20%	15%	10%（挂牌）	10%（挂牌）30%（大宗）	10%（挂牌）30%（协议）

续表

交易平台	北京	天津	上海	重庆	湖北	广州	深圳	福建
交易产品	CCER、林业碳汇与节能项目碳减排量、BEA	TJEA CCER	SHEA CCER	CQEA CCER	HBEA CCER	GDEA CCER	SZA CCER	FJEA CCER FFCER

定价方式按照交易地点可分为场外定价和场内定价，按照交易类型可分为公开交易和协议转让。场内定价和公开交易通常是指企业在交易所内通过拍卖获得碳排放权，而场外定价一般指协议转让。

（1）场外定价。除了重庆、天津试点碳市场之外，各个试点碳市场都出台了专门针对配额及 CCER 大宗交易场外定价的相关规则，见表6-5。重庆碳排放权交易中心只规定了重庆市内减排企业采用公开竞价以及协议转让的方式进行交易，对于 CCER 大宗交易的范围及价格未作限制。天津排放权交易所仅作出根据国家规定要求进行交易的规定，同样也未对 CCER 大宗交易的范围及价格进行明确。

表 6-5　试点碳交易市场场外定价相关要求汇总

交易平台	场外定价相关要求
北京绿色交易所	10 000 吨以上的大宗交易或同一集团下不同控排机构之间的关联交易，必须通过场外进行协议转让，价格由双方自行商定。双方合同在交易所登记，成交后也通过交易平台划转
上海环境能源交易所	协议转让中的单笔交易超过 100 000 吨需要通过协议转让的方式达成交易。其中，小于 500 000 吨的协议转让的价格必须在当天交易所的收盘价的±30%范围内；大于且等于 500 000 吨的协商议价的价格可以由减排企业双方自己定价
湖北碳排放权交易中心	对协议转让实行价格申报区间制度，申报幅度比例为30%，超过申报区间的报价为无效报价。报价申报区间的最高价格和最低价格为签订转让协议前一交易日协商议价转让收盘价×（1±议价幅度比例）
广州碳排放权交易所	使用协议转让方式交易的数量必须在 100 000 吨以上，且协议价格申报价格幅度比例为 30%，即不高于前一交易日收盘价的 130%，不低于前一交易日收盘价的 70%
深圳排放权交易所	使用协议转让方式交易的数量必须在 100 000 吨以上，且协议价格申报价格幅度比例为30%
福建海峡股权交易中心	采用协议转让交易方式的交易价格有效范围为基准价的上下30%

（2）场内定价。根据《国务院办公厅关于清理整顿各类交易场所的实施意见》《国务院关于清理整顿各类交易场所切实防范金融风险的决定》，各个碳交易场所要求现货的主流交易方式为"T+5"，即交易需要在 5 个交易日后才能得到确认，进而进行下一步操作，也就是买入后卖出同一交易品种的时间间隔不少于 5 个交易日。然而，湖北、深圳等个别地区在当地政府的支持下采取了"T+1"交易模式，广州为"T+3"交易模式。可见，试点碳交易市场场内交易的定价机制各不相同。这种多样化的定价机制反映了不同地区在碳市场探索过程中的尝试和创新，也为未来全国统一碳市场的建设提供了丰富的经验和参考，具体见表 6-6。

表 6-6　试点碳交易市场场内定价相关要求汇总

交易平台	场内交易定价机制
北京绿色交易所	采用公开交易的方式，即申报企业在交易所采取拍卖的定价形式进行交易
天津排放权交易所	拍卖价格按照国家规定的保留价格，在此基础上基于 10% 的涨跌限制
上海环境能源交易所	拍卖价格按照国家规定的保留价格，在此基础上基于 30% 的涨跌限制
重庆碳排放权交易中心	采用公开交易的方式，即申报企业在交易所采取拍卖的定价形式进行买卖
湖北碳排放权交易中心	采用协商议价和定价转让的方式。 ①协商议价：当买入价格高于卖出价格时，按最低卖出价格协商，议价按申报价格高低、时间先后、数量多少的顺序进行排列，对标的物实行日议价区间限制，议价幅度为 10%。当买入价格低于卖出价格时，不安排协商。 ②定价转让：分为公开转让和协议转让。公开转让指以某一固定价格在交易系统发布标的物转让信息，并接受意向买方买入申报。挂牌期截止后，根据卖方确定的价格或数量优先原则进行交易。单笔挂牌数量不得小于 10 000吨二氧化碳当量，申报幅度为 30%。协议转让指卖方指定一个或多个买方为指定交易对手方，场外协商交易品种、价格和数量，并在交易系统内实施交易，申报幅度为 30%
广州碳排放权交易所	采用挂牌竞价、挂牌点选、单项竞价、协议转让和其他被交易所准许的交易方式。 ①挂牌竞价：交易参与人向交易系统发出委托申报，然后交易系统再以"价格优先、时间优先"的原则进行配对成交。 ②挂牌点选：交易参与人提交挂牌点选交易挂单申报，征集意向受让方或意向出让方。根据"价格优先、时间优先"的原则，意向受让方只可选价格最低的卖出挂单，意向出让方只可选价格最高的买入挂单。 ③单向竞价：在规定时间内由意向受让方通过网络进行自主竞价并成交的交易方式。 采取挂牌竞价和挂牌点选交易方式的，成交价须在开盘价±10% 区间内；采取单项竞价交易方式的，保留价为开盘价±10%

续表

交易平台	场内交易定价机制
深圳排放权交易所	采用电子竞价、定价点选和大宗交易等方式。 ①电子竞价：在竞买时，首次报价不得低于底价，再次报价高于前次报价的，再次报价成为最新有效报价。相反，在竞卖时，首次报价不得高于底价，再次报价低于前次报价的，再次报价成为最新有效报价。 ②定价点选方式幅度限制为10%，大宗交易为30%
福建海峡股权交易中心	采用挂牌点选交易方式的交易价格有效范围为基准价的上下10%

（三）第三阶段：全国碳市场建设阶段（从2021年开始）

1. 全国碳市场建设阶段概述

随着我国对气候变化问题的日益重视，全国碳市场建设逐渐成为了绿色发展的重要一环。自2021年起，我国进入了全国碳市场建设的第三阶段，即在前期试点碳市场成功经验的基础上，逐步建立起一个统一、规范、高效的全国性碳排放权交易市场。

在全国碳市场建设的过程中，我们采用了基于配额的交易模式。这意味着，在总量控制与交易机制（Cap and Trade System）的框架下，买家需要购买由管理者制定并分配的减排配额。这种交易方式旨在通过市场力量推动碳排放的减少，以实现我国的减排目标。

全国碳市场的建设并非一蹴而就，而是经历了多年的规划和准备。早在2014年12月，国家发展改革委就颁布了《碳排放权交易管理暂行办法》，从制度层面为全国碳市场的建设提供了明确的指导和保障。随后，2017年12月发布的《全国碳排放权交易市场建设方案（发电行业）》更是标志着全国统一碳市场建设工作的正式启动。经过近三年的精心筹备和模拟运行，2021年7月，以电力行业为突破口，全国统一碳市场终于正式上线并启动交易。2024年1月，国务院公布了《碳排放权交易管理暂行条例》。

目前，全国碳市场已经初步形成了一套完善的制度体系，交易规模也在不断扩大，市场流动性得到了显著提升。在行业的覆盖上，我们明确计划逐

步将发电、石化、化工、建材、钢铁、有色金属、造纸以及国内民用航空等八大重点行业纳入碳市场。这将有助于进一步提升碳市场的减排效果和市场活力。

在交易内容上，全国碳市场主要以政府分配的配额为主进行交易，同时辅以 CCER 现货交易。这种交易模式既能够体现政府对碳排放的宏观调控意图，又能够充分发挥市场在资源配置中的决定性作用，从而实现碳排放权的高效、合理配置。

2. 具体定价机制

关于全国碳市场的具体定价机制，我们采取了多种交易方式以满足不同市场主体的需求。其中包括协议转让、单向竞价等交易方式。协议转让进一步细分为挂牌协议交易和大宗协议交易两种形式。挂牌协议交易遵循价格优先的原则，在对手方实时最优五个价位内以对手方价格为成交价依次选择并提交申报完成交易。其成交价格被严格控制在上一个交易日收盘价的±10%范围内，以确保市场的稳定和公平。而大宗协议交易则更为灵活，允许交易双方在协商一致后确认成交，价格浮动范围也扩大至上一交易日收盘价的±30%，这为市场提供了更多的灵活性和交易机会。

此外，交易系统还提供了单向竞买功能，进一步丰富了市场的交易方式和选择。在这一模式下，交易主体向交易机构提出卖出申请，交易机构随后发布竞价公告。符合条件的意向受让方按照规定进行报价，并在约定的时间内通过交易系统完成成交。这种方式有助于推动市场的竞争和价格发现机制的形成。具体交易规则见表 6-7。

表 6-7　全国碳交易市场交易规则汇总

交易规则	内容
交易方式	通过协议转让、单项竞价或者其他符合规定的方式在全国碳排放权交易系统进行交易
交易产品	碳排放配额（生态环境部可以根据国家有关规定增加其他交易产品）
交易主体	重点排放单位以及符合国家有关交易规则的机构和个人

碳交易价格作为全国碳市场的核心指标之一，其走势受到了各方市场主体的密切关注。影响碳价格的因素众多且复杂多变，其中最为核心的是市场的供需关系变化。总量设置、配额分配方式、抵消机制运用、交易方式选择、市场开放程度以及市场调控机制等因素都会在不同程度上对碳价的形成产生影响。这些因素可以进一步划分为宏观因素和微观因素、长期因素和短期因素等多个层面进行分析和研究，如图 6-2 所示。

图 6-2　影响全国碳市场价格的主要因素

除此之外，政策预期的稳定性、交易产品的丰富性、市场交易制度的完善性以及信息披露的要求等也是影响全国碳市场价格形成的重要因素。例如，清晰稳定的政策路径和真实可靠的碳信息披露能够为企业提供强有力的预见性和决策支持，有助于稳定市场价格预期并促进价格传递机制的顺畅运行；而合理完善的交易制度和丰富多样的交易产品则能够为企业提供更多的投资选择和风险管理工具，进而推动市场价格发现机制的有效运转。

二、中国碳金融定价机制建设中存在的主要问题分析

（一）自愿减排交易阶段

1. 信息不透明

根据《京都议定书》的规定，只有发达国家承担了具体的减排义务，而发展中国家则主要承担帮助发达国家完成减排任务的角色。这意味着，发展

中国家的企业不能直接将碳交易配额出售到欧洲市场。企业卖出的排放权通常由国际碳基金或公司通过世界银行等机构购买，然后再进入欧洲市场。因此，中国的企业很难直接接触到国际碳交易市场的最终买家，这导致了信息沟通的不畅通。

在自愿减排交易阶段，中国企业通常只能与少数买家接触，导致报价信息差异不大，市场信息不够透明。卖方往往不了解全球市场的供需状况，也无法掌握其他 CDM 项目的价格信息。这种信息不对称造成了碳排放权市场的暗箱操作现象，最终的成交价格往往与国际市场价格相差较大。

2. 价格谈判能力弱

首先，在中国的 CDM 项目中，大多数都是所谓的"双边项目"。这些项目通常由中介商牵线搭桥，交易双方共同进行项目开发。在这种模式下，卖方不需要承担项目开发的风险及相关的费用。如果项目出现问题导致减排量未能获得签发，卖方也不会承担经济损失。这种"低风险"的模式导致了卖方在交易中的"低利润"现象，并且削弱了其在价格谈判中的地位。

其次，在自愿减排交易阶段，主要的碳交易市场位于国外，相关的标准也由国际机构制定。CDM 项目的认证过程非常复杂，所需的文件资料通常都是英文版本，这对于国内的碳供应商来说是一大挑战，因为他们往往缺乏申请 CDM 项目所需的专业知识和技术能力。

最后，我国的碳交易专业服务机构仍在发展中，对于碳金融中介服务的资质和行为缺乏明确的指导和规范。这进一步限制了卖方在交易中的议价能力。

3. 交易成本较高

CDM 项目需要经过一系列复杂的审批程序，这不仅增加了项目的不确定性，也抬高了交易成本。此外，CDM 项目的建设和运营成本较高，前期需要大量的资金投入。因此，许多 CDM 项目的开发周期较长，运营过程中存在的风险也会增加交易成本。

（二）试点碳市场探索阶段

1. 碳排放权内在价值无法体现

碳排放权内在价值无法得到体现主要在于预期收益率被低估和底价限制。预期收益率是指在不确定的条件下，预测某资产未来可实现的收益率。在衡量市场风险和收益的模型中，大多数采用的是资本资产定价模型（CAPM）。

$$\gamma_e = \gamma_f + \beta(\gamma_m - \gamma_f)$$

式中，γ_e 表示碳交易预期收益率，γ_f 表示无风险收益率，β 表示市场风险系数，γ_m 表示预期市场回报率，$\gamma_m - \gamma_f$ 表示风险溢价。

预期收益率是投资者在不确定的市场环境中对资产未来收益的预测。在碳交易市场中，这一指标同样重要。然而，在试点阶段，由于碳交易定价机制尚不完善，多数企业仅将碳排放权交易视为履行国家减排义务的手段，而缺乏对其潜在风险的认识。因此，企业在交易过程中往往忽视了碳排放权的风险溢价，导致预期收益率被低估。此外，部分高污染企业对碳排放权交易市场的认可度不高，也影响了市场的活跃度和预期收益率的评估。

为了提升企业的减排积极性，政府设定了碳交易的底价。尽管这一措施在一定程度上稳定了市场运行，但也带来了新的问题。在试点市场中，拍卖价格往往接近底价，这意味着碳排放权的交易价格实际上是在政府设定的底价基础上形成的。这种以政策为导向、人为干预形成的碳价，可能会扭曲市场的自然运行机制。当政府配额分配不合理时，碳交易价格甚至可能出现极端波动。

2. 试点分散且交易机构独立

试点碳市场的分散性和交易机构的独立性也是制约市场发展的重要因素。各试点省市在地理位置上相对分散，且各自拥有独立的交易机构。这导

致了几个关键问题：首先，各试点地区政府在总额设定、配额分配等方面拥有较大自主权，可能引发地区间的恶性竞争；其次，各试点在纳入控排企业范围、标准设定等方面存在差异，导致市场规则不统一；最后，由于交易市场无法跨区域进行，区域间碳配额不流通，容易造成供需失衡和市场活跃度差异，不利于碳市场的整体发展。

（三）全国碳市场建设阶段

1. 碳交易及管理规范制度体系有待健全

从国家法律角度看，碳排放权的定性以及具体的交易制度在我国现有的法律体系中尚未明确规定。这使得碳交易在法律层面缺乏清晰的依据，可能会引发法律风险和争议。例如，在碳排放权的归属、转让条件等方面没有明确法律规定的情况下，交易双方的权益难以得到有效保障。

从立法技术角度看，相关的实施规则存在模糊性表述，不利于全国碳市场的运行。比如"风险准备金制度"的资金来源不明确，使得该制度在实际操作中难以落实；"不同交易方式的涨跌幅比例"的设定依据不清晰，可能导致市场波动过大或过小，影响市场的稳定性；如何界定"价格异常波动"也没有明确标准，使得监管部门在应对价格异常情况时缺乏有力的手段。

从部门规章角度看，2020年12月发布的《碳排放权交易管理办法（试行）》是当前全国碳市场建设最高级别的制度规范。尽管《企业温室气体排放报告核查指南（试行）》等操作类型文件陆续出台，但目前我国仍没有国家层面的法律支撑。这使得碳市场的建设和运行在法律权威性上有所不足，难以有效应对各种复杂的情况和挑战。

2. 碳配额总量设定及分配细则有待完善

在全国碳市场建设阶段，碳配额总量设定及分配细则面临着诸多挑战。一方面，我国各个碳试点市场缺乏碳排放历史数据以及统一的核算规则。这使得全国及地区碳配额总量控制和分配细则存在技术性障碍，进而导致整体

的分配方式、分配额度以及总体减排目标等具有不确定性。没有准确的历史数据作为参考，在确定碳配额总量时就难以做到科学合理，可能会出现分配过多或过少的情况，影响碳市场的有效性和减排目标的实现。另一方面，从试点碳市场过渡到全国碳市场的过程中，中央和地方可能存在所获取的排放数据不一致、排放量重复计算、缺乏对企业减排潜力和减排成本分析等问题。这些问题给全国碳排放总量控制目标的设定带来了较大的制度性困境。如果排放数据不一致，就无法准确把握全国的碳排放总量，也难以确定合理的碳配额分配方案。而缺乏对企业减排潜力和成本的分析，则可能导致分配方案无法激励企业积极减排，影响碳市场的减排效果。

3. 应对碳价失灵的配套制度有待完善

一方面，目前全国性碳排放和碳交易数据尚未统一。这可能会导致中央和地方获取企业的排放信息不一致，从而在配额总量设定以及分配问题上偏离市场实际需求，引发价格机制失灵现象。如果数据不统一，就无法准确反映市场的供需关系，碳价就可能出现不合理的波动，影响市场的正常运行。另一方面，《碳排放权交易有关会计处理暂行规定》中规定企业对无偿配额无须进行财务处理，在计算碳排放配额价值时主要采纳历史成本和账面价值，忽略了公允价值、减值等机制。虽然这些规定在一定程度上简化了企业的会计处理过程，但是从长期来看，可能会导致财务报表中碳价值与实际情况不符的情况。这不利于碳价发现机制的有效运行，也难以准确反映企业的碳资产价值和碳减排成本，影响企业的决策和市场的资源配置效率。

三、中国碳金融市场定价机制的创新发展

中国在碳金融市场定价机制的创新发展方面取得了显著进展。2020年9月，习近平主席在第七十五届联合国大会一般性辩论上宣布了中国力争在2030年前实现碳达峰、2060年前实现碳中和的目标。这一庄严承诺不仅展示了中国在全球气候治理中的大国责任与担当，也为国内绿色低碳高质量发

展指明了方向。2021 年 7 月，全国碳市场正式启动，标志着中国碳交易市场建设迈入了实质性的阶段。2024 年 5 月，国务院印发了《2024—2025 年节能降碳行动方案》，明确指出要重点控制化石能源消费，强化碳排放强度管理，并分领域分行业实施节能降碳专项行动，以实现更高水平、更高质量的节能降碳工作，为实现碳达峰和碳中和目标奠定坚实基础。

尽管中国在碳定价机制方面，尤其是在碳交易市场的建设和完善上取得了长足进步，但在实现碳达峰、碳中和这一广泛而深刻的经济社会系统性变革过程中，与英国、美国等发达国家相比，中国仍需在碳减排途径、机制和政策选择等方面进行更多的创新和改进。

目前，全球主流的碳定价机制主要包括碳排放权交易和碳税两种形式。这两种机制在运作效果上互补，因此，由不同理论和运作机制构成的复合型碳定价政策可能会比任何单一机制更有效。这一理念为中国未来碳金融市场定价机制的创新发展提供了重要启示。

在环境保护相关的税法方面，中国已经颁布并实施了《环境保护税法》和《资源税法》，其税目见表 6-8。其中，《资源税法》明确规定对二氧化碳征收 2%～5% 的税率。尽管环境保护税和资源税在一定程度上减少了污染物排放和资源消耗，但这两个税种主要针对的是排放物的污染效应，而非其温室效应。相比之下，碳税能够直接控制二氧化碳排放，通过增加碳排放成本来激励企业开发清洁能源和技术设备创新，从而减少温室气体排放。

表 6-8　环境保护税和资源税有关内容

税种	税目
环境保护税	四类：大气污染物、水污染物、固体废物和噪声
资源税	五类：以煤、原油和天然气等为主的能源矿产，以黑色金属和有色金属为主的金属矿产，以矿物类、岩石类和宝玉石类为主的非金属矿产，水气矿产，盐

因此，将碳税纳入复合型碳定价政策框架，利用已有的环境保护相关税法，不仅能够发挥碳税自身的减排作用，还可以放大碳税与碳交易机制之间的协同效应，形成一套更为有效的碳定价体系。这一复合型政策框架将成为

中国实现碳达峰和碳中和目标的重要工具。

（一）碳税政策自身对碳减排的作用机理

碳税政策在推动碳减排方面发挥着重要作用，这主要通过影响生产者和消费者的经济行为来实现。对于生产者而言，碳税的引入意味着企业需要为其碳排放行为支付额外的费用。这种费用的增加直接导致企业的可支配收入减少，进而影响到其生产规模和产出水平。同时，碳税还引发了生产要素和高低碳能源之间的价格变动。企业为了降低成本，可能会转向使用更为环保、低碳的能源，从而推动经济结构和能源结构的转型。

从消费者的角度来看，碳税同样产生了显著的影响。一方面，由于能源商品价格的上涨，消费者的实际购买力会下降，导致他们对课税能源商品的需求减少。另一方面，消费者在面对价格变化时，可能会调整自己的消费习惯，更倾向于购买那些无税或低税的商品，这也间接促进了低碳环保产品的市场推广。

（二）碳税对碳交易的协同作用机理

碳税与碳交易作为两种重要的碳定价机制，在推动碳减排方面具有显著的协同作用。这种协同作用主要体现在目标调控、成本控制和风险防范三个方面，如图 6-3 所示。

在目标调控方面，碳税和碳交易虽然手段不同，但目标一致，都是为了实现碳减排。碳交易通过设定明确的排放限额和交易规则，直接调控企业的碳排放行为；而碳税则通过价格机制，间接引导企业和消费者减少碳排放。二者相互配合，共同推动减排目标的实现。

在成本控制方面，碳税的实施为政府提供了一种相对低成本的减排手段。与碳交易市场建设所需的大量投入相比，碳税的实施成本相对较低，且操作简便。同时，对于企业而言，碳税提供了更为稳定的价格信号，有助于企业更好地评估减排成本，制定更为合理的减排策略。

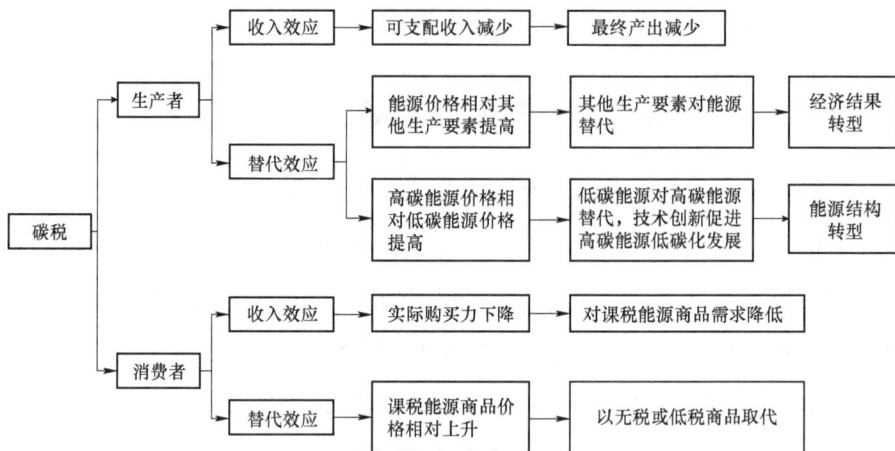

图6-3　碳税政策自身促进碳减排的作用机理

在风险防范方面，碳交易市场的运行受到多种因素的影响，如市场供需变化、政策调整等，这可能导致碳价的剧烈波动，增加企业的减排风险。而碳税则相对稳定，其征收主要受到税务部门执法水平的影响。通过加强税务人员的培训和工作能力提升，可以进一步降低碳税实施过程中的风险，为政府和企业提供更为可靠的减排保障。

第七章　碳金融风险管理

第一节　碳金融风险概述

在绿色发展的大趋势下，我国商业银行等金融机构积极开展各类碳金融业务，为低碳经济的快速稳定发展给予了有力的金融支持。不过，当前我国碳金融尚处于起步阶段，碳金融业务存在较大的不确定性，相关管理经验也不够成熟，导致碳金融风险愈发突出。比如，对于商业银行而言，怎样保证信贷资源向与发展低碳经济相关的行业或企业倾斜，以及如何确保绿色信贷资金的健康运行，已成为当下绿色信贷业务顺利开展的难题；相应的信用风险防范也逐渐成为商业银行绿色金融业务正常开展的关键所在。此外，碳债券、碳基金以及各种碳金融衍生产品都与碳产品紧密相联，碳交易规则的变化、碳产品价格的波动都会使碳金融交易的不确定性增加，碳金融市场风险明显高于传统金融市场风险。商业银行、基金公司、期货公司、保险公司、企业等作为碳金融活动的重要主体，必然会面临因碳技术、碳产品交易等诸多因素变动而带来的风险，碳金融活动的特殊性也使其产生了有别于传统金融活动的风险，即碳金融风险。

一、碳金融风险的定义

与传统金融相比，碳金融最大的特点在于其围绕碳排放权展开。碳排放

权交易市场高度依赖管制，因此以其为基础的碳金融存在诸多限制和先天缺陷，在运行过程中面临更为复杂的风险。碳金融风险的内涵与传统金融风险也有较大差异。

目前，国内外学者对于碳金融业务风险尚无统一的定义。结合前面的分析与阐述，本章将碳金融风险定义为：各类碳金融交易主体（如商业银行、保险公司、证券公司、基金信托公司、企业、政府机构等）在从事主要碳金融活动的过程中，由于外部环境（政治、经济、社会）、碳交易产品特性以及自身行为的不确定性而可能遭受的损失。从未来发展趋势来看，金融机构和企业将成为碳金融市场的主要交易主体。因此，本章后续对碳金融风险的阐述主要从金融机构和相关参与企业的角度出发，涉及政府层面的碳金融风险更多地表现为政策性风险，本章对此不再赘述。

二、碳金融风险的类型

碳金融活动的交易主体在面临金融业普通风险的同时，还需应对开展碳金融业务所特有的风险。具体而言，碳金融风险主要包含以下几种类型。

（一）政策风险

政策性风险指的是，由于政策因素变动可能导致碳金融业务中资产遭受损失的风险。碳金融围绕具有经济价值的资源，例如碳排放权。展开交易与制度设计，而这些资源的稀缺性和价值往往由国际及国内政策决定。因此，政策的稳定性对碳金融至关重要。政策性风险主要源自国际气候变化制度谈判的进展及其引发的政策变动。碳金融项目的关键环节，如碳排放量的核查、碳配额的确定、项目审批及投资交易等，均复杂且技术难度大，运作周期长，涉及众多国家和企业。这些环节的政策可能因国际气候谈判的进展而发生变化，对后续环节产生重大影响，进而动摇投资者的市场信心，影响投资回报率，最终对碳金融活动造成重大冲击。具体而言，当前国际气候变化谈判的进展可能带来长期和短期的政策性风险。长期来看，由于美国、加拿大等国

相继退出《京都议定书》，实现其全球性约束力仍面临重重困难，各国政府难以达成应对气候变化的统一行动方案，协调行动的可能性降低。短期来看，由于签署公约的国家众多，政策的局部变动可能产生巨大效应，甚至直接增加部分国家项目实施的难度和成本。例如，欧盟取消碳排放配额免费政策后，配额价格上涨，为不法分子提供了牟利空间，甚至导致发达国家低价购买发展中国家配额，严重损害发展中国家的利益。

（二）宏观经济波动带来的风险

宏观经济环境的周期性变化，直接关联到企业的运营策略与扩张计划，同时也间接地作用于企业的能源消耗与碳排放水平。企业在不同的发展阶段，其能耗与排放情况亦有所不同。在经济蓬勃发展的时期，企业的能耗与碳排放量自然攀升，碳价亦随之上升；而在经济不景气时，情况则相反。以2008 年国际金融危机为例，该危机对国际碳交易市场造成了严重冲击。由于经济衰退，企业的碳排放量缩减，导致企业不得不抛售先前积累的碳排放额度，市场上供过于求，碳价因此持续下跌。此外，金融危机导致多国经济增长放缓乃至倒退，为刺激企业复苏，各国政府放宽了减排政策，进一步削弱了市场对碳排放额度的需求，碳交易市场陷入低迷，碳金融市场的平衡被打破，碳金融产品价格随之下跌，给碳金融交易者带来了重大损失。

（三）信用风险解读

信用风险指的是在交易过程中，交易对方未能如期履行合同义务，或信用资产质量变化给当事人带来的潜在损失。在我国，商业银行是信贷活动的主要参与者，早期碳信贷主要以 CDM 项目的形式展开。因此，碳金融领域的信用风险主要集中于商业银行的 CDM 项目。在碳金融市场中，信息不对称现象普遍存在，这使得商业银行在选择 CDM 项目时更易遭遇"逆向选择"等问题。同时，碳金融专业技术的封闭性也可能诱使 CDM 项目的债务方产生道德风险，进而出现违约情况，给商业银行等信贷主体造成损失，如 CDM

项目借款人的违约风险、保理业务风险以及碳排放权及其衍生品交易对手的违约风险等。具体来说，以 CDM 项目为核心的碳金融信用风险可细分为五个层面：CDM 项目的不良贷款率风险、买方履约能力风险、项目能否按期建成投产的风险以及项目是否能产生合同规定的 CER 的风险。

CDM 作为全球气候变化领域的新兴事物，拥有一套完整的开发、申请与审批流程。相较于一般项目，CDM 项目更为复杂，不仅面临常规项目的普遍风险，还需应对其特有的项目风险。

（四）市场方面的风险

市场方面的风险在金融市场中通常指的是因市场价格波动而导致的潜在损失，这种风险主要由利率、汇率、股票价格以及关键商品价格的波动所引发。碳金融市场同样无法避免这些风险。以 CDM 项目为例，由于 CDM 项目中的核证减排量交易往往涉及不同国家，因此外汇结算成为不可或缺的一环，而外汇汇率的变动也随之成为碳排放权交易中的一个重要风险来源。此外，CDM 项目的周期通常较长，碳金融项目具有显著的跨期特性，这意味着未来长期利率水平的波动势必会对碳金融交易主体的收益产生影响，因此利率风险也是碳金融业务中必须密切关注的一个方面。

与传统金融业务相比，碳金融的市场风险除了包含上述风险外，还涉及碳交易商品的特殊性所带来的价格波动风险，以及这种波动对碳金融资产价格的影响。当前，碳金融市场仍处于全球范围内的实践探索阶段，国际上尚未形成统一的碳金融市场，各国和地区的碳金融交易机制、交易品种及相关制度安排存在显著差异，这客观上增加了交易成本和市场因子波动的不确定性，导致碳价出现异常波动。一般来说，碳价过高会增加企业的负担，影响其生产和投资积极性；而碳价过低则会打击合法投资者的信心，难以实现最佳的减排效果。因此，碳价的异常波动也构成了碳金融市场的一个重要风险。

（五）流动性风险阐述

流动性风险指的是商业银行因无法及时满足客户或其他类型的现金需求而引发的风险，例如当商业银行无法利用合理充足的资金来满足客户的取款需求和贷款需求时，就会面临流动性风险。这种风险在商业银行的碳金融业务中主要体现在碳排放权抵押贷款和 CDM 项目融资中。在碳金融领域，无论是碳排放抵押贷款还是 CDM 项目融资，都需要以获得碳排放权或 CDM 注册认证为前提。这些过程必然涉及复杂的项目运转流程，导致项目周期长且存在多发性风险，进而产生额外的交易成本。这些因素都可能引发贷款项目的再融资风险或项目进程中大额存款的提前支取风险。因此，金融机构容易因碳金融市场的流动性问题而增加流动性成本，从而带来潜在损失，即产生流动性风险。

（六）操作风险

操作风险是商业银行面临的一种特别风险，通常是指银行内部业务流程运转错误、相关业务人员操作不当、银行内部系统故障以及银行外部突发事件引发的非正常损失。操作风险一般包括人员风险、流程风险、系统风险和外部事件风险等，目前已经作为银行主要的风险存在形式而受到风险管理部门和监管机构的重视。我国碳金融仍处于初级发展阶段，很多商业银行对碳金融概念及其整体机制的认识还不够深入，对碳金融业务产生的价值、操作流程、项目运作乃至碳排放权交易相关规定等未能全面把握。同时以碳排放权或者碳排放配额项目为核心的碳金融资产是一个对碳技术需求强烈、专业敏感度高的领域，商业银行通常缺乏这方面的专业人才，可能存在内部程序不够合理、系统不够完善、容易遭受外部欺诈的风险，因此现阶段碳金融的操作风险还是很大的。具体来说，可以将碳金融操作风险划分为人员操作失误风险、操作流程执行不严格风险、系统失灵风险、外部欺诈风险、突发事件风险，以及碳金融衍生工具的操作风险，如在参与碳期货等金融衍生工具

交易时，因交易员对碳交易相关规则理解有误，采取的对冲操作不当或者未能严格执行相关保证金交易规则而产生的巨额损失风险。

（七）法律风险

2004 年巴塞尔委员会公布的新资本协议提出，将商业银行法律风险的管理纳入银行资本监管框架中，并将法律风险纳入操作风险之中。我国银行监管部门也沿用了《巴塞尔协议》的基本规定。法律风险亦已成为商业银行防控的重要风险。碳金融业务围绕碳排放权展开，在实践中既要符合相关国际主体签订的温室气体排放权指标标准化交易的法律规定，也要遵守国内不同行政区域内的碳排放权交易相关性政法规。因此，商业银行等金融机构在从事碳金融业务时，如果发生违约、侵权等违反相关法律或者行政法规的行为，就会依法承担行政责任和经济损失。

目前，我国银行监管部门和巴塞尔委员会都未对"法律风险"进行明确的概念界定，但法律风险管控的重要性从未被忽视。法律风险虽然从属于操作风险，但是法律风险具有不定向性和分散性，而且在法制社会体系下，商业银行的信用风险、市场风险、流动性风险、政策风险等都会转化成法律风险而存在，进而影响碳金融业务的实践。本部分参照《巴塞尔协议》和我国现行相关碳金融法律法规的要求，认为碳金融法律风险定义主要包括两个层面：①商业银行签订的碳金融合同因违反相关碳交易和碳金融业务的法律和行政法规可能被依法撤销或者确认无效，或者可能承担行政责任以及刑事责任；②商业银行因违约、侵权或者其他事由被提起诉讼或者申请仲裁，并依法可能承担赔偿损失责任。

（八）关于技术风险的深入探讨

技术风险在碳金融业务中扮演着至关重要的角色，它源于低碳技术应用的不确定性和不成熟性。由于低碳经济尚处于发展的初级阶段，全球范围内的相关技术标准和研发工作仍在不断探索和完善之中。许多节能减排技术，

如碳捕获与封存等，仍处于小规模试验或示范阶段，其商业应用的可行性和经济效益尚未得到充分验证。这种技术上的不确定性使得低碳项目的投资回报和商业应用前景变得难以预测，从而增加了绿色信贷供给方的贷款风险。商业银行在评估低碳项目的贷款申请时，需要谨慎考虑技术的成熟度和市场潜力，以避免因技术风险而导致的贷款损失。

此外，碳金融业务对低碳技术和节能环保行业的过度依赖也可能引发盲目投资和产能过剩的风险。在追求低碳经济和可持续发展的背景下，商业银行可能会倾向于支持低碳密集型项目，但如果没有进行充分的市场调研和风险评估，就可能导致投资过热和产能过剩的问题。这不仅会浪费资源，还可能对商业银行的资产质量和盈利能力造成负面影响。

（九）关于项目风险的全面剖析

项目风险是碳金融业务中不可忽视的重要风险类型之一。它贯穿于低碳项目的整个生命周期，从申请审批到结项验收，都可能面临各种不确定性和潜在损失。在碳金融业务中，项目风险主要体现在碳排放权风险和CDM项目风险上。碳排放权风险涉及碳排放权的合法性、有效性和市场价值等方面的问题，而CDM项目风险则涉及项目审批、合同执行、周期管理、工程建设、监测报告、额外交易成本、核证减排量核证、项目替代、CER定价以及项目质量等多个环节。

以CDM项目为例，其面临的风险复杂多样。项目审批风险可能导致项目无法按时启动或获得必要的政府支持；合同执行风险可能涉及合同条款的模糊性、合同双方的履约能力等问题；周期管理风险涉及项目进度和成本控制的不确定性；工程建设风险则可能因技术难题、施工延误等原因导致项目无法按期完成或达到预期效果；监测报告风险涉及监测数据的准确性和可靠性问题；额外交易成本风险可能因市场波动、政策变化等因素导致交易成本增加；核证减排量核证风险涉及核证机构的权威性和核证结果的准确性；项目替代风险可能因新技术或新项目的出现而导致原有项目失去市场竞争力；

CER定价风险则涉及碳市场价格的波动性和不确定性；项目质量风险则可能因工程质量问题导致项目无法达到预期效果或产生负面影响。

这些风险的存在使得CDM项目的收入和碳金融主体的收益都充满不确定性。商业银行在参与碳金融业务时，需要全面评估项目的风险和收益，制定科学的风险管理策略和措施，以降低项目风险对银行业务的负面影响。

（十）关于政治风险的深刻解读

在国际低碳经济的发展背景下，二氧化碳排放权已成为一种具有经济价值的商品进行交易。然而，这种交易不仅涉及资本与权力的结合，还涉及金融和环保领域的相互渗透。在实际操作中，部分国家可能为了自身利益而损害他国利益，从而引发政治风险。例如，美国曾以影响经济发展为由退出《京都议定书》，这一行为不仅对美国国内的碳排放需求产生了影响，也对全球碳排放权交易市场造成了冲击。加拿大的类似行为也进一步加剧了碳排放权交易的政治风险。

这种国家间的政治冲突可能引发碳金融市场的流动性风险，导致市场参与者对碳排放权的信心下降，进而影响碳配额的分配和监管。政治风险还可能导致资源的不合理分配和利用，使得一些低碳项目无法得到必要的资金支持和政策扶持。此外，国家政局的动荡也可能加速碳金融风险的形成和传导，对碳金融市场的稳定和可持续发展造成严重影响。

综上所述，碳金融业务面临的风险多样且复杂。技术风险和项目风险是其独特的风险类型，需要商业银行在参与碳金融业务时进行全面评估和有效管理。同时，这些风险还可以根据影响范围和程度划分为系统性和非系统性风险，以及根据风险来源划分为外生和内生风险。系统性风险如政策风险、政治风险、宏观经济变动风险等通常属于外生风险，需要商业银行密切关注国际政治经济形势的变化和政策法规的调整。而非系统性风险如信用风险、操作风险等则更多地与投资者和金融机构的内部因素有关，需要商业银行加强内部控制和风险管理机制的建设。在面对这些风险时，商业银行需要制定

科学的风险管理策略和措施，以降低风险对银行业务的负面影响，并推动碳金融业务的可持续发展。

三、碳金融风险的特征深度剖析

（一）广泛存在性：碳金融风险的无处不在

碳金融风险，作为金融风险的一种特殊形态，其广泛存在性不容忽视。在碳金融市场中，无论是金融机构、投资主体，还是金融市场本身，都无一例外地受到碳金融风险的影响。这种风险源于碳金融项目本身的不确定性，以及金融市场固有的不稳定性。资金提供者，在追求资金增值的同时，也面临着资金无法按时回收的潜在风险。这种风险不仅会影响碳金融资产的市场价格，还可能引发市场波动，甚至导致流动性风险的暴露。

（二）不可避免性：碳金融风险的客观实在

碳金融风险具有不可避免性，这是由其客观实在性所决定的。只要碳金融活动持续进行，风险就必然伴随其左右，不受人为意志的转移。从风险的定义来看，它代表着某种不确定事件发生的可能性，是金融活动中无法避免的一部分。碳金融业务，作为以盈利为目的的金融活动，同样无法摆脱风险与收益并存的规律。此外，碳金融业务还深受外部政策、环境以及市场不确定性的影响，这些因素的变化都可能引发碳金融风险。虽然人们可以通过预测和防范来降低风险的影响，但无法完全规避风险的发生。因此，对于碳金融市场的参与者来说，接受和应对碳金融风险的不可避免性，是保障业务稳健发展的关键。

（三）复杂性与多变性：碳金融风险的挑战与机遇

碳金融业务的交易主体众多，包括政府、企业、金融机构、投资者等，他们之间的利益关系错综复杂。同时，碳金融的交易规则、流程机制也独特

且随着业务的发展而不断完善，这使得碳金融风险的来源和表现形式变得复杂多变。风险水平不仅取决于各种风险因素本身的程度，如政策变动、市场波动、技术风险等，还与风险暴露的程度密切相关。因此，碳金融风险在整体上呈现出复杂多变的特点，对风险管控提出了更高的要求。然而，正是这种复杂性和多变性，也为碳金融市场带来了挑战与机遇。通过深入研究和有效应对这些风险，可以推动碳金融市场的创新与发展，实现风险与收益的平衡。

（四）可管理性与可预测性：碳金融风险的科学应对

尽管碳金融风险具有复杂性和多变性，但它并非完全不可控。碳金融市场主体可以通过建立科学的风险管理体系，运用先进的风险管理方法和技术，对风险进行事前识别、预测，事中化解以及事后弥补。这体现了碳金融风险的可管理性。同时，碳金融风险也是可预测的。交易者可以根据风险的性质、诱因，运用概率统计和相关参数，结合历史数据和市场动态，来计算风险发生的概率和损失程度。这为风险管理和决策提供了科学依据，有助于降低风险的影响，提高业务的稳健性和可持续性。因此，对于碳金融市场的参与者来说，科学应对碳金融风险，是实现业务发展和保障资金安全的重要途径。

第二节　碳金融风险的辨识与衡量

相较于发达国家，我国碳金融的发展虽起步较晚，但近年来在构建碳市场及全国性碳排放权交易体系方面取得了显著进展，旨在高效低成本地实现碳减排目标。我国碳金融体系的设计，与欧盟碳排放权交易体系有所不同，主要体现在市场布局和配额分配上，它广泛涵盖了清洁发展机制下的核证减排量（CCER）交易、自愿减排（VER）市场、金融机构（尤其是商业银行）的绿色信贷业务、碳金融合约交易以及碳金融配额交易这五大核心业务领域。

此外，中国政府提出的 2030 年前达到碳排放峰值、2060 年实现碳中和的宏伟目标，为碳金融的快速发展注入了新的动力。

然而，由于碳金融市场及其交易工具、衍生品等具有高度的复杂性，投资者在参与过程中仍面临诸多风险挑战。为了确保碳中和目标项目的顺利推进，我们必须深入理解碳金融的本质和特征，并在此基础上实现对碳金融风险的有效辨识与及时预警。因此，碳金融风险的辨识与预警机制对于碳金融风险的管理和防范具有至关重要的意义，它们是我们确保碳金融市场健康稳定发展、实现碳中和目标不可或缺的重要工具。

一、碳金融风险辨识

碳金融风险辨识是碳金融风险管理流程中的首要且关键环节，它如同探险者手中的指南针，引领着风险管理者穿越复杂多变的碳金融市场迷雾。这一环节的核心在于，通过综合运用感性认知、经验判断、数据分析等多种方法与技巧，提前捕捉并洞察碳金融领域中那些潜在且可能引发不利后果的风险因素。辨识过程不仅需要对大量的客观资料及历史数据进行深入挖掘与分析，还需要管理者具备敏锐的市场洞察力和深厚的专业知识，以便能够准确探究风险产生的根源，并总结归纳出风险损失的内在规律。

（一）碳金融风险辨识的核心原则

1. 全面性原则

碳金融业务活动的广泛涉及面和复杂多变的参与主体，使得风险的孕育成为可能。无论是碳金融市场的哪个角落，还是哪个业务环节，都可能隐藏着潜在的风险。因此，对于碳金融风险的辨识，必须做到全覆盖、无死角。任何环节的遗漏或忽视，都可能成为风险防控的短板，导致整个风险管理体系的崩溃。同时，由于碳金融业务的各环节与业务间存在着千丝万缕的联系，风险往往会在不同环节间传递和扩散。这就要求我们在辨识风险时，既要具

备显微镜般的细致入微，对每个环节进行深入剖析；又要具备望远镜般的宏观视野，从整体上把握金融机构的碳金融风险全貌。只有这样，才能实现对风险的全面系统分析，合理分类，并揭示其本质与后果，为后续的风险管理提供坚实的基础。

2. 准确性原则

准确辨识碳金融风险是风险管理的前提和基础。这包含两层含义：一是要精确识别风险类型、受险部位及风险来源。只有明确了风险的"身份"和"来源"，才能有针对性地制定风险防控措施；二是要对碳金融风险进行准确评估。评估的准确性直接关系到风险管理的成本和效果。过高估计风险可能导致管理成本上升，造成不必要的资源浪费；而过低估计风险则可能使交易主体因管理不善而暴露在更大的潜在风险之下。因此，准确性原则是碳金融风险辨识中不可或缺的一环。

3. 及时性原则

碳金融项目的动态变化性使得风险环境时刻处于变动之中。政治、政策、外部环境及经济主体的经营状况等因素都可能随时发生变化，从而对碳金融交易主体所面临的风险类型、影响部位及影响程度产生深远影响。这就要求碳金融风险辨识必须保持高度的敏感性和警觉性，实时关注市场动态和风险因素的变化情况，连续进行风险辨识工作，并根据实际情况灵活调整风险防控策略。只有这样，才能确保风险管理的时效性和有效性，为碳金融市场的稳健发展提供有力保障。

（二）碳金融风险辨识的策略

在碳金融这一新兴且复杂的领域中，不同的参与主体，如金融机构、企业、投资者等，因其角色、职责以及业务活动的差异，会面临多种多样的金融风险。这些风险不仅包括市场风险、信用风险等传统金融风险，还涵盖了与碳排放、环保政策、可持续发展等紧密相关的特定风险。同时，随着时间

的推移和外部环境的变化，如政策调整、技术进步、市场需求变化等，同一碳金融交易方所面临的风险也会发生相应的变动。因此，各参与主体必须根据实际情况，灵活选择并适时调整风险辨识方法，以确保能够及时、准确地识别和控制潜在风险。

1. 实地调研法

实地调研法是一种直接且深入的风险辨识方法。它要求碳金融交易主体派遣专业的风险管理人员深入现场，对可能蕴藏风险的业务和相关部门进行全面、细致的调查。在实施此方法前，风险管理部门需做好充分的准备工作，包括明确调研的目标、对象、时间、地点及内容，并设计科学、合理的调查表。调研过程中，风险管理人员应充分利用座谈、访问、资料查阅和实地考察等多种方式，全方位、多角度地收集风险信息。实地调研法的优势在于其简单、实用且经济，能够获取第一手、最真实的风险信息。然而，这一方法同样存在一些局限性，例如它需要花费较多的时间和精力，并且对执行调查的人员的专业素养和技能提出了较高的标准。因此，在实施实地调研法时，应合理安排时间、人力和物力，并确保调查人员具备敏锐的观察力、良好的沟通能力和扎实的专业知识。

2. 问卷调查法

问卷调查法是一种广泛使用的风险辨识方法，特别适用于大规模、跨地域的碳金融交易。碳金融机构的风险控制人员通过精心设计调查问卷，让被调查者根据实际情况现场填写，以收集风险信息。此方法的关键在于设计合理、科学的调查问卷，确保问卷内容能够全面、准确地反映碳金融交易中的潜在风险。在编制问卷时，应根据碳交易业务环节、交易主体特征以及外部环境等因素进行综合考虑，并确保问卷内容简洁明了、易于理解，避免产生歧义。与实地调研法相比，问卷调查法具有节省人力、物力和时间的优势，但同时也对问卷设计的要求较高。如果问卷设计存在微小偏差或漏洞，都可能导致收集到的风险信息不准确、不全面。

3. 流程图法

流程图法是一种直观、清晰的风险辨识方法。它通过绘制碳金融业务活动的流程图，将复杂的业务活动分解为若干个简单、明了的步骤和环节，从而帮助风险管理人员更好地识别和分析潜在风险。由于碳金融业务涵盖绿色信贷、绿色基金、绿色保险等多个领域，且每个领域的业务活动都各具特色、复杂多变，因此在绘制流程图时，需根据业务的不同内容、特点和复杂程度进行定制。流程图法的优势在于能够将复杂问题简单化，便于基层风险管理人员理解和运用。然而，此方法也存在一定的缺陷，如耗时耗力、对绘制人员的要求较高等。因此，在实施流程图法时，应确保绘制人员具备丰富的业务经验和扎实的专业知识，以确保流程图的准确性和实用性。

4. 情景模拟法

情景模拟法是一种前瞻性的风险辨识方法。它通过构建和分析未来可能发生的情景，来识别关键风险因素及其影响程度。此方法采用图表或曲线等形式描述未来状态，帮助决策者拓宽视野，充分考虑不利情景和极端事件的影响。在金融风险管理中，压力测试是一种常见的情景模拟法。它通过模拟极端市场条件或不利事件，来评估资产组合或金融机构的承受能力和韧性。此方法能够识别和测定资产组合面临的最大可能损失，为风险管理和决策提供重要依据。然而，情景模拟法的实施效果依赖于有效情景的构建和选择。这要求风险管理人员具备良好的判断能力、丰富的经验和敏锐的观察力，以确保情景的合理性和准确性。

5. 专家咨询法

专家咨询法是一种利用专家智慧、知识和经验来识别金融风险的方法。它可分为头脑风暴法和德尔菲法两种具体形式。头脑风暴法通过组织专家小组进行讨论，激发创造性想法和方案，适用于问题简单、目标明确的议题。德尔菲法则通过多轮反复问询专家，汇总并调整意见，直至形成统一结论。

此方法能够处理复杂的碳金融风险问题，充分利用专家的专业知识和经验，为风险管理和决策提供有力支持。然而，专家的选择、经验和状态都可能影响最终结论的准确性和可靠性。此外，德尔菲法通常需要4～5轮调查，存在最后不收敛的风险。因此，在实施专家咨询法时，应谨慎选择专家、合理安排调查轮次和时间，并确保专家具备丰富的业务经验和扎实的专业知识。

（三）碳金融风险识别的核心内容及其深入解析

碳金融市场，作为一个新兴的、充满活力的市场，汇聚了众多不同业务性质和交易地位的主体。这些主体在追求碳金融带来的机遇的同时，也面临着各式各样的风险。尽管这些风险在表现形式和影响程度上各不相同，但识别它们的角度、方法及基本步骤却存在着共通之处。在明确了碳金融风险的具体类型之后，我们更需要深入探究风险产生的根源，精确评估其可能带来的损失程度，并准确识别出风险最易发生的环节或部门，以便为后续的风险管控提供有力的支持。

1. 碳金融风险源头的识别

政策风险是碳金融市场中不可忽视的重要因素。碳金融市场的稳定与存续，在很大程度上取决于政策与法律的连续性和稳定性。政策的变动，特别是与减排项目审批和减排量核证相关的政策调整，都可能给市场参与者带来预期之外的风险。由于碳减排项目往往投资巨大且回收周期长，因此，政策的不确定性和不合理性都可能对项目回报产生深远的负面影响。为了应对政策风险，市场参与者需要密切关注政策动态，及时调整业务策略，以确保项目的顺利进行。

信用风险在碳金融市场中同样占据重要地位。从客观层面看，外部政策变动、自然灾害等不可抗力因素可能导致碳项目价值波动，进而引发信用风险。这类风险通常较为明显，也易于及时识别。然而，从主观层面看，交易对手或当事人的恶意违约行为也可能造成信用风险。这类风险相对隐蔽，需

要市场参与者持续跟踪监测资金流转和使用情况，并定期评估对手方的资产和信用状况，以便及时发现并应对潜在的信用风险。

市场风险是碳金融交易中不可避免的风险之一。由于碳金融交易的时间和空间特殊性，其市场风险更为复杂。市场风险主要由利率、汇率、碳资产价格等因素的波动引起。特别是"跨期"因素的存在，使得碳现货及衍生品价格的波动呈现出随机性和不连续性，给市场参与者带来了更大的挑战。为了应对市场风险，市场参与者需要建立完善的风险管理体系，加强市场监测和预警，以便及时调整业务策略，降低市场风险的影响。

操作风险在碳金融市场中同样不容忽视。操作风险主要表现为违规操作，如操纵市场和内幕交易等。这些行为不仅违反了市场规则，也损害了市场参与者的利益。从系统技术层面看，人为错误、系统故障以及内控不当等因素也是操作风险的重要诱因。为了减少操作中可能遇到的风险，市场参与者应当强化内部管理体系，优化业务流程和内部控制措施，并提升员工对风险的认识以及操作的熟练度。

2. 碳金融风险暴露部位的识别

识别碳金融风险的暴露部位和具体交易环节，是风险管控的关键。以商业银行的碳信贷项目为例，风险暴露部位可以从资金来源与使用、资金管理以及业务特征等多个角度进行分析。作为资金供给者，商业银行面临的主要风险包括利率变动风险和流动性风险。利率变动直接影响资金成本，而期限不匹配则可能导致流动性问题。因此，商业银行需要密切关注市场动态，合理安排资金来源与使用，以确保项目的资金安全。

在项目选择和评估阶段，商业银行需要关注信息不对称带来的逆向选择和道德风险。由于碳金融市场的复杂性和专业性，商业银行在评估项目时可能面临信息不对称的问题。为了降低这些风险，商业银行需要加强项目尽职调查，充分了解项目的真实情况和潜在风险，以便做出正确的决策。

此外，项目运作过程中还可能产生各种操作风险。这些风险可能由人为

错误、系统故障或内控不当等因素引起。为了应对这些风险，商业银行需要加强项目管理，完善业务流程和内控机制，提高员工的风险意识和操作技能。

不同的碳金融业务具有不同的风险暴露特征和受险部位。因此，在风险识别过程中，商业银行必须结合每笔业务的具体情况来进行分析，以便及时准确地把握风险，并找到有效的风险管控方法。同时，商业银行还需要建立完善的风险管理体系，加强风险监测和预警，以便及时发现并应对潜在的风险。

综上所述，碳金融风险的识别是一个复杂而系统的过程，需要综合考虑多个因素和环节。只有深入剖析风险源头和暴露部位，才能制定出有针对性的风险管控策略，确保碳金融市场的稳健运行。同时，市场参与者也需要加强风险管理意识，建立完善的风险管理体系，提高风险应对能力，以应对碳金融市场中的各种挑战。

二、深入剖析碳金融风险评估的要点与流程

金融风险评估，作为金融管理领域中的关键环节，其核心在于对相关金融风险事故可能带来的影响或损失进行详尽的量化评估。这包括了对风险发生概率的精准预测、损失程度的细致估算，以及风险承受能力的全面分析和风险优先级的合理排序。在风险评估的方法论上，我们主要依赖于定量分析、定性分析和基于先进模型的分析手段，以确保评估结果的准确性和可靠性。

碳金融风险评估，作为金融风险评估的一个重要分支，其特殊性在于它专注于碳金融活动所特有的各项风险。在识别了这些风险之后，我们需要进一步结合对风险诱因的深入剖析和风险暴露部位的精确界定，来构建一个全面而细致的风险评估框架。在这个过程中，历史数据成为了我们不可或缺的宝贵资源，它为我们提供了风险发生的历史背景和潜在规律，使我们能够更加准确地预测未来风险的发展趋势。

为了开展有效的碳金融风险评估，我们首先需要精心筛选和设计一系列相关的风险指标。这些指标应该能够全面反映碳金融活动的风险状况，包括

市场风险、信用风险、操作风险等各个方面。其次，我们需要根据这些风险指标，广泛收集相关的数据和信息，以确保评估的准确性和全面性。最后，在数据和指标的基础上，我们需要选择恰当的定量分析方法或模型来进行风险评估。这些方法或模型应该能够充分考虑碳金融活动的特殊性和复杂性，以得出更加精准和可靠的风险评估结果。

（一）碳金融风险指标体系的选择

根据前述的碳金融风险类型，我们构建了如表 7-1 所示的指标体系。

表 7-1　碳金融风险指标体系

一级指标	二级指标	三级指标
《巴塞尔协议》框架下我国商业银行碳金融业务的一般风险	信用风险	碳信贷项目融资债务方到期不履约风险
		碳金融及其衍生产品交易方不履约风险
		CDM 项目下的 CER 风险
		碳保理风险
	市场风险	利率风险
		汇率风险
		碳交易价格风险
		市场主体供给需求变动风险
	流动性风险	资金偿还延后风险
		CDM 项目再融资风险
		大额存款提前支取风险
		信贷规模违规超额风险
	操作风险	人员操作失误风险
		系统失灵风险
		外部欺诈风险
		碳金融衍生工具操作风险
	法律风险	碳金融信贷项目相关法律风险
		碳交易相关国际国内法规变动风险
碳金融项目的其他风险	政策风险	国际气候谈判风险
		国内碳交易政策变化风险

一级指标	二级指标	三级指标
碳金融项目的其他风险	政治风险	国际政治变动风险
		战争、国际环境变化风险
	宏观经济变动风险	经济周期变动风险
		国内外经济环境变化风险
	项目风险	项目审批风险
		项目合同风险
		项目周期风险
		项目工程建设风险
		项目质量风险
	技术风险	碳捕获技术的不确定和变动风险
		碳封存技术的变动风险

（二）探索碳金融风险评估方法的选择策略

当前，碳金融风险度量的研究虽处于起步阶段，但已取得显著进展。在评估碳金融风险时，主要依赖于计量模型进行量化评估，从而为碳金融风险管理提供有力支持。选择碳金融风险度量模型和定量分析方法时，既要借鉴传统金融风险计量方法的精华，又要充分考虑碳金融风险事件分布特征的独特性。

1. 碳金融信用风险度量方法

碳金融信用风险度量可以从两个核心层面进行探究。首先是交易对手的违约概率和违约损失的评估。在这一环节中，我们可以借鉴传统的信用风险度量技术，比如信用评分法和信用评级法。

信用评分法，作为一种成熟的风险评估技术，通过深入分析债务人的历史信用记录和特征，利用统计学的原理来计算其信用得分。这个得分不仅反映了债务人未来可能的违约风险，还为金融机构在信用审批和风险定价时提供了宝贵的参考。

与信用评分法相辅相成的是信用评级法。两者虽都致力于评估信用质量，但评级法更侧重于采用基数分析法来全面评价借款方或债券的信用状况。值得注意的是，信用评分法多为金融机构内部使用，而信用评级则包括内部和外部两种形式。外部评级由如标准普尔、穆迪等独立机构进行，它们以公正、独立、客观和透明的原则对债务人的偿债能力进行全面评估。

在监管和技术发展的双重推动下，信用评分和内部评级的差异正逐渐缩小，而内外部评级在对同类资产的风险评估结果上也趋于一致。

碳金融信用风险度量的另一个关键层面是碳信用资产价值的波动。除了上述的评级方法，现代信用风险度量技术也在此领域发挥着重要作用。随着信息技术的飞速发展，诸如 CreditMetrics＋、CPV、KMV 等高级模型被广泛应用于碳信贷项目的风险测量中。

特别是 KMV 模型，它专注于上市公司资产价值的变动，为上市公司的碳信贷风险提供了精准的评估工具。然而，这类模型的应用也存在一定的局限性。例如，KMV 模型高度依赖资本市场的成熟度，因此在碳信贷和碳债券等尚处于起步阶段的金融项目中，其适用性可能会受到限制。

2. 碳金融市场风险度量方法

随着全球对气候变化问题的日益关注，碳金融市场作为应对这一挑战的重要工具，正在迅速发展。然而，与任何金融市场一样，碳金融市场也面临着各种风险，其中市场风险尤为突出。为了有效管理和控制这些风险，市场参与者需要运用科学的方法对风险进行精确度量。在碳金融市场风险度量中，VaR（Value at Risk）模型及其衍生模型如 GARCH（Generalized Autoregressive Conditional Heteroskedasticity）。具体表达式为：

$$P(L > VaR) = 1 - C$$
$$P(L \leqslant VaR) = C$$

式中，C 表示置信水平。

VaR 模型，即风险价值模型，是一种用于量化金融资产或组合在特定时间内和一定置信水平下可能遭受的最大损失的方法。简单来说，VaR 提供了

一个数值，表示在给定条件下，投资者可能面临的最大潜在损失。例如，一个 99% 置信水平下的每日 VaR 为 1 000 万美元，意味着在一天内，该资产或组合损失超过 1 000 万美元的概率仅为 1%，或者说有 99% 的可能性保证损失不会超过这个数值。

VaR 方法自 20 世纪 90 年代由 J.P. 摩根公司提出以来，因其简洁明了和实用性强的特点，迅速被全球各大金融机构广泛采用。在碳金融市场中，VaR 方法同样发挥着重要作用。由于碳交易及其衍生金融产品的市场价格波动本质上是市场风险的表现，因此 VaR 方法能够有效地度量这种风险，帮助投资者和金融机构了解他们的潜在损失，并据此确定适当的资本充足率。

然而，尽管 VaR 方法在碳金融市场风险度量中具有广泛应用，但也存在一些挑战和局限性。首先，碳交易市场作为一个新兴市场，其规则不断完善，交易规模有限，且交易时间相对较短。这些因素可能导致在运用 VaR 方法时，相关的数理统计假设存在不足，需要经过更长时间的检验和调整。此外，一些学者在尝试使用更复杂的模型如基于 COUPLA 函数的蒙特卡罗模拟来进行市场风险度量时，也需要注意这些方法对数据分布的特征要求，因为并非所有的碳金融交易数据都能满足这些要求。

除了市场价格波动风险外，碳金融市场还面临另一个重要风险因子——利率变动。利率变动可能带来的损失通常采用久期模型来度量。久期模型通过计算债券或债务资产未来各期现金流的加权平均到期期限，来评估利率变动对资产价格的影响。在碳金融项目中，久期模型也被初步应用于度量利率风险，帮助投资者和金融机构更好地理解和管理这一风险。表达式为：

$$D = \frac{\sum_{i=1}^{n} \frac{t \times CF_t}{(1+i)^t}}{\sum_{i=1}^{n} \frac{CF_t}{(1+i)^t}}$$

式中，D 表示债券或者债务资产的久期，CF_t 表示 t 时期的现金流，对其用市场利率进行贴现，因此上述公式的分母本质上就是债券的市场价值。

在对久期公式进行调整变形后，可以获得修正久期，它可以直接解释碳债券市场价值因利率不利波动而遭受损失的程度。

3. 碳金融流动性风险度量方法

碳金融流动性风险主要表现为碳金融交易主体在资产流动性方面的不足，包括变现能力下降以及以合理成本筹措资金的能力欠缺所引发的损失。从本质上来说，碳金融交易主体通常具有高资产负债率的经营特征，而这也正是其面临的碳金融流动性风险的主要源头。所以，对碳金融流动性风险的度量主要聚焦于资产和负债的流动性风险。

在资产流动性风险度量方面，最常用的工具是买卖价差。通过采用卖出价和买入价的差异，可以度量其交易成本。买卖价差不仅能够反映市场价格的波动率，还能体现正常市场条件下的交易成本。例如，当买卖价差较大时，说明交易成本较高，资产的流动性相对较低。除了买卖价差之外，还可以考虑采用平仓费用来衡量一定资产组合的总体流动性风险。具体而言，就是将各项资产买卖价差比率进行加总求和。这种方法能够反映碳金融交易主体在资本市场进行平仓时所需的费用。费用越高，资产的流动性风险也就越大。另外，综合考虑市场风险因子和流动性风险因子的流动性调整 VaR 也可以被用于测度资产流动性风险。这种方法能够更全面地考虑各种风险因素，从而更准确地评估资产的流动性风险。

对于负债流动性风险度量，主要需考虑碳金融交易主体，特别是相关碳信贷、碳债券发行人的资金来源稳定性和期限结构合理性。通常会采用指标体系、缺口分析和期限结构分析法来进行测度。指标体系法是构建一系列能够反映金融机构流动性的财务数据指标体系，其中包括存款集中度、现金资产比、流动性证券资产比等指标。例如，较高的现金资产比通常意味着金融机构具有较强的短期偿债能力和流动性。缺口分析法是计算资产负债之间的差额，以此评估流动性大小。通常会采用流动性缺口分析，即计算未来资金需求量和供给量的差额；以及净资产缺口分析法，也就是计算金融机构碳金

融项目的流动性资产和流动性负债的差额。通过这些方法，可以较为准确地评估碳金融交易主体的负债流动性风险，为防范和管理风险提供依据。

4. 碳金融操作风险度量方法

碳金融作为应对气候变化、推动绿色发展的重要手段，其操作风险的度量与管理至关重要。与传统金融风险相似，碳金融操作风险也分为定性分析和定量分析两大类度量方法。

（1）定性分析法在碳金融操作风险度量中占据重要地位。其中，自我评估法是一种由商业银行自行识别和评估潜在操作风险的方法。它涉及对组织架构、人力资源、风险流程以及外部环境等多方面进行全面审视，以评估现有控制措施的有效性和适当性。这种方法强调内部自我检查与改进，有助于金融机构及时发现并纠正操作风险隐患。

关键风险指标法则是通过一系列统计指标来持续监控风险变化。这些指标能够反映操作风险的各个方面，如交易错误率、系统故障频率等。选择合适的指标是实施这一方法的关键，它们需要能够敏感地捕捉风险信号，为管理层提供决策依据。中国银保监会发布的指引为金融机构选择和应用这些指标提供了指导。

计分卡法则是巴塞尔委员会推荐的一种高级操作风险度量方法。它通过将每个操作风险事件赋予一个数值，使得不同风险之间可以进行比较和排序。这种方法结合了定性和定量的元素，既考虑了专家的主观判断，又通过数值化方式提高了度量的精确性。实施计分卡法需要对风险事件进行明确定义和合理赋值，这通常需要借助专家团队的经验和知识。

（2）随着风险度量技术的不断进步，定量分析法在碳金融操作风险度量中的应用也逐渐增多。基本指标法、标准法和高级计量法是常用的定量分析方法。这些方法通常需要将金融机构的业务划分为不同的业务条线来进行评估。然而，由于碳金融项目在我国尚处于起步阶段，其业务模式和规模尚未成熟，因此目前使用这些定量方法可能存在一定的局限性。随着碳金融市场的不断完

善和交易制度的规范化，未来可以进一步深入探讨这些定量方法的应用。

除了上述方法外，还有一些研究针对政策风险和宏观经济变动风险进行了探索，提出了如 AHP 模型等度量方法。这些方法更多侧重于定性分析，强调对风险因素的全面考虑和权重分配。虽然它们在碳金融风险度量中的应用相对较少，但仍为风险管理实践提供了有益的补充。

第三节　碳金融风险管理概述

在各国政府积极推动低碳经济发展的政策引导下，商业银行等金融机构纷纷涉足绿色信贷、碳基金、碳保险等绿色金融业务。碳金融业务不仅成为金融机构新的业务增长点，还促进了资源的优化配置和经济结构的转型升级。然而，相较于传统的金融业务，碳交易和碳金融业务仍处于发展阶段，因此面临的风险也更为突出。加强对碳金融业务的风险管理，并采用合理有效的防范机制，正逐渐成为金融机构未来风险管理中的重要内容。通过建立健全的风险管理体系，金融机构能够更好地应对碳金融市场中的不确定性，确保业务的稳健发展。

一、碳金融风险管理目标和程序

（一）碳金融风险管理目标

"双碳"目标的提出为我国的环境保护和经济发展指明了新方向。碳金融，作为绿色金融的重要组成部分，不仅有助于我国产业结构的优化升级，更是推动循环经济和实现高质量发展的关键力量。然而，随着碳金融市场的蓬勃发展，相关的风险管理也显得尤为重要。特别是对于商业银行等金融机构而言，如何建立健全的风险管理系统，提升碳金融风险的防范与化解能力，已成为确保碳金融市场稳定运行的重中之重。金融机构在涉足碳金融业务时，必须明确其风险管理的核心目标，以确保业务的稳健推进。

1. 有效分散风险，合理控制损失

在碳金融领域，风险管理的首要任务是控制潜在的损失。这就要求业务人员和风险管理者能够全面识别各种可能的风险因素及其成因，如市场风险、信用风险、操作风险等。通过精准地度量预期损失，金融机构可以选择与其风险承受能力相匹配的碳金融业务或衍生品，并制定相应的风险管理策略和手段。这些策略和手段可能包括对冲交易、风险分散投资、担保增信等，旨在将风险降至最低或控制在可接受的范围内。

2. 发挥中介功能，降低交易成本

碳金融项目的风险与项目本身紧密相连，而金融风险又往往伴随着金融活动。考虑到碳金融交易市场尚处于初级阶段，各项规章制度和交易规则尚待完善，这使得风险更加复杂多变。因此，金融机构在加强风险防范能力建设的同时，也需要平衡风险管理成本与收益的关系。在确保风险可控的前提下，金融机构应积极为碳交易双方提供中介服务，如信息咨询、交易撮合、资金结算等，从而有效降低交易成本，提高市场效率。

（二）碳金融风险管理程序

为了确保碳金融风险管理的有效性，金融机构需要遵循一套完整且系统的管理程序。这套程序通常包括以下几个关键步骤：

1. 设定明确的风险管理目标

不同的金融机构、投资者或企业因参与碳金融交易的目的各异，其资本构成、资产运用和业务类型也各有不同。因此，在涉足碳金融交易之前，各方应根据自身实际情况设定明确的风险管理目标，以指导后续业务流程的具体执行。

2. 进行全面的风险识别

风险识别是碳金融风险管理的第一步，也是至关重要的一环。它涉及对

风险性质、来源、类型和成因以及暴露部位等的准确判断和识别。只有通过全面的风险识别，金融机构才能为后续的风险评估和管理工作奠定坚实基础。

3. 开展深入的风险评估

在风险识别的基础上，金融机构需要收集大量相关数据，并运用各种定性和定量分析方法对碳金融业务的风险发生概率和程度进行估计和预测。精准的风险评估不仅有助于金融机构更好地了解自身面临的风险状况，也是其制定有效风险管理策略的前提和关键。

4. 选择合适的风险管理技术

根据风险评估的结果，金融机构需要选择并实施最佳的风险管理技术。这些技术可能包括风险规避、风险降低、风险转移等。在实践中，金融机构通常会根据具体情况选用多种管理技术并进行优化组合，以达到最佳的风险管理效果。

5. 持续进行风险管理效果评价

最后，金融机构需要对其风险管理实践进行持续的评价和反思。这包括分析风险管理技术的适用性和盈利性，以及根据市场环境和业务变化及时调整风险管理策略。通过持续的风险管理效果评价，金融机构可以不断完善其风险管理体系，提高风险管理的针对性和有效性。

二、碳金融风险管理策略

碳金融风险管理是指金融机构或者投资者在风险识别和评估的基础上，综合平衡风险管理的成本（采取相应风险管理技术手段的成本）与收益（采取风险管理后能有效降低的损失），采取合适的应对政策或措施来降低风险带来的影响。碳金融风险管理方法和手段在本质上与传统金融风险管理手段没有显著的差别，可以概括为风险规避、风险转移、风险承担和风险对冲策略。

（一）碳金融风险规避策略

在碳金融交易中，识别和管理风险是至关重要的。各参与方需要对潜在的风险因素保持警觉，并采取有效的策略来规避这些风险。例如，面对碳金融市场中常见的信用风险，可以采取多种措施来降低其影响。

为了减少信息不对称所带来的逆向选择问题，国家可以推动建立信息披露机制，确保市场信息的公开和透明。这样，交易双方能够基于完整且准确的信息做出决策，从而降低信用风险的发生概率。

金融机构，尤其是商业银行，在进行碳信贷项目时，应加强贷前审查工作。这包括对项目的可行性、技术成熟度以及市场前景进行细致评估。如果发现项目存在较大的不确定性或潜在缺陷，银行可以通过拒绝发放贷款或者提高借款利率来防范风险。

（二）碳金融风险转移策略

金融风险转移策略是指通过购买特定的金融产品或采取其他合法的经济措施，将风险转移给其他经济主体的一种策略。这种策略的关键在于找到愿意接受并承担这些风险的第三方。通常，第三方是否愿意接受风险，取决于其能否通过运用大数定律科学合理地预测未来的损失，并通过某种方式将风险有效分散或降低。

从这个角度来看，采用碳金融风险转移策略实际上只是将风险从一个经济主体转移到另一个经济主体，并未从根本上改变整体的风险水平。因此，这种策略通常用于处理那些无法通过其他方法解决或消除的系统性风险。系统性风险指的是那些影响整个市场或行业的风险，这类风险难以通过分散投资等方式来规避。

碳金融风险转移的典型形式之一是再保险。由于碳金融业务涉及的风险程度较高，一般的保险机构往往难以独自承担这些风险，因此通常需要由政府主导开展相关的再保险业务。政府主导的再保险不仅有助于分散和管理风

险，还带有一定的政策性属性，旨在支持碳金融市场的发展，并为参与碳金融业务的机构提供保障。

通过政府主导的再保险机制，可以有效地将部分风险转移到政府层面，从而减轻单个保险机构的负担。这种机制不仅增强了碳金融市场的稳定性，还为金融机构提供了更多的信心和支持，使其能够更加积极地参与碳金融业务，推动绿色经济的发展。

（三）碳金融风险承担策略

碳金融风险承担策略是金融机构理性主动承担风险的方式，即利用内部资源如风险准备金、自有资本来弥补可能出现的损失。一般情况下，对于发生概率极小且不可保的碳金融风险，或者虽然发生概率较高但损失程度低且风险事件相互独立的情况，可采用此策略。碳金融机构在进行风险管理资本计算时，要充分考虑碳金融业务占比、自身风险程度及潜在损失，从而建立相应的风险准备金。

（四）碳金融风险对冲策略

碳金融风险对冲策略则是金融机构通过投资或购买与标的资产收益负相关的资产或衍生品，以冲销标的资产潜在损失。该策略在碳金融市场风险的管理中应用较多，碳金融市场上与碳交易相关的衍生品属于碳金融业务创新，可用于管理碳金融基础产品的市场价值波动风险。然而，2008 年国际金融危机后，金融创新与金融风险管控的关联备受关注。合理运用金融创新，充分发挥其风险分散和套期保值功能，成为金融风险管理的重点与难点。此外，金融机构还可通过资产负债表或具有收益负相关关联的业务组合的对冲特性，实现自我对冲。这两种策略各有特点，金融机构可根据实际情况选择合适的方式来应对碳金融风险。

三、中国碳金融风险管理实践

近年来，我国金融业积极探索绿色金融发展模式，中国人民银行运用碳减排支持工具等结构性货币政策工具，引导绿色信贷精准对接碳减排项目，截至 2021 年末，我国绿色贷款余额 15.9 万亿元，存量规模居世界首位。目前绿色信贷占绿色金融资金总额的 90% 以上。2020 年 7 月 15 日，由财政部、生态环境部等共同发起设立的国家绿色发展基金股份有限公司揭牌运营，首期募资规模 885 亿元。在绿色债券发行方面，应对气候变化专题的碳中和债券在绿色债券中占据了主体地位。从当前中国绿色金融发展实践来看，由碳信贷、碳债券和碳基金等业务构成的碳金融市场已经成为绿色金融的重要组成部分，并在 2020—2021 年实现了飞跃发展。2021 年 7 月 16 日，全国碳排放权交易市场正式启动，并成为全球最大的碳市场。因此，碳金融市场的风险必将随着碳交易规模的增长逐渐显现出来。

本节将结合我国碳信贷、碳债券和碳基金等阐述相关的碳金融风险管理。

（一）碳排放权抵押/质押贷款风险管理

全国碳排放权交易市场启动以来，以碳排放权为核心的各类碳信贷产品在我国各地陆续开花，这有助于企业盘活碳资产，拓宽融资渠道，也完善了碳排放权资产的金融属性。但是，碳交易技术复杂、信息不对称等问题会增加商业银行的信用风险，因此金融机构在开展碳排放权抵押贷款的同时，纷纷出台相关风险管理制度，主要包括以下内容：

1. 碳排放权合理估价和额度管理

碳排放权贷款是以碳排放权为抵押物或者质押物，因而碳排放权的价值直接关系贷款规模的大小，也是碳信贷业务顺利开展的核心。商业银行等金融机构参与碳交易的经验、具体信贷员的碳交易知识储备等直接影响其对碳价的评估。此外，碳排放权市场供求变化和全国碳排放权交易市场制度变化

等也是需要考虑的重要因素，通常碳信贷规模不超过碳价估值的 80%。

2. 碳排放权贷款的资金用途管理

开展碳信贷的目的是促进企业发展节能技术、探索绿色循环发展模式。因此，碳排放权贷款对象应优先考虑绿色升级产业和清洁能源行业，而且最好规定借款人在获得碳排放权贷款后，承诺优先用于绿色和环保领域，禁止用于房地产市场或其他限制领域。

3. 碳排放权贷款的期限管理

碳排放权的获得是有期限限制的，因而碳排放权贷款的期限也应该有明确规定，否则容易发生流动性风险。具体来说，通常要求碳排放权抵押贷款期限在碳排放配额期限内，或者碳排放权抵押贷款到期日不得超过碳排放配额使用期限的届满日。

4. 碳排放权贷款的贷后管理

贷款人在发放贷款之后应加强贷后管理，密切关注国家减排政策的相关变化，定期开展相关碳信贷业务的风险评估，监控借款人贷后的资金用途，关注借款人的经营状况和减排情况，建立相应的信贷治理监控和风险预警制度。

（二）碳债券风险管理

我国自 2014 年发行首只绿色债券以来，政策驱动促使绿色债券市场保持高速增长，绿色债券在节能环保、清洁能源、环境污染等领域发挥了重要作用。2015 年中国人民银行发布的《关于在银行间债券市场发行绿色金融债券有关事宜的公告》及配套的《绿色债券支持项目目录（2015 年版）》、2019 年国家发展改革委等部门发布的《绿色产业指导目录（2019 年版）》给出了详细明确的绿色产业范围；2021 年中国人民银行　发展改革委　证监会等部门发布的《绿色债券支持项目目录（2021 年版）》也成为绿色债券发

行的重要指导文件。

在碳债券风险管理中,债券发行主体和资金用途等仍然是主要的风险管理对象。从发展现状来看,绿色债券的现金流稳定性和收益回报不高是未来发展中要关注的重要风险点。另外,要强化资金使用和管理、项目进度等方面的信息披露,以此促进和规范碳债券的投资,并加大政策引导,促进碳债券的发行和交易市场健康发展。

(三)碳基金风险管理

在全球应对气候变化的背景下,碳基金作为一种创新的金融工具,正逐渐崭露头角。碳基金通过金融机构的中介作用,积极推动碳交易活动,并为低碳项目如清洁发展机制等提供资金支持。然而,与此同时,碳基金也面临着多方面的风险挑战,主要包括碳排放权交易的不确定性和碳基金项目自身运营的不确定性。为了有效管理这些风险,需要从多个维度出发,构建一个综合的风险管理体系。

1. 密切关注政策变动

政策变动是碳基金面临的重要风险因素之一。国际气候谈判的进展、各国减排政策的变化,以及外部经济政治环境的影响,都可能对碳交易市场带来不确定性。因此,碳基金管理方需要时刻关注这些政策动态,及时评估其潜在影响,并据此调整投资策略。同时,通过完善合同条款,采用风险分担机制,可以有效规避部分政策变动带来的风险。

2. 明确碳交易项目的风险承担方

目前国际碳交易的重要形式是开展 CDM 项目。CDM 项目开发周期长、参与主体复杂、参与各方信息不对称以及相关碳排放技术的不确定性都会给碳基金运行带来不利影响。尤其是交易双方的信息不对称,容易产生道德风险。为了有效控制和管理上述风险,应该明确 CDM 项目开发风险的承担人,确保碳交易项目有效开展和碳金融市场公平公正运行。

3. 构建专业化中介机构

碳交易和碳基金项目涉及高度专业化的知识和复杂的操作流程，这就要求参与这些活动的金融机构具备相应的专业能力和服务水平。通过加强金融机构的碳交易专业化运作，不仅可以提升其参与碳交易的能力，还能有效控制项目风险，为市场提供更加稳健和高效的服务。

4. 发挥金融衍生品的对冲风险功能

在碳交易过程中，财务风险、运营风险以及 CER 价格波动风险等都是不可忽视的风险因素。通过运用信用交付保证、气候衍生品以及期货等金融衍生品，可以有效地对冲这些风险，为碳基金提供更加稳健的投资环境。

（四）碳金融风险的事后管理

碳金融风险发生后的应急处置和事后管理是进一步控制风险损失、总结经验并促进碳金融市场健康发展的基础。主管部门和市场参与主体应分别从宏观和微观层面明确风险应急处置的基本原则和流程，并根据历史交易数据和风险规避经验建立风险应急策略库。该策略库应与风险识别预警系统相连，在预警系统指标超过风险警戒阈值时自动提出应急策略建议并进行匹配。

在对风险事件进行相应的处置后，还需要建立严格的责任追究机制。以信用风险为例，应建立全国碳金融交易信用体系，并将其与全国征信系统对接，将机构、平台或个人的违规或违约行为信息纳入征信系统的公示范畴，实行联合惩戒。这样做不仅能够提高市场参与主体的诚信意识，还能有效防止类似风险事件的再次发生。

对于市场参与主体而言，其内部人员引发的风险和损失也需要进行内部追责。责任追究的对象不仅包括直接参与碳金融交易的操作人员，还包括风险管理人员、相关部门主管等。通过明确责任追究机制，不仅可以增强相关人员的风险防范意识，还能提高风险管理人员的工作积极性，从而提升整体

管理水平。

四、碳金融风险管控体系的建立

在全球应对气候变化的背景下,碳金融作为推动低碳经济发展和转型的重要工具,正逐渐受到广泛关注。然而,伴随着碳金融市场的快速发展,各类风险也随之涌现,对金融机构和交易者构成了严峻挑战。为了有效应对这些风险,保障碳金融市场的稳健运行,必须建立一套完善的碳金融风险管控体系。

(一)构建完善的碳金融管理组织架构

建立完善的碳金融管理组织架构是风险管控工作的基础。金融机构应设立专门的碳金融风险管理机构,负责全面监控和管理与碳金融业务相关的各类风险。同时,还需配备具备丰富碳交易知识、熟悉业务流程并具有风险管理经验的专业人才,确保风险管理工作的高效执行。

这一架构的建立有助于形成清晰的责任划分和高效的决策机制,确保碳金融业务在风险可控的前提下有序开展。此外,通过加强内部沟通与协作,可以及时发现和解决潜在风险,提升金融机构的整体风险管理能力。

(二)构建健全的碳金融风险管理机制

在构建碳金融风险管理机制时,应着重考虑控制机制、实施机制和开发机制三个方面。控制机制旨在确保碳金融业务与应对气候变化的产业结构调整保持一致,通过建立核对机制和生态环境评估机制,有效防范潜在风险。实施机制则要求金融机构在项目实施过程中密切关注自然气候等因素的影响,及时调整项目策略,确保项目的顺利推进。开发机制则鼓励金融机构根据气候变化和碳技术发展创新碳金融产品和工具,以满足市场不断变化的需求。

这些机制的建立有助于金融机构形成全面、系统的风险管理策略,提升

其对外部环境的适应性和应对能力。同时，通过不断创新和完善碳金融产品与服务，可以进一步拓展市场份额，增强金融机构的竞争力。

（三）构建可靠的碳金融风险内部评级机制

内部评级机制在碳金融风险管控中发挥着重要作用。通过建立健全的内部评级体系，金融机构可以准确评估交易客户的信誉情况和碳金融项目的风险水平，为决策提供有力支持。在实际操作中，可以采用打分法等方法进行数据收集和信用等级划分，确保评级结果的客观性和准确性。

同时，碳金融机构的信用评级指标体系必须紧跟碳技术的最新变化，灵活调整相应的指标体系以适应市场发展需求。这要求金融机构加强与外部机构的合作与交流，及时获取最新的行业信息和技术动态，确保内部评级机制的时效性和有效性。

第四节　碳金融市场监管

碳金融市场因其运作的不确定性，可能会对参与者造成经济损失，增加市场波动，甚至给社会经济带来多方面的风险。因此，各国政府在积极推动碳金融项目的同时，也着重构建完善的碳金融风险监管机制。他们通过制定相关的碳金融法律和政策，旨在规范金融机构在该领域的交易活动，确保市场的健康稳定运行。这些措施为市场参与者营造了一个良好的外部环境，有助于推动碳金融市场有序且良性地发展。

一、碳金融市场监管的界定与现状

（一）碳金融市场监管的构成

成熟的碳金融交易市场具备强大的功能，在交易过程中能够通过完全的市场竞争，形成有效且高效的碳价定价机制。在此过程中，投资者能够在市

场展现的价格发现中获取有用信息，并对比个人预期价格和成本，进而决定如何进行交易。可以毫不夸张地说，碳金融交易市场的价格发现功能在投资者的整个决策行为过程中发挥着极为重要的参考作用和撮合效应。同时，对于传统的高污染、高能耗企业而言，考虑减排的目的和要求，这也会促使它们加入技术创新和碳排放权交易的行列。这对于整个社会实现低能耗、低碳排放的运转有着非常有益的促进作用和激励效应。

鉴于碳金融交易市场的重要性，对其进行监管就显得格外关键。碳金融交易市场的监管，指的是监管主体运用法律、经济等手段，对相关碳金融市场中的碳排放权初始分配等制度以及交易行为实施监管。从监管的形式来看，主要分为主动监管和被动监管。

主动监管主要聚焦于碳金融市场中从事交易的主体。它探讨交易主体为实现既定目标而主动采取的策略，或者由于这些策略所表现出的特征，尤其是财务特征。如果交易主体通过主动采取监管手段能够获得经济利益最大化的好处，那么这种主动监管是符合现实情况的。与此同时，如果主动监管的程度符合预期，那么交易主体的财务表现将会与未实施主动监管的市场主体有所不同，这就为主动监管提供了分析的依据。主动监管是碳交易市场通过"看不见的手"来寻求自我调节与修复。其目的在于将各种潜在的风险通过自身手段进行内部干预与消化，从而降低市场的风险水平。然而，通常情况下，这种修复力度相对较为温和。

被动监管则作为市场监管的辅助手段，通常在主动监管存在缺位或不足时进行系统补充，但也常常与主动监管同时进行。当碳金融市场参与主体发现通过主动监管行为难以实现其经济利益最大化的目标时，为了权衡交易主体的综合利益、维持市场均衡，就需要借助外部"看得见的手"来对碳金融市场进行有效监管。这种被动监管主要是国家或地区基于经济增长、社会稳定、市场均衡等目标，考虑一些外在政策进行行政干预，以达到系统化调节的目的。这种调节力度通常较为强劲。

对碳金融市场进行有效的监管，主要目的在于通过不同形式地检查跟踪

参与交易的金融机构状况，保障整个金融体系的安全。同时，当某个机构发生相关风险时，采取宏观审慎的监管原则，通过隔离措施，有效防止风险传导和系统性金融风险的发生。其次，实施有效监管还能够对金融机构的经营行为有所约束，通过控制流动性风险，保障个人交易者的资金安全。此外，实施有效的监管对于维护金融市场的信用体系、维护金融市场公平竞争秩序、保证货币政策的有效传导和落实以及维护整个金融经济体系的稳定都起着非常重要且关键的作用。

（二）碳金融市场监管的现状

随着全球对气候变化的日益关注，碳金融市场逐渐崭露头角，而我国在这一领域的监管也逐步加强和完善。然而，从目前的监管现状来看，虽然取得了一定的进展，但仍面临诸多挑战。

先从监管主体来看，我国目前由国家发展改革委（下设应对气候变化司）牵头负责碳金融市场的监管工作。然而，其他部门如财政、金融等尚未深度介入，这导致整个交易市场在政策支持和资源整合方面存在一定的短板。由于缺乏统一的交易平台和定价机制，市场参与者在交易中可能面临信息不对称和价格波动的风险。

在碳排放权现货交易方面，我国自 2011 年起便开始了相关探索。国家发改委根据"十二五"规划纲要发布了《自愿减排管理办法》，为基于项目的减排量交易奠定了基础。随后，在七个地区启动了碳排放权交易试点，积累了丰富的实践经验。2013 年，深圳启动了我国第一个碳排放权交易平台，标志着我国碳金融市场进入了一个新的发展阶段。目前，碳金融市场现货交易形式主要包括挂牌点选和大宗交易等，这些交易方式在现货市场上得到了广泛应用。

然而，现货交易市场的监管仍面临一些挑战。由于商品的非标准化和交易参与者供需的不一致性，集中交易方式并不完全适用。因此，国内现有的碳交易试点地区普遍采用"挂牌点选"方式来完成交易。这种方式虽然灵活，

但也给监管带来了一定的难度。为了确保市场的公平性和透明度，监管部门需要加强对交易过程的监督和管理，防止操纵市场和内幕交易等不当行为的发生。

在碳期货交易方面，我国期货市场近年来发展迅速，期货品种体系和法规制度不断完善。碳排放权现货远期交易产品的推出，为市场参与者提供了更多的风险管理工具。广州碳排放权交易所成功备案的国内第一单碳排放配额远期交易业务，标志着我国在碳期货交易方面迈出了重要一步。然而，碳期货市场的监管同样面临挑战。监管部门需要密切关注市场动态，加强对期货合约的设计、交易和结算等环节的监管，确保市场的稳定和健康发展。

碳直接融资也是碳金融市场的重要组成部分。随着区域性碳交易市场的逐步形成和中碳指数体系的推出，碳直接融资市场呈现出蓬勃发展的态势。然而，金融主管部门的积极参与和诸如碳定价指数、碳债券等问题的解决仍需在完成顶层设计后尽快推进。监管部门需要与金融机构密切合作，共同推动碳直接融资市场的规范和发展。

在法律法规方面，我国近年来也取得了显著进展。2019 年 4 月，生态环境部发布了《碳排放权交易管理暂行条例（征求意见稿）》，该条例明确了碳排放权交易市场的立法目的、适用范围、基本原则和职责分工等内容，并对包括重点排放单位、配额分配、监测报告核查等在内的碳排放权交易市场建设相关内容进行了规范。《碳排放权交易管理暂行条例》（以下简称《条例》）于 2024 年 2 月公布，自 2024 年 5 月 1 日起施行。这一条例的出台为全国碳市场运行管理提供法律依据，将会保障市场健康平稳有序运行，积极推进碳市场建设。

此外，随着我国碳金融市场的不断发展，监管部门还需要不断完善监管体系、提高监管效率并加强与国际社会的合作与交流。通过借鉴国际先进经验和技术手段来提升我国碳金融市场的监管水平和国际竞争力。

二、碳金融市场监管的原则

在探索碳金融市场这一复杂且充满活力的领域时，我们不得不提及其核心监管原则——公平、公正、公开。这三大原则宛如市场的三大支柱，稳固地支撑着整个碳金融交易体系的健康运行。它们不仅是市场风险监管的基石，更是确保所有市场参与者能够在平等、公正的环境中开展业务，实现自身经济价值的关键。

（一）公平原则

公平原则，作为碳金融市场的根本，确保了每一位市场参与者都能在相同的法律地位上进行交易。这意味着，不论你是规模庞大的企业还是初创的小型机构，都必须在同一套规则下公平竞争。在碳金融市场中，没有特权，没有例外，所有人都必须遵循既定的游戏规则。

当公平原则被严格遵守时，它为市场创造了一个公平竞争与合作互利的优良环境。在这样的氛围下，市场参与者可以更加专注于提升自身的业务能力和服务水平，而不用担心因为不公平的竞争环境而遭受损失。这种公平性不仅激发了市场主体的活力，还促进了整体市场的创新与发展。

具体来说，在碳金融市场中，各交易主体都享有平等的权利和义务。例如，大型企业不能因为其规模或影响力而获得额外的交易优势，小型机构也同样有机会展示自己的实力和创新。每个参与者都必须按照市场规则进行交易，共同维护市场的公平与和谐。

（二）公正原则

公正原则在碳金融市场中扮演着至关重要的角色。作为市场的守护者，它要求管理部门在交易的每一个环节都保持公正无私的态度，对所有交易主体进行严格的监管。这不仅确保了市场交易的公平性，更从根本上维护了市场的稳定和秩序。

在碳金融市场中，管理部门必须一视同仁地对待所有参与者，不允许任何形式的特权或偏袒。这意味着，无论参与者的身份、地位或财富如何，都必须遵守相同的法律和规范。公正的监管环境能够极大地提升市场参与者的信心，鼓励他们更加积极地参与到交易中，从而推动整个市场的繁荣与发展。

此外，公正的监管还有助于预防和打击市场中的不正当行为。通过严格的监督和管理，可以有效地遏制操纵市场、内幕交易等违法行为，保护投资者的合法权益，维护市场的公平与正义。

（三）公开原则

公开原则如同碳金融市场的明亮灯塔。在这个复杂的市场中，各种与交易有关的信息必须能够及时对外披露，做到公开透明。只有实现了碳金融交易信息的及时有效披露，市场参与者才能及时、准确、完整地了解相关的市场信息。公开的信息能够让投资者做出明智的决策，让企业更好地规划自身的发展战略。同时，公开原则也有助于提高市场的透明度，减少信息不对称带来的风险。它让市场在阳光下运行，接受各方的监督，确保交易的公平性和合法性。

建立公平、公正、公开的风险监管原则，是形成合理碳金融交易秩序的基本要求。只有遵循这些原则，碳金融市场才能健康、有序地发展。这不仅是使碳金融交易各方主体获得合法经济利益的必要条件和基础，更是碳金融监管机构设计相关法律制度和行业规范必须遵循的首要原则。只有将这些原则深深扎根于碳金融市场的土壤中，才能培育出一个充满活力、稳定可靠的碳金融生态系统。

三、碳金融市场监管的核心目标

碳金融市场监管的核心目标在于全面维护碳金融交易各方的合法权益，以促进市场的持续健康发展。这一目标的达成，不仅关系到市场主体的切身利益，更对全球绿色低碳经济的发展具有深远影响。

（一）保障交易主体合法权益

在繁荣的碳金融市场中，交易主体多元且复杂，包括企业、投资者、中介机构等。这些主体是市场的生命力所在，他们的每一次交易、每一次决策都在塑造着市场的未来。因此，确保这些交易主体在公平、公正、透明的环境中进行交易，是市场监管的首要任务。

为了达成这一目标，监管机构的首要职责是构建完善的法律体系。通过精细立法，明确交易规则、界定权益边界，为市场参与者提供清晰的行动指南。同时，强有力的执法力度也是不可或缺的，它确保了法律法规得到有效执行，让违法者受到应有的惩戒。

然而，法律保障只是基础。面对瞬息万变的市场动态，监管机构还需具备高度的敏锐性和应变能力。例如，当市场风险显现时，监管机构应迅速介入，采取必要措施进行风险防控，确保交易主体的利益不受损害。特别是在信息不对称、市场操纵等不当行为出现时，监管机构更应发挥"市场警察"的角色，及时揭露并打击这些行为，维护市场的公平正义。

值得一提的是，对于市场中处于相对弱势地位的交易方，如中小企业或个体投资者，监管机构应给予特别的关注和扶持。通过提供信息咨询、法律援助等方式，帮助他们提升自我保护能力，确保他们在市场中的合法权益得到有效保障。

（二）推动形成完善的碳金融交易定价机制

碳金融市场的健康发展，离不开一个科学、合理的定价机制。这不仅关乎市场效率，更直接影响着全球绿色低碳经济的推进。因此，推动形成完善的碳金融交易定价机制，成为市场监管的另一重要目标。

首先，要实现这一目标，监管机构需要从多个方面入手。营造一个公开、透明的市场环境是关键。只有在这样的环境中，众多交易主体才能充分竞争，形成真实反映市场供求关系的碳价格。为此，监管机构应定期公布市场信息、

交易数据等，减少信息不对称现象，增强市场的透明度。

其次，监管机构需要密切关注碳价格与相关产业之间的互动关系。碳价格的变化不仅影响碳交易的成本和收益，还会对相关行业的产品产量、技术选择等产生深远影响。因此，监管机构应建立完善的数据监测和分析系统，实时跟踪市场动态，为政策制定提供科学依据。

最后，对于交易所等市场基础设施的监管也是至关重要的。交易所作为市场的核心枢纽，其运营效率和规范性直接影响着碳价格的形成和传导。监管机构应定期对交易所进行审计和评估，确保其业务操作规范、透明，防范潜在的市场风险。

（三）解决信息不对称问题

在碳金融市场的运作中，信息不对称成为了一个不可忽视的问题。由于交易双方在信息量掌握上的不均衡，有时会导致信息优势方利用这种不平衡进行不公平的交易操作，从而损害信息劣势方的利益。这种信息不对称不仅扰乱了市场的公平交易环境，降低了市场效率，还可能进一步诱发信用风险等一系列问题。

为了有效解决这一问题，监管机构的首要任务是构建并执行严格的信息披露制度。这一制度应明确要求交易主体在规定的时限内，以准确、全面的方式公开关键交易信息，从而最大程度地降低因信息不对称所带来的潜在风险。同时，监管机构不能仅停留在制度设立的层面，更需要切实加强对信息披露实际执行情况的监督和审核，确保所披露信息的真实性和有效性。在追求信息透明度的同时，监管机构也需审慎平衡信息披露与交易双方信息保密之间的微妙关系。过度或不适当的信息披露有可能侵犯交易双方的商业秘密，增加不必要的交易成本，甚至对市场的正常交易行为产生不利影响。因此，监管机构在设计信息披露流程和相关规定时，必须充分考虑如何在确保信息透明度的基础上，尊重并保护交易双方的合法权益和商业机密。

为了找到这一平衡点，监管机构可以采取多种措施。例如，建立完善的

信息收集、处理和发布机制，对涉及商业秘密或敏感信息的内容进行适当的脱敏处理后再予以公开；设立专门的信息服务平台或通道，为交易主体提供便捷、高效的信息获取途径；同时，对于违反信息披露规定的行为，应加大处罚力度，以儆效尤。通过这些综合措施的实施，我们有望有效解决碳金融市场中的信息不对称问题，进一步提升市场的公平性和整体运作效率。

（四）保证交易规则的有效执行

在碳排放权与碳金融交易市场中，各类违规行为时有发生，如交易商及中介服务商对投资者的欺诈行为、交易方进行内幕交易，以及市场垄断者长期操纵价格等。这些不当行为严重侵害了碳金融市场参与者的合法经济利益，更破坏了碳金融市场在资源配置方面的优化功能。长此以往，对建立一个健康、稳定的碳交易市场机制及正常交易秩序构成极大威胁。

随着碳金融市场的迅猛发展和更多企业被纳入减排体系，新的碳排放权交易形式层出不穷，场外市场交易也逐渐活跃。这一新态势对传统金融监管部门的监管制度和功能提出了严峻挑战。为了应对这些新情况、新问题，市场监管者亟需制定更为详尽、更具弹性的法律法规制度框架。

在新的制度框架下，监管机构应重点关注以下几个方面：

（1）加强对交易商和中介服务商的监管，防止其利用信息不对称或市场地位进行欺诈行为；

（2）严厉打击内幕交易和市场操纵行为，维护市场的公平性和透明度；

（3）建立完善的投诉和举报机制，鼓励市场参与者积极揭露违规行为；

（4）加强与国内外监管机构的合作与交流，共同打击跨境违规行为。

为了确保新的监管制度得到有效执行，监管机构还需要不断加强自身建设，提高监管人员的专业素质和执法能力。同时，利用现代信息技术手段，如大数据、人工智能等，提升监管效率和准确性。通过这些综合措施的实施，我们有信心构建一个规范、透明、高效的碳金融市场监管体系，为碳金融市场的健康发展和全球绿色低碳经济的推进提供有力保障。

四、碳金融风险监管机制的构成

碳金融风险监管机制即一个国家的政府出于确保碳金融业务能够有序进行、碳金融市场得以稳定运行的目的，所构建的相关制度安排与监管体系。

（一）碳金融风险监管法律

碳金融活动的稳健推进，与完善的碳金融政策激励和支持保障制度息息相关。为了确保碳金融市场的有序运行，必须构建与碳金融业务运营、组织及管理紧密相关的法律体系，从而为其健康发展奠定坚实的外部环境和政策基础。

具体而言，我们所指的碳金融相关法律制度，实际上是围绕低碳经济发展而设计的一整套节能减排评估及监督管理措施。这一体系的建立，需要多个参与部门的协同合作，以形成推动碳金融良性发展的强大合力。

在全球范围内，欧盟是倡导低碳经济的先行者。它不仅在态度上积极应对全球气候变化，更在实际行动上展现了坚定的决心。在立法层面，欧盟对碳金融交易制定了全面而细致的规范，构建起了以法律法规为基石的风险监管机制。例如，为了促进可再生能源的发展，欧盟颁布了《2001/77/EC 指令》；为了确立温室气体排放权交易机制，发布了《在欧盟建立温室气体排放权交易机制指令》；特别是《2003/87/EC 指令》，为碳金融交易监管设定了明确目标，并对碳排放的监测、报告和核查等环节作出了严格规定。这些法令不仅彰显了欧盟在应对气候变化方面的决心，也为其他国家和地区提供了宝贵的立法经验。

碳金融交易的复杂性不言而喻，它涉及众多环节和层面，既包括碳交易产品的基础交易规则，也涵盖碳金融产品及其衍生品的交易制度安排。因此，从宏观角度来看，碳金融相关的法律制度应由两个核心层面构成：首先，是针对排放权的取得、交易许可、排放登记以及碳抵消信息的创造与核证等环

节，制定符合本国实际情况的法律制度。在这一过程中，减排信用的有效性需由专门的管理机构和独立的第三方核证机构来严格把关。其次，是对碳交易相关金融衍生品市场的监管。虽然这部分内容通常被纳入金融监管的范畴，但如果监管机构未能对碳现货交易实施有效的规制措施，那么这一领域很可能成为监管的"盲区"，从而滋生潜在的风险。

（二）碳金融风险监管机构

碳金融风险监管机构在碳金融体系中占据核心地位，是主要的监管者。它通常是由国家政府设立的专门机构或者政府部门，负责对碳金融交易的各类主体以及经营活动进行监督管理。简而言之，碳金融风险监管机构依据法律法规，对碳金融市场行为以及各交易主体进行规范和监督，以确保整个碳金融市场能够合法、稳健地运行。

具体而言，碳金融风险监管机构的职责涵盖多个方面。首先，依据相关碳交易的法律法规，制定银行业等金融机构碳金融业务的基本制度和监管规则。其次，针对碳金融交易主体的市场准入门槛、业务范围、从业人员资格等制定相应的规范和监管规则，并在碳金融市场中进行适度监管。再次，根据审慎监管和风险管控的相关要求，对碳金融产品经营机构的公司治理、风险管理、内部控制、资金充足率等实施监管。最后，对相关碳金融交易主体进行各种检查和监管，开展风险与合规评估。

以欧盟碳排放权交易体系为例，其发展至今，成员国在该体系中采用了集中与分权相统一的方式，各自拥有相当大的自主决策权。欧盟制定统一的减排目标，并通过"国家分配计划"将其分配给各个成员国，各国政府再将其分配给国内企业。这种集中和层层分散相平衡的体系充分体现了欧盟的分权治理体制。即欧盟碳金融交易市场的监管机构颁布有关的行政指令，成员国的监管机构则根据本国实际情况进行监督和管理，主要包括分配配额、对交易行为进行规制以及规定交易双方的权利与义务等。

2010年，欧盟委员会颁布了《加强欧盟碳交易计划市场监管的框架》，

明确了欧盟碳金融市场的监管机构。作为欧盟政治体系的执行机构，欧盟委员会每年都要向欧盟理事会和欧洲议会提交碳金融交易市场年度监管报告，并贯彻其决策。报告内容十分详细，包括拍卖的具体情况、交易的规模、碳交易的流向等一系列具体情况。欧盟还设立了欧盟中央管理机构，负责对具体的交易行为进行规制，协调欧盟内各国交易事宜，对各国提交的报告进行审核。一旦发现碳金融市场运作异常，中央管理机构必须立即向欧洲议会和欧盟理事会报告，并提出具体的监管措施和建议，甚至可以通知成员国政府禁止其碳排放权的交易。

欧盟赋予其成员国较大的自主决策权，尤其是在监管方面。欧盟并未指定成员国的监管机构，只是规定了监管机构相应的职责，要求其按照欧盟指令、条例开展工作，在总体上承担监督、促进实施的责任。在执行层面，成员国可以根据自身具体情况灵活设计监管机制。通常情况下，成员国的碳金融市场监管工作由其环保、金融或能源管制机构负责。这样的监管体系既保证了欧盟在碳金融市场监管方面的统一性和协调性，又充分考虑了各成员国的实际情况，有利于碳金融市场的健康、稳定发展。

（三）碳金融风险监视机制

碳金融风险监视机制在碳金融交易市场中起着关键作用。它可以通过设立第三方机构或相关制度安排，根据碳金融市场风险的变化情况，及时发出风险监控信号，以便碳金融投资者随时调整策略进行应对。在交易过程中，由于交易环境不断变化，风险可能升高、降低或者演变为新的风险。所以，为了有效追踪市场动态、及时应对风险，有必要在碳金融市场建立相应的风险监控机制。这样做能够提升交易者的风险应对管理能力，减少碳金融市场的不稳定性。

以欧盟为例，其设计的监视机制主要有欧盟独立交易系统（CITL）、碳排放量监测制度、碳信息披露项目（CDP）等。这些机制能够预先识别风险，进而采取措施消除风险或者进行风险转移。通过这些监视机制，欧盟能够更

好地掌握碳金融市场的风险状况，为市场参与者提供更准确的风险信息，促进碳金融市场的稳定发展。总之，碳金融风险监视机制对于保障碳金融市场的健康运行至关重要。

（四）碳金融行业协会

在金融监管的大框架下，除了政府设立的专门监管机构外，金融行业协会也扮演着举足轻重的角色。这些协会不仅促进了金融机构间的沟通与合作，还为行业内部提供了一个交流的平台，从而加强了行业的自我监管能力。在我国，碳金融交易作为一个新兴领域，仍处在起步和探索阶段。鉴于碳技术尚存在较大的不确定性，并且未来可能会面临诸多变革，建立一个行业自律性组织显得尤为重要。

碳金融行业协会的成立，将极大地推动碳金融交易者自觉约束自身的交易行为，确保他们遵守既定的交易规则，并忠实履行合约。这种自发性的行业监管，不仅有助于提升整个行业的信誉和透明度，还能与政府监管机构形成有力的互补，共同维护碳金融市场的稳定和健康发展。

（五）碳金融风险应对机制

在碳金融市场中，风险是无处不在的。因此，建立一套完善的风险应对机制至关重要。当决策者通过监测和评估发现市场中存在潜在风险时，他们需要迅速且准确地作出反应。这种反应应基于多种因素的综合考虑，包括自身的风险承受能力、风险产生的根源以及可能的损失程度等。

以欧盟为例，其风险应对机制涵盖了多个方面，如价格柔性机制、滥用市场规章的防范措施、共同注册制度、碳身份证明制度、反向征收增值税以及针对场外市场交易的规则等。这些机制的设计旨在应对市场中可能出现的各种问题，如价格失衡、市场操纵、内部交易、网络欺诈以及增值税舞弊等。

价格柔性机制有助于在市场波动时保持价格的相对稳定，防止因价格剧

烈波动而引发的市场恐慌和混乱。滥用市场规章的防范措施则旨在打击那些试图通过不正当手段操纵市场的行为，从而维护市场的公平和公正。共同注册制度和碳身份证明制度则增强了市场的透明度和可追溯性，使得每一笔交易都能被有效监控和记录。反向征收增值税以及出台场外市场交易规则等措施，则进一步规范了市场交易行为，降低了各种潜在风险的发生概率。

参考文献

[1]《第三次气候变化国家评估报告》编写委员会. 第三次气候变化国家评估报告［M］. 北京：科学出版社，2015.

[2] 陈敏敏. 我国碳交易定价适用方法的研究［D］. 西安理工大学，2017.

[3] 陈张立."碳保险＋期货"在碳排放权交易市场的应用路径研究［J］. 保险理论与实践，2022（6）：1-15.

[4] 迟春静. 我国碳金融风险的识别与防范［J］. 国际商务财会，2021（10）：161-164.

[5] 段茂盛，吴力波. 中国碳市场发展报告——从试点走向全国［M］. 北京：人民出版社，2018.

[6] 蓝红. 碳金融概论［M］. 北京：中国金融出版社，2023.

[7] 李鹏，吴文昊，郭伟. 连续监测方法在全国碳市场应用的挑战与对策［J］. 环境经济研究，2021，6（1）：77-92.

[8] 李松洋."双碳"目标下中国碳期货国际交易的法律适用［J］. 理论月刊，2022（5）：117-127.

[9] 廖振良. 碳排放交易理论与实践［M］. 上海：同济大学出版社，2016.

[10] 马险峰，等. 中国碳金融市场发展研究：碳期货市场建设思路与制度框架［M］. 北京：中国人民大学出版社，2023.

[11] 彭玉镏. 碳交易与碳金融基础［M］. 北京：化学工业出版社，2023.

［12］孙永平. 碳排放权交易概论［M］. 北京：社会科学文献出版社，2016.

［13］唐葆君，王璐璐. 碳金融学［M］. 北京：中国人民大学出版社，2023.

［14］佟佳洋，凌黎华. 欧盟碳排放交易体系产生的影响及我国的对策分析
　　　［J］. 中国海事，2021（5）：65-67.

［15］肖玉仙，尹海涛. 我国碳排放权交易试点的运行和效果分析［J］. 生
　　　态经济，2017，33（5）：57-62.

［16］兴业碳金融研究院课题组. 创新与实践：转型金融与绿色金融蓝皮书
　　　［M］. 北京：人民日报出版社，2024：108.